本书系国家社会科学基金项目
"我国残疾人文化权利保障的现状、影响因素与对策研究"
（批准号 12CSH060）的结题成果。

The Series of
Chinese Education
Research

中国教育研究丛书

中国残疾人文化权利保障研究
——融合教育的视角

侯晶晶　著

北京师范大学出版集团
BEIJING NORMAL UNIVERSITY PUBLISHING GROUP
北京师范大学出版社

目　录

绪 论

作为人类存在多样性的一种表征，古今中外每个社会、每个国家都有残疾人。据 2011 年 6 月世界卫生组织（WHO）和世界银行正式公布的《世界残疾报告》，"全球超过 10 亿人或 15％的世界人口带有某种形式的残疾而生存"[1]。残疾人的生存与发展状态在很大程度上取决于法律赋权以及权利保障状况；而残疾人的存在状态又是衡量社会文明程度的一个显性维度。"中国残疾人权益保障经历了一个漫长的历史发展演变过程。立足于今天残疾人事业的成就，回首分析中国残疾人权益保障的历史，可以看到它经历了自生自灭，家庭社会抚养救助，劳动福利与平等、参与、共享等几个历史阶段。"[2] "残疾人事业目前正处于一个转型期，即由消极的'救济模式'转向积极的'权益保障模式'，平等、参与、共享，是残疾人融入社会的主流意识。"[3] 进入 21 世纪以来，在协调推进全面建成小康社会、全面深化改革、全面推进依法治国的大背景下，中国更加重视残疾人权利的保障。

习近平总书记在会见第五次全国自强模范暨助残先进集体和个人表彰大会的代表时发表了重要讲话，强调了不断健全残疾人权益保障制度的重要性，"各级党委和政府要高度重视残疾人事业，把推进残疾人事业当作分内的责任，各项建设事业都要把残疾人事业纳入其中，不断健全残疾人权益保障制度"。张高丽同志也指出："进一步完善残疾人权益保

---

[1] http：//www.who.int/disabilities/world _ report/2011/summary _ ch.pdf.

[2] 相自成.权益保障的中国模式——残疾人权益保障问题研究 [M]. 北京：华夏出版社，2011：21.

[3] 潘跃.平等·参与·共享 [N]. 人民日报，2013-09-18：2.

障制度,实现残疾人政治、经济、社会、文化等平等权利。"① 李克强总理在审议《国务院关于加快推进残疾人小康进程的意见》时强调:"我国社会事业本身属于'短板',而残疾人是困难群体中的困难群体,是'短板'中的'短板'……要优先补上","要在 2020 年全面建成小康社会,不能让残疾人掉队。"② 此前,《中共中央关于深化文化体制改革 推动社会主义文化大发展大繁荣若干重大问题的决定》(2011 年)曾提出"切实维护残疾人的基本文化权益","完善面向残疾人等弱势群体的公共文化服务设施"。中共十八大报告提出了"权利公平","健全残疾人社会保障和服务体系,切实保障残疾人权益"。

加强残疾人文化权利保障既是物质和精神生活全面小康建设的题中所含之义,也是全面推进依法治国在残疾人事业发展以及文化教育发展中的必然要求与应有体现,对于残疾人个体实现存在价值、获得幸福感具有不可替代的作用。相关的研究有助于在新形势下进一步加强中国残疾人文化权利的保障,"不断健全残疾人权益保障制度"。

第一节　何为残疾人文化权利

一、残疾和残疾人的概念界定

关于"残疾",存在着先天宿命论、个人残损论、新残障观等不同的界定和解释。先天宿命论不科学地、消极悲观地将残疾归因于因果报应的宿命。个人残损论亦称个体型残疾观,"医疗模式等模式统称为个体型残疾模式,个体型残疾观认为残疾人所经受的问题是他们自身伤残的直接结果"③。"个人残损论视残疾为一种自身责任、个体悲剧;个人残损论视残疾人为低能者,是家庭的累赘和社会的包袱。解决问题的办法是或者通过慈善

① 《习近平:不断健全残疾人权益保障制度》,见中残联网站 http://www.cdpf.org.cn/zxxx/content/2014-05/16/content_30457254.htm.
② 张海迪.为残疾人创造美好的小康生活——学习贯彻《国务院关于加快推进残疾人小康进程的意见》[J].残疾人研究.2015(1):3-5.
③ [英]迈克尔·奥利弗,鲍勃·萨佩.残疾人社会工作[M].高巍,尹明译.北京:中国人民大学出版社,2009:12.

救济以维持最低生活水平，或者通过医疗康复恢复一部分自理功能。尽管较先天宿命论有了很大改进，但仍未能挣脱残疾的根源在个体、责任在家庭的樊篱，未能摆脱残疾人因无能受歧视、社会助残是恩赐的怪圈。随着历史的演进和时代的变迁，新残障观应运而生，从残疾人自身权利、全社会应有责任等不同视角来看待和阐释残疾人问题。这无疑是一种科学的胜利和文明的进步。"① 麦金太尔从人类普遍的脆弱性与依赖性视角论述了我们应重新认识"残疾"，不应再把残疾人视为"他者"，把所谓与之相对立的"首要的道德行动者"塑造成"理性、健康和不受干扰的形象"。② 人类成员融合性的共同生存，才更有助于达成人类的共同福祉。

　　"残疾"在各国法律中的内涵、外延不尽一致，因此纳入法律保护范畴的残疾人权利主体有时也不尽相同。这种界定差异的部分原因在于各国经济、文化教育发展水平，残疾人事业发展状况等方面存在着差别。"残疾"的典型宽口径概念例见《2008 年美国残疾人法修正案》。该法对个人之"残疾"的释义包括下列三种情形："①实质性地限制其一项或多项主要生命活动的身体或精神损害；②具有该种损害的既往史；③被视为具有该种损害。""《美国残疾人法》第 3 条以及《美国法典》第 42 篇第 12102 条亦指出：残疾是指身体或精神损害必须实质性地限制了个人一项或多项主要生命活动。《美国残疾人法修正案》对相关主要生命活动规定了一份不完全清单（如照顾自己、完成手工任务、看、听、吃、睡、走、站、举、弯腰、说话、呼吸、学习、阅读、聚神、思考、沟通、工作等），甚至将主要身体机能之运作（如免疫系统、正常细胞生长、消化、肠道、膀胱、神经、脑部、呼吸、血液循环、内分泌及生殖功能等）界定为相关主要生命活动。"③ 然而，大多数国家的法律以及相关国际法认定的残疾概念并非如此宽泛。

　　关于"残疾人"的界定，联合国大会（以下简称联大）2006 年通过的、中国作为缔约国之一批准的《残疾人权利公约》第一条指出"残疾人包括肢体、精神、智力或感官有长期损伤的人，这些损伤与各种障碍

---

　　① 余向东. 残疾人社会保障法律制度研究 [M]. 北京：中国法制出版社，2012：153.

　　② ［美］阿拉斯戴尔·麦金太尔. 依赖性的理性动物 [M]. 刘玮译. 南京：译林出版社，2013.

　　③ ［美］乔伊·沃特马斯. 美国禁止残疾与基因信息歧视法解读 [M]. 蒋月，郑净方译. 北京：商务印书馆，2012：21—41.

相互作用，可能阻碍残疾人在与他人平等的基础上充分和切实地参与社会。"《中华人民共和国残疾人保障法》（2008 年修订版）（以下简称《残疾人保障法》）中"残疾人"的定义是："残疾人是指在心理、生理、人体结构上，某种组织、功能丧失或者不正常，全部或者部分丧失以正常方式从事某种活动能力的人。残疾人包括视力残疾、听力残疾、言语残疾、肢体残疾、智力残疾、精神残疾、多重残疾和其他残疾的人。"国际上的《残疾人权利公约》和中国的《残疾人保障法》对"残疾人"的界定具有一定的相似性和互补性。

首先，两个定义都关涉残疾人的功能残障，"功能有长期损伤"是纯客观的判断；"功能不正常"带有一定的价值判断。我们要警惕有意无意地误读《残疾人保障法》中的有关界定，把对人体功能的价值判断泛化为具有此类功能的人自身的价值判断，因为以"残疾人"与"正常人"对举的理念有可能使对残疾人的社会排斥现象受到强化和"合理化"。"社会排斥是指社会弱势群体由于自身生理心理因素和社会环境因素交互作用而被推至社会边缘地位的一种机制和过程。"① 社会排斥分为经济上、政治上、社会文化上的排斥等。社会排斥不只使个人或群体受到歧视和孤立，它也涉及社会基础结构的衰弱，存在着因社会的二元化而造成双重社会的风险。② 减少或消除社会排斥有助于社会融合。社会融合可以简单地概括为：得到正常的物质生活水平和社会福利待遇，获得平等的法律权利和其他公民权利，对个人或群体的社会地位和社会身份有肯定性的评价。消除社会排斥的措施也就是增进社会融合的措施。③

其次，关于残疾人发挥功能的条件，《残疾人权利公约》论及"损伤与各种障碍相互作用"，明示出对于残疾人生理障碍之外应由社会、大众负责消除的理念、环境等其他"障碍"因素的敏感性。《残疾人保障法》中许多法律条文实际上也意在致力于应对、解决理念障碍和环境障碍等问题，致力于保障残疾公民的平等权利。这样的责任担当、价值追求与伦

---

① 解韬，谢清华. 社会排斥理论视角下的残疾儿童研究 [J]. 残疾人研究，2014 (3)：16－20.

② 杨伟民. 社会政策导论 [M]. 北京：中国人民大学出版社，2004：123－124.

③ 杨伟民. 社会政策导论 [M]. 北京：中国人民大学出版社，2004：125.

理精神如果充分体现于对"残疾人"的界定中，则会更好地引领大众认识残疾人，加速消除各种外在障碍，更有利于彻底落实《残疾人保障法》和建构残健融合的社会。

再次，关于残疾人的社会属性，《残疾人权利公约》的残疾人定义指出"这些损伤与各种障碍相互作用，可能阻碍残疾人在与他人平等的基础上充分和切实地参与社会"，较为直接地表达了对于残疾人平等社会参与的关切、承诺与追求。《残疾人保障法》的许多条款也隐含着类似的人道主义价值取向。

最后，两部法律对于"残疾人"外延的界定相似，而对残疾类别的排序不尽相同，这种差别尤其体现在肢体残疾类别上。《残疾人权利公约》的排序是"残疾人包括肢体、精神、智力或感官有长期损伤的人"，将"肢体长期损伤者"置于首位。而《残疾人保障法》中的排序是"残疾人包括视力残疾、听力残疾、言语残疾、肢体残疾、智力残疾、精神残疾、多重残疾和其他残疾的人"，将肢体残疾置于三类残疾人之后。《残疾人权利公约》的排序依据很可能在于：肢体残疾者是最易受到"各种障碍"制约的残疾亚群体之一。视力残疾人可以通过学习盲文阅读；听力残疾人可以学习唇语或手语来交流；精神残疾人可以通过康复与药物治疗来调整状态……而肢体残疾人，尤其是轮椅使用者等重度肢体残疾者，正如张海迪同志在全国政协会议的发言中所述的那样，面对一个稍微有点高度的台阶，就无法通过自身努力去克服这种障碍。本书有关的量化研究结论也印证了重度肢体残疾者面对外在环境障碍的客观脆弱性。而《残疾人保障法》中的残疾类别排序具有法律效力和对相关实际工作的指导作用。例如，中国残疾人状况监测将该法明确列出的六类残疾人作为监测对象，问卷中六类残疾人的排序与该法中的排序一致。

本研究采纳中国作为缔约国之一批准的联大《残疾人权利公约》（2006 年）以及中国的《残疾人保障法》（2008 年修订版）对于"残疾人"的界定。根据此界定口径，中国目前"有残疾人 8500 多万，占全国总人口的 6.34%，涉及近 2.8 亿家庭人口"[①]。本书的量化研究基于截至

---

① 周洪双. 让残疾人共享经济社会发展成果——聚焦残疾人权益保障 [N]. 光明日报，2015-2-2：11.

目前最新的 2013 年度全国残疾人状况监测数据，主要分析视力、听力、言语、肢体、智力、精神这六类残疾人的文化权利保障现状及影响因素，并据此就进一步完善国内各类残疾人的文化权利保障进行对策研究。

二、文化权利的概念界定

权利分为道德权利和法律权利两大类，两者既有交叉，也有差异。"关于权利的定义，最具代表性的主要有资格说、主张说、自由说、利益说、法力说、可能说、规范说、选择说八种权利学说。"[①] 其中，"法力说""规范说"均主要关涉道德权利。道德权利是柔性的，缺乏强制力，相对性较强；法律权利是刚性的，具有强制力，普遍性较强。本研究所论的"权利"指法律权利。追寻法律权利的平等，对于构建社会主义和谐社会、推进整个社会的平等与正义、支持道德权利可以起到重要的作用，因为"社会平等的核心是人的权利平等"[②]，"在应有权利→法定权利→现实权利的顺利转化下，权利正义才会产生并促进着社会正义的实现"[③]。

关于文化的界定，英国文化人类学家 E. B. 泰勒曾指出："文化或文明，就其广泛的民族学意义来说，乃是包括知识、信仰、艺术、道德、法律、习俗和任何人作为一名社会成员通过学习而获得的其他能力和习惯在内的复合整体。"[④] 英国社会人类学家 B. K. 马林诺夫斯基在《文化论》一书中提出了包括物质文化在内的、更为广义的文化观："文化指那一群体传统的器物、货品、技术、思想、习惯以及价值而言的，这概念包含着并调节着一切社会科学。"[⑤] 包含物质文化与精神文化的文化观可被视为广义文化观；而狭义的文化是指"社会的精神财富，如文学、艺术、教育、科学等，同时也包括社会制度和组织机构"[⑥]。英国社会学家吉登斯认为，简而言之，"文化是某个群体的价值观、规范和生活方式以

---

① 范进学. 权利概念论 [J]. 中国法学，2003（2）：15.

② 工一多. 政治权利平等是公民社会权利平等的前提条件 [J]. 西南民族大学学报（人文社科版），2010（11）：87－89.

③ 李玄，王景斌. 论大学的制度缺失与权利流失 [J]. 黑龙江高教研究，2012（4）：22－24.

④ 孙凯飞. 文化学——现代国富论 [M]. 北京：经济管理出版社，1997：23.

⑤ 中国大百科全书·社会学 [M]. 北京：中国大百科全书出版社，1991：409.

⑥ 徐莉等著（孙希红，朱晓燕等参与撰写初稿）. 城乡一体化中农民文化权益保障研究 [M]. 成都：西南财经大学出版社，2011：8.

及特征"①。

文化权利在一系列国际法中有明确系统的规定，在中国宪法及有关法律性文件中也被确认为基本人权。例如，《经济、社会及文化权利国际公约》（1966 年）（以下简称《公约》）规定文化权利是公民的基本权利，该《公约》规定："'文化权利'是指人们参加文化生活、享受科学进步及其应用所产生的利益以及对其本人的任何科学、文化或艺术作品所产生的精神上和物质上的利益享受受到保护的权利。"②《中华人民共和国宪法》（以下简称《宪法》）中也有保障公民文化权利的内容。《宪法》第四十六条指出："中华人民共和国公民有受教育的权利和义务。国家培养青年、少年、儿童在品德、智力、体质等方面全面发展。"《宪法》第四十七条指出："中华人民共和国公民有进行科学研究、文学艺术创作和其他文化活动的自由。国家对于从事教育、科学、技术、文学、艺术和其他文化事业的公民的有益于人民的创造性工作，给以鼓励和帮助。"③

文化权利的概念有单数（cultural right）与复数（cultural rights）之分，前者被包含在后者之中。关于文化权利的内容构成，许多组织和研究者提出了不同的理解。其中一个权威性和综合性比较强的综述是由联合国教科文组织的文化与发展合作委员会（Culture and Development Coordination Office at UNESCO）提出的。该委员会梳理各种相关文件，指出文化权利（cultural rights）包括 50 种不同的文化权利，分属以下 11 种类别④：有形生命与文化生存权（rights to physical and cultural survival），对文化共同体的联系与认同权（rights to association and identification with cultural community），文化身份尊重权（rights to respect for cultur-

① ［英］安东尼·吉登斯. 社会学（第 4 版）［M］. 赵旭东，齐心，王兵，马戎，阎书昌等译. 北京：北京大学出版社，2007：654.

② 夏春利. 文化权. 见黄金荣《经济、社会、文化权利国际公约》国内实施读本［C］. 北京：北京大学出版社，2011：157.

③ http：//www. law—lib. com/law/law＿view. asp？id=82529，2014 年 3 月 5 日下载。

④ Halina Niec. Cultural Rights：At the End of the World Decade for Cultural Development. http：//kvc. minbuza. nl/uk/archive/commentary/niec. html，2014 年 2 月 6 日下载. 夏春利著《文化权》，黄金荣主编《经济、社会、文化权利国际公约》国内实施读本［C］. 北京：北京大学出版社. 2011 年第 158 页呈现了此十一类权利中的部分权利。该书同一章第 166 页"相关国际组织制定的有关文化权的文件"小标题下列出了联合国教科文组织 1960 年制定的《取缔教育歧视公约》，也表明教育权是一项文化权利。

al identity），物质与无形遗产权（rights to physical and intangible heritages），宗教信仰与实践权（rights to religious belief and practice），意见、表达、信息自由权（rights to freedom of opinion，expression and information），教育培训选择权（rights to choice of education and training），文化政策阐述参与权（rights to participation in elaboration of cultural policies），文化生活参与和文化创造权（rights to participation in cultural life and rights to create），内生发展选择权（rights to choice of endogenous development），民众的物质和文化环境权利（rights to people's own physical and cultural environment）。

　　文化权利具有普遍性，其主体既包括每个人，也包括集体和族群，如少数民族、残疾人、种族、难民、移民等，在特定意义上也指国家。文化权利对国家产生三个层次的义务：尊重、保护和促进，主要是促进义务。①"中国宪法上的文化权利可以概括为文化表现权、文化保障权、文化平等权、文化参与权，它们之间相辅相成，从不同的路径引领着文化政策法治化的过程。文化政策法治化应以文化表现权的践行为前提，以文化保障权的满足为内容，以文化参与权的落实为手段，以文化平等权的维护为追求，最终确保宪法上文化权利的完满实现。"② 随着时代的进步与相关法律法规体系的建立，人们逐渐开始接受并承认经济、社会、文化权利与其他权利一样具有法律约束力。

三、残疾人文化权利的概念界定

　　《残疾人权利公约》（2006 年）要求进一步保障全球 6.5 亿残疾人平等的文化权利，专门规定了"参与文化生活、娱乐、休闲和体育活动权利"。这可被视为狭义的文化权利。《残疾人保障法》（2008 年）的第五章《文化生活》和第三章《教育》对保障中国残疾人的文化权利做出了具体规定。

---

　　① 李卫华. 文化权利的法律保障、基本内容与国家责任 [J]. 理论学刊，2014（7）：101-107.
　　② 贾宸浩，相焕伟. 宪法上的文化权利：中国文化政策法治化的根基 [J]. 山东大学学报（哲学社会科学版），2014（3）：154-160.

在前述的十一类文化权利中，"物质与无形遗产权"关注的是文化遗产保护，与包括残疾人在内的公民个体的直接关联甚少；"内生发展选择权"等群体文化路径选择权与残疾人权利的交集也很小。但是，教育与培训权、文化生活参与权却是比较基本和普遍的，是任何残疾人都需要保障的权利。其中，接受与选择教育和培训的权利是现代社会中残疾人生成人所独有的文化属性的必由路径，在残疾人的诸种文化权利中居于先行权利或前提型权利、基础权利的地位。

第二节　本研究的目的、意义与研究方法

为了确定本成果的研究路向与重点，研究者花了很长的时间进行了细致的综述研究，具体内容详见第一章。基于对大量中、英文文献的分析以及对于实践案例的考察，本研究者认为，本成果应对残疾儿童以及残疾成人分别给予应有的重视，对国内多类残疾人接受教育、培训等权利及其文化生活权利的保障进行现状研究，探明其影响因素，针对其折射出的问题，进行科学、可行的对策思考；并在量化研究之外辅以多学科、有针对性的思辨研究和典型案例分析。

一、本研究的目的与意义

本成果对关于残疾人文化权利保障的重要理论与现实问题进行了原创性的系统研究，旨在为相关部门进一步推进残疾人文化权利保障提供科学依据与理论参考，提升广大残疾人的存在价值与幸福感，助推我国人民物质和精神生活的全面小康建设。

本研究的理论意义如下：保障残疾人文化权利是文明社会的基本要求，也是中国文化发展与社会发展中的一块"短板"。本成果对中国残疾人文化权利保障的现状、影响因素进行系统的实证研究与对策研究；并结合教育学、伦理学、哲学视角进行思辨研究与案例研究，有助于拓展融合教育、社会关怀、公民权利保障、社会正义等论域的研究视角，丰富福利社会学与法社会学研究的内容，具有原创性的理论价值。

本研究的应用价值和现实意义如下：本成果运用严谨可靠的数据资料，研究残疾人诸种主要文化权利的保障现状，分析其影响因素，进行具有可操作性的对策研究，提供可靠的政策咨询。本成果对于协助有关部门更好地履行有关法律义务、提供有效的公共文化服务、进一步提升广大残疾人的幸福感与社会的和谐文明、服务于社会主义文化大发展大繁荣之宏旨，具有显见的应用价值和现实意义。

二、研究方法

本研究主要运用了量化研究法、案例研究法、比较研究法，并进行了多学科视野下的思辨研究。在大数据时代，关于残疾人文化权利保障的政策制订以及残疾人发展都需要得到实证研究的支撑，以帮助确证决策的科学化、合理性、可行性。关于数据的选择，对于本研究而言，使用中国残联 2013 年即较新的全国残疾人状况监测数据，应该说是理想的。这项监测动用了中国 31 个省、自治区、直辖市（不含港、澳、台地区）的众多残疾人工作者，针对六类残疾人在文化、教育、经济、康复、社会参与、无障碍体验等方面的现状进行入户调查。其调研的样本量、残疾类别的覆盖面、问卷设计的合理性、数据的准确性，都优于研究者单纯以一己之力进行小样本调查的量化研究。在量化研究之外，本研究者不受限于问卷的框架，针对残疾人的文化权利保障还运用其他多种方法和视角进行了研究。

第三节　本书的主要研究内容

本研究以中国残疾人的受教育权、受培训权、文化生活权、休闲娱乐权等主要的文化权利保障作为研究对象，研究内容主要包括述评研究、量化研究、思辨研究、案例研究。本书第一部分即第一章，基于丰富的中、英文文献对国内外本论域的研究现状进行述评，厘清本研究的重点与路向。第二部分包括第二章至第六章，首次基于 2013 年全国残疾人状况监测数据，对残疾人的教育、培训、社区文化生活等文化权利保障的现状与影响因素进行实证研究，提出科学可行的对策建议。第三部分为

第七章，对残疾人休闲娱乐等权利保障进行案例研究，分析融合教育对于残疾人文化权利保障的独特作用。第四部分为第八章和第九章，探讨融合教育的应然伦理内核、现实样态、作用机制、面临的挑战以及融合教育发展对策，从陌生人伦理视角探索保障融合教育的质量，进而促进残疾人文化权利的保障。第五部分为第十章，从外部研究的角度，结合研究者访学时观察的国际案例，对残疾人无障碍权利保障等进行现状与对策研究，以期为残疾人文化权利保障提供更好的支持条件。下面从研究方法的视角对本书的主要内容进行概述。

一、国内外残疾人文化权利保障研究现状之述评研究

本研究者结合融合教育、残疾人发展、法社会学、公共管理学等方面的最新理论成果，对国内，尤其是国外的相关研究分析了大量的最新文献，借以探寻国际研究前沿，厘清国外残疾人文化权利保障的现状、成因、对策、趋势；同时，明确国内残疾人文化权利保障及其研究的现状、与国际趋势之间的异同及需要着力推进之处。本研究者阅读了100余篇相关的英文论文，述评研究中呈现的大约40篇英文论文在国内学术界几乎都是首次运用。这一综述研究不仅有助于确定本研究的理路，还能协助国内残疾人文化权利研究共同体扩大研究视野、掌握最新的研究工具。

二、中国残疾人文化权利保障之量化研究

本成果基于中国残联2013年残疾人状况监测数据，运用SPSS 17.0软件对六类残疾人的教育、培训、社区文化生活等诸种文化权利的现状进行准确描述，用卡方分析得出具有显著差异的自变量，再用回归分析得出内部与外部的影响因素。据此，结合中国各地具有代表性的先进成功经验，进行科学、可行的对策分析。

具体而言，这部分基于2013年中国残疾人状况监测数据做了五项带有筑基补白性质的实证研究，涵盖教育、培训、文化生活等受益面最广的文化权利类别。同时，这样的逻辑安排也有着基于融合教育视角的考量。首先，失学问题研究的是融合教育的起点，残疾儿童必须上学，才谈得上接受融合教育。从残疾人生命周期考察其文化权利的保障，研究

的逻辑起点应该是残疾人作为儿童接受义务教育。因此本部分的第一个量化研究便是残疾儿童的失学研究，将残疾儿童的失学细分为"从未上学""中途辍学""毕业后未升学"三种类型，这样的失学分类实证研究在国内外似未见先例。本成果的第二个量化研究是对在学的残疾儿童从融合教育视角所做的就读学校类型分布进行研究。在国内目前尚且较为普特分离的教育格局下，残疾儿童在普通学校接受融合教育抑或在特教学校接受比较隔离的教育，这实际上构成了残疾人生命发展的一个重要分野，会在很大程度上决定其终身文化权利享有与保障的样态、丰富性甚至层次。因此，本部分的第二个量化研究探究残疾儿童的学校类型选择的问题，这个研究在国内外也具有原创性。第三个量化研究分析了残疾人的受培训权保障问题。职业培训是与残疾青少年受教育权密切相关的另一项重要文化权利，它与残疾青少年成年后的就业权以及整个的生命尊严有着密切联系。对于残疾青少年以及残疾成人培训权利保障的研究，具有存在论的意义。因此，本部分的第三个研究考察了残疾人的受培训权利现状及其影响因素。第四个和第五个量化研究分析了残疾儿童和残疾成人的文化生活权利保障问题。鉴于社区是残疾人享有文化生活权利的重要场域，本部分继而研究残疾儿童与残疾成人的文化权利在社区中的实现情况及其影响因素。

在受教育权利、受培训权利以及文化生活权利保障方面，本成果不仅将未成年残疾人作为研究对象，同时也描述、分析成年残疾人的权利保障状况，结果折射出专门研究残疾青少年这一研究对象的必要性以及这一群体在文化权利保障方面的特殊性。在此说明本研究对残疾成人的受教育状况仅做描述而未展开专门实证研究的原因：残疾成人填写的监测问卷中没有题项问及"从何年开始残疾"，因此无从确定现为残疾的成年人在接受学校教育时是否残疾。在这种情况下，如果做残疾成年人教育权利保障的回溯性实证研究，在逻辑上是不严谨的。即便资料同样支持做残疾成人的受教育权研究，也仍然是残疾儿童的受教育权实证研究更具现实意义，更有可能受到法律与政策的保障，更有助于促进残疾人文化权利保障以及残疾人的发展。北京大学和中国残联的专家对2013年全国残疾人状况监测进行描述性统计的文献中，对残疾成人的受教育状况也一语带过，"18 岁及以上残疾人总体受教育程度不高，2013 年度各类受教育程度比例与上年度基本保持一致"①，很可能也是出于相似的考虑。总之，本研究的量化研究将科学地分析残疾儿童与成人文化权利保障的现状及其内部、外部的影响因素，结合有代表性和推广价值的创新经验进行科学性、可行性的对策研究。

三、中国残疾人文化权利保障之思辨研究

任何问卷都有边界，这也往往构成量化研究的一种边界。残疾人文化权利保障的有些潜在影响因素未被包括在中国残联 2013 年残疾人状况监测问卷中，本成果的量化研究因此无从涉及。鉴于此，本成果不局限于量化研究，还从教育学、哲学、伦理学、法社会学等视角，探讨融合教育对于残疾人文化权利保障的特殊作用，并结合特殊教育史、教育实验案例、教育管理等方面的分析，探讨融合教育的历史生成、现实样态、发展对策，揭示并致思于推进融合教育与残疾人文化权利保障以及融合社会建构之间的密切关联。本成果结合对融合教育实效性及其作用机制的分析，分析了融合教育应有的伦理内核及其在同伴支持等方面可能面临的挑战，并从陌生人伦理的视角对融合教育的学校伦理道德氛围建构进行了研究。

四、残疾人相关权利保障之案例研究

由于残疾人文化权利保障没有现成的模式，具有可推广性的创新案例研究很重要。本书对残疾人的休闲娱乐权保障的研究以及基础学校陌生人伦理教育提升融合教育质量的思辨研究分别结合了中国、美国的典型案例分析展开。此外，本书关于残疾人文化权利保障影响因素的量化研究印证了残疾人的文化、康复、无障碍出行等权利是个紧密联系、相互影响的系统，因此间接维权和直接维权对于充分保障残疾人文化权利都是必不可少的。本研究者基于在英国、美国、捷克访学 15 个月的观察思考，结合国际经验与案例，运用案例分析等方法，对于残疾人无障碍权

---

① 陈功，吕庆喆，陈新民.2013 年度中国残疾人状况及小康进程分析［J］.残疾人研究，2014（2）：86－95.

利等的保障现状、问题与对策进行研究，以期间接促进残疾人文化权利保障。

综上，本书的述评研究、量化研究、思辨研究和案例研究涵盖了当前残疾人文化权利保障的主要领域，分析残疾人文化权利保障的现状及其内、外部的影响因素，厘清尊重人际异质性的哲学脉络，致思于完善融合教育，优化无障碍的社会环境，力求着眼于整个社会文化语境为优化残疾人文化权利保障提供更好的支持条件。本书部分章节曾由本人在近年先行发表于以下学术期刊：本书第二章发表于《中国特殊教育》2015 年第 1 期；第三章发表于《教育研究与实验》2015 年第 3 期；第五章发表于《甘肃社会科学》2015 年第 1 期；第六章发表于《残疾人研究》2015 年第 1 期；第七章第三节发表于《光明日报》2012 年 11 月 10 日；第八章第三节发表于《教育研究与实验》2005 年第 5 期；第九章第一节发表于《华中师范大学学报》（社科版）2007 年第 4 期；第九章第二节发表于《教育研究》2014 年第 12 期，第十章第二节发表于《残疾人研究》2014 年第 2 期。以上部分内容写入本书时做了调整。

本书旨在拓展丰富融合教育、伦理学、福利社会学、残疾人事业发展的相关研究视野与观点；旨在为相关部门进一步推进残疾人文化权利保障提供科学依据与理论参考，力促建构更加科学合理的残疾人文化权利保障机制以及残健融合的社会，促进依法治国和深化改革的政策导向在残疾人事业发展中结出更加丰硕的成果。

第一章　残疾人文化权利保障研究述评

《经济、社会和文化权利国际公约》（1966 年）将文化权利确定为公民的基本权利，《残疾人权利公约》（2006 年）要求进一步保障全球 6.5 亿残疾人平等的文化权利。克里斯托弗·胡德等学者从 20 世纪 90 年代开始在"新公共管理""新公共服务"视角下研究公共文化服务与公民文化权利保障，约瑟夫·皮珀、杰弗瑞·戈比等对休闲和文化生活的研究令人瞩目，为残疾人文化权利保障的研究提供了更加丰富的视角。在此背景下，国外学术界于 21 世纪初开始逐渐重视残疾人文化权利保障研究；国内的相关研究开展得略晚一些，数量也略少一些。

鉴于国际上亦尚未见系统研究残疾人文化权利保障的专著，本研究者研读了在国内几乎未见引用的 2000 年之后的 100 余篇相关英文论文，从中择取大约 40 篇，从研究方法、研究视角，研究成果的常规性、创新性，总体研究、分类研究，现状研究、原因分析、对策研究等维度，对国外残疾人文化权利保障进行述评研究，以期借鉴他山之石，促进国内的相关研究。同时，在厘清国际研究前沿和国内研究现状的前提下进行审视与思考，也有助于本课题确定具有理论与现实意义的研究路向。

第一节　国外残疾人文化权利保障研究述评

以下基于精选的第一手英文文献，从残疾人文化权利保障的现状、影响因素与对策三方面对国外残疾人文化权利保障研究进行述评。

一、国外多学科定性与定量的残疾人文化权利保障现状研究

艾奇逊（Aitchison）等学者从残疾人文体休闲研究切入，对于残疾人文化权利研究视角进行了反思，指出：此前的有关研究很大程度上植根于健全人的研究范式以及传统的娱乐与体育研究视角。这种话语方式源自 20 世纪 60 年代的传统社会学研究、户外娱乐地理学研究和体育研究，所重视的是具有独立经济来源的人，具有独立行动能力的、肢体健全的、具有传统美感的身体。以身体政治学理论加以反思，此种单一视角具有不完备性。[1] 澳大利亚学者达西（Darcy）和泰勒（Taylor）在承认残疾人进行诊疗性文体活动具有积极作用的前提下，反思指出：残疾人文化研究总体上受到医学模式的很大制约，表现为将文化生活主要作为残疾人身心康复的一种手段。他们主张，应重视残疾人研究的社会学范式，注重考察残疾人群体对于法定公民权的真实体验，并将此置于研究范式的中心。[2] 推动融合的研究旨趣，呼唤研究者更多地把研究重心置于残疾问题以及残疾人研究之上。这篇文献折射出残疾人文化权利研究范式一定程度上偏于传统的事实，同时体现出部分研究者的方法自觉与反思，体现出反对移植、转而以残疾人为本的研究立场。

在这种研究范式反思的背景下，国际上很多学者日渐自觉地从多元视角进行残疾人文化权利研究。国外残疾人文化权利保障研究除了社会学、法学之外，还经常运用公共管理学、文学、心理学等学科的资源，进行以思辨研究为主的定性研究。同时，他们还很重视以定量研究为主的实证研究。这有助于从多个路径拓展和推进此研究。

（一）多学科视角下的思辨研究

就社会学视角而言，残疾人研究传统上主要属于福利社会学的范畴，着眼于残疾人作为社会弱势群体应该获得怎样的福利以及如何通过社会政策等机制真正享有这些福利。此类文献仍占一定比例，并且仍有重要

---

[1] Aitchison，Cara. Exclusive Discourses：Leisure Studies and Disability. Leisure Studies，Oct. 2009，28（4）：375—386.

[2] Darcy，Simon；Taylor，Tracy. Disability Citizenship：An Australian Human Rights Analysis of The Cultural Industries. Leisure Studies，Oct. 2009，28（4）：419—441.

的研究价值。此外，近年来有些文献涉及"身份"这一社会学研究热
点，① 考察社会的负面刻板印象如何体现在残疾人的文化生活经验之中，
以及适应性的文体活动经验对残疾人身份重塑产生的作用。身体社会学
的研究表明：社会生活和身体之间具有相互的关联，我们的身体受到我
们所属群体的规范和价值观的影响，也深受我们社会经验的影响，其具
体表现形式包括污名和"特权"等。② 另有美国学者从社会工作视角印证
了消极残疾人观导致一些残疾人逃避对残疾身份的认同，具有"受压迫
和蒙受耻辱"的身份感，不利于残疾人积极生活和享有文化权利③。

　　就法学视角而言，澳大利亚学者达西与泰勒基于对残疾人问题医疗
研究模式之局限性的反思，转而以法学视角来致思于丰富残疾人文化生
活，分析澳大利亚《反对歧视残疾法案》（1992 年）中关于残疾人文化生
活权利相关规定的落实与操作情况。他们借助人权与机会平等委员会以
及联邦法院的管理信息系统，进行资料的解读与分析，研究了 80 个联邦
法院诉状和其他 420 个相关诉状，揭示了两性各类残疾人在不同文化产
业受到的歧视。该研究显示了文化生活方面的受歧视经历与性别、残疾
类型、文化产业具体部门之间具有相关性。④ 借助法院管理信息系统进行
资料解读与分析，这种研究方法具有创新性和可借鉴价值。这样的研究
有助于促使文化产业提高融合性，完善立法、推进执法。

　　鉴于权利保障与公共管理具有天然的关联，有学者从公共管理视角
对残疾人文化权利保障进行研究。澳大利亚学者理查德·麦克戈拉斯
（Richard McGrath）研究指出，澳大利亚公共服务部门根据问责制改革
的要求，公开了相关文件。他研究分析了澳大利亚地方公共服务部门公

---

① Lundberg，Neil R.；Taniguchi，Stacy；McCormick，Bryan P.；Tibbs，Cather-
ine. Identity Negotiating：Redefining Stigmatized Identities through Adaptive Sports and Recreation
Participation among Individuals with a Disability. Journal of Leisure Research，2011 Second Quar-
ter，43（2）：205－225.
② ［英］安东尼·吉登斯. 社会学（第 4 版）［M］. 赵旭东，齐心，王兵，马戎，阎书昌
等译. 北京：北京大学出版社，2007：137，152.
③ ［美］朱利·C. 罗斯曼. 残疾人社会工作［M］. 曾守锤，张坤等译，广州：华东理工
大学出版社，2008：102.
④ Darcy，Simon；Taylor，Tracy. Disability Citizenship：An Australian Human Rights
Analysis of The Cultural Industries. Leisure Studies，Oct. 2009，28（4）：419－441.

布的关于体育和娱乐的 31 个文件，以厘清其中包含的关于为残疾人提供社区文化服务的价值观和理念。研究结果表明，地方政府的主要侧重点在于保证建筑环境的无障碍和适宜性。他们将无障碍等同于肢残人的无障碍通行，这样不利于保证其他残疾类型群体的无障碍权利。此外，在社区听证过程中，残疾人代表的出席情况也值得质疑。[①] 该研究尊重残疾人主体地位的研究立场相当鲜明，其公共管理的政策文本与实践系统分析的双重方法亦有可取之处。

文学作为文化作品，可以折射残疾人的文化生活。戴奇斯（Dyches）等美国学者分析了 1997 年至 1998 年出版的 12 部儿童文学作品中描绘的智力残障者和自闭症患者的形象以及相关情节，重点考察了人物刻画中的积极描述、人物关系、作品中残健人物变化以及学校教育、文体活动和居所等主题。较之以前研究所揭示的儿童文学作品中的残疾人物而言，这些书中的残疾人物被描述得在生活中有更多的选择，在更加融合性的情境当中受到教育。[②] 文学作品本身就是精神文化的重要载体之一。此类研究有助于提示（潜在的）阅读者关注并反思性地看待与残疾人文化权利保障相关的文学作品，同时有助于提升相关的文学创作者对于残疾人生活的关切度与伦理敏感性。

（二）多学科视角下的定量研究

美国等一些国家的人文社科研究中，量化研究占有半壁江山的重要地位。残疾人文化保障领域的研究也不例外。由于残疾人在自我概念、自我认同方面可能具有特殊的心理体验，所以心理学视角对于残疾人研究也很有价值。国外一些学者运用《生活幸福感》等常用量表测量残疾人文化生活体验与生活幸福感之间的相关性。麦圭尔（McGuire）和麦克唐奈（McDonnell）等学者对智力残疾青少年的文体娱乐与自我决定水平

---

① McGrath，Richard. A Discourse Analysis of Australian Local Government Recreation and Sport Plans Provision For People with Disabilities. Public Management Review，Jul. 2009，11（4）：477—497.

② Dyches，Tina Taylor；Prater，Mary Anne；Cramer，Sharon F. Characterization of Mental Retardation and Autism in Children's Books. Education & Training in Mental Retardation & Developmental Disabilities，Sep. 2001，36（3）：230—243.

进行了相关性研究。① 接受特殊教育的智力残疾青少年作为被试者，回溯
了自己上两周参加娱乐活动的经历，然后接受了《阿克自我决定量表》
（Arc's Self-Determination Scale）的测试。研究结果显示，智力残疾青少
年参加娱乐活动的经历与他们的自我决定水平之间有可预测的正相关：
这些研究对象在娱乐方面花的时间越多，其自我决定能力水平越高。这
一发现表明：娱乐活动可能是促进残疾青少年自我决定能力发展的一种
有效策略；自我决定能力不仅能通过显性技能的教学，而且能通过文化
生活的体验得到发展。

　　鉴于残疾人及其权利保障的特殊性，可以直接"拿来就用"的定量
研究工具并不多。相关法律文本可以为残疾人问题研究提供宏观框架，
但是对于定量研究而言尚不具备直接的可操作性。此外，关涉文体活动
的现有量表多是以健全人为研究对象加以设计的，不能直接用于测量残
疾人的文体生活体验与质量。这就要求研究者们开发专门的相关测量工
具，以提升残疾人问题研究的针对性和科学性。

　　获得无障碍环境是残疾人的一项重要的法定权利，也与残疾人的文化
生活质量具有密切关联。美国学者里默（J. Rimmer）以及赖利（B. Riley）
结合法学、建筑学等方面的知识，设计了包括六个子量表的《健身机构无
障碍量表》，即"健身与娱乐环境的无障碍测量工具"（Accessibility Instru-
ments Measuring Fitness and Recreation Environments）。该量表的设计修订
一方面依据《美国残疾人法案》提出的环境无障碍要求，另一方面依据以
美国残疾人、健身专家、建筑师、工程师、城市与公园管理者等为访谈
对象的焦点访谈小组的研究成果。该研究工具旨在测量健身与娱乐机构
在建筑环境、游泳池、其他健身设备、信息、关于设施使用的政策、服
务人员的职业行为 6 个方面的无障碍现状。里默等学者用此工具评估了
美国 35 个健康俱乐部等健身机构向肢体残疾人和视障者提供的无障碍现
状，测量结果显示：所有这些机构的无障碍现状都处于"低下"至"中
等"水平之间。

---

　　① McGuire, Jayne; McDonnell, John. Relationships Between Recreation and Levels of
Self-Determination for Adolescents and Young Adults With Disabilities. Career Development for Ex-
ceptional Individuals, Winter 2008, 31（3）：154—163.

该量表的题项有些关涉《美国残疾人法案》关于建筑环境的具体规定，另一些关涉其他方面的内容。例如，"设备"维度的无障碍子量表考察的项目包括："健身设备的座位宽度如何？健身设备是否提供布莱叶盲文资料？服务者是否直接与残疾顾客的私人助手直接对话？健身机构是否有上肢或下肢的测力器？游泳池的坡道是否小于 8.33°？机构宣传手册上残疾人的形象如何？会员费是否根据能真正无障碍使用的设施收取？""政策"维度的无障碍子量表考察的项目包括："设施的无障碍程度是否每隔一段时间进行检查？残疾顾客的私人助手是否被允许免费进入机构？导盲犬等服务性质的动物是否准许进入机构？""专业行为"维度的无障碍子量表考察的项目包括："机构服务人员在和残疾顾客说话时，是否注视着顾客？服务人员在试图帮助顾客之前，是否询问顾客需要帮助与否？"[①] 这样细化、科学的量表有助于深化此领域的定量研究，有助于相关部门有力度、有针对性地介入现实，推动残疾人文化权利的保障。

二、国外残疾人文化权利保障状况的原因分析与着眼于残健融合的对策研究

国际上一些学者比较重视影响因素、动机等原因分析，以求探明造成相应现状的深层次原因，进而有针对性地提出对策、改善现状。

（一）原因分析

以色列学者赫茨勒（Hutzler）研究了智力残疾人进行体育活动的动机，发现体育运动以及和体育相关的活动都对智力残疾人的幸福感有积极影响。这些活动有助于提高其身体健康水平以及技能水平，通过这两个中介因素，又有助于提高智力残疾人的自我效能觉知以及社会能力。同伴的榜样作用以及视频和声频的鼓励性刺激，对于智力残疾人坚持体育运动是重要的影响因素。[②]

---

① Rimmer, James H.; Riley, Barth; Wang, Edward; Rauworth, Amy. Accessibility of Health Clubs for People with Mobility Disabilities and Visual Impairments. American Journal of Public Health, Nov. 2005, 95 (11): 2022−2028, 7.

② Hutzler, Y. Motivational Correlates of Physical Activity in Persons with An Intellectual Disability: A Systematic Literature Review. Journal of Intellectual Disability Research, Sep. 2010, 54 (9): 767−786.

美国学者里默等①在 2001 年至 2002 年对美国十个地区的五类相关人士进行了焦点小组访谈，借以研究残疾人参与体育活动的阻碍因素与促进因素。五类人士包括：残疾顾客、建筑师、健身与娱乐活动专业人士、城市规划者、公园管理者。访谈内容都被录音，并进行内容分析。焦点小组访谈员对被识别出的残疾人参与体育活动的积极因素和阻碍因素做了记录。访谈录音的内容分析显示出 178 种阻碍因素和 130 种积极因素，可归入如下主题：①与建筑环境及自然环境相关的阻碍因素、促进因素；②经济因素；③情感与心理方面的障碍；④设施方面的障碍；⑤对有关法律、法规、规定的理解与应用方面的障碍；⑥与信息有关的障碍；⑦专业知识、教育与培训方面的问题；⑧包括专业人士在内的非残疾人的理念和态度；⑨在机构和社区层面的政策与落实的程序；⑩资源的可及性。该研究的结论是：残疾人参与体育活动的程度受到多种积极与消极因素的影响，这些影响因素是残疾人群体参与体育活动所特有的。

美国学者肖尔（Scholl）等研究了机构为残疾儿童提供融合性的娱乐以及课后服务的乐意程度和准备程度。研究表明：为了提高残疾儿童参与文体机构的程度，应该提高融合性的社区文体娱乐项目的质量，方法之一是为缺乏融合知识与经验的社区文体娱乐机构工作人员提供培训和技术支持。多主体融合项目设计的目的在于为社区文体活动服务机构以及有残疾人的家庭提供帮助，打造训练有素的休闲伙伴，为残疾青少年提供服务。参与该项目的各主要机构都支持融合进程，然而感到关于服务残疾人的培训目前还不够多。通过增加对服务人员以及残疾人融合文体项目休闲伙伴的培训，可望提升这些项目的残健融合效果。②

芬尼克（Fennick）和罗伊尔（Royle）③ 研究了将具有发展性残疾的

① Rimmer, James H.; Riley, Barth; Wang, Edward, et al. Physical Activity Participation among Persons with Disabilities: Barriers and Facilitators. American Journal of Preventive Medicine, Jun. 2004, 26 (5): 419−425.

② Scholl, Kathleen G.; Smith, John G.; Davison, A. Agency Readiness to Provide Inclusive Recreation and After-School Services for Children With Disabilities. Therapeutic Recreation Journal, 2005, 39 (1): 47−62.

③ Fennick, Ellen; Royle, James. Community Inclusion for Children and Youth with Developmental Disabilities. Focus on Autism & Other Developmental Disabilities, Spring 2003, 18 (1): 20−27.

青少年和健全同龄人融合起来进行社区康乐活动的试点项目，来自"大学教师教育暨健康教育项目"的活动教练此前受过培训，在项目中运用个别化的适应措施来帮助残疾青少年参与活动项目。研究者发现，日程安排方面的困难限制了参加人数；沟通和规划设想方面的原因可能限制了来自多元文化群体的潜在参与者。残疾青少年（大多有自闭症）参加了个别化的游泳班或体操班。研究者观察发现：他们享受活动过程，并提高了休闲技能。残疾青少年在何种程度上参与集体活动，具有残疾类别的差异。着眼于融合性娱乐活动的发展方向以及多元文化残疾人家庭的更大融合性，研究者提出了建议。由此可见，美国一些研究者所论的融合是多维度的，不仅有残健融合，还有在此基础上的多元文化融合。

另外，金（King）等学者[1]发现残疾青少年参与文化生活在五个维度上（多样性、强度、场地、同伴、愉悦度）不同程度地受到年龄、性别、残疾程度的影响。残健对比方面，残疾青少年在社会参与、无须家人陪伴方面与健全同龄青少年无异，然而12～14岁残疾青少年的愉悦感较低。

关于阻碍性的影响因素，麦克戈拉斯（McGrath）[2]通过对服务记录的文本分析，指出由政府资助建成的社区服务机构在无障碍服务类别化方面的不完备性以及残疾人士在相关机构中代表性不足等问题。这些问题不利于保障残疾人的文化权利。迪瓦恩（Devine）和帕尔（Parr）[3]对融合式娱乐情境的社会资本进行了研究，指出残疾被访者大多体验到层级化的社会文化。这样的研究有助于赋予残疾人更多的话语权，为社会建构更加彻底融合的文化指明努力的方向。

---

[1] King, Gillian; Law, Mary; Hurley, Patricia; Petrenchik, Theresa; Schwellnus, Heidi. A Developmental Comparison of the Out-of-School Recreation and Leisure Activity Participation of Boys and Girls with and without Physical Disabilities. International Journal of Disability, Development & Education, Mar. 2010, 2009, 57 (1)：77—107.

[2] McGrath, Richard. A Discourse Analysis of Australian Local Government Recreation and Sport Plans Provision for People with Disabilities. Public Management Review, Jul. 2009, 11 (4)：477—497.

[3] Devine, Mary Ann; Parr, Mary G. "Come on in, but not too Far"：Social Capital in An Inclusive Leisure Setting. Leisure Sciences, Oct. —Dec. 2008, 30 (5)：391—408.

帕伦特（Pallant）等①对 152 位 5~18 岁残疾儿童和青少年的母亲进行了质性研究，并基于此编制了《辅助残疾儿童进行游戏与娱乐活动的量表》（Assistance to Participate Scale，即 APS），用以测量在照料者看来残疾学龄儿童参与游戏和娱乐活动所需的协助。

墨菲（Murphy）和卡蓬（Carbone）等根据观察研究提出结论：体育活动对包括残疾儿童在内的所有儿童都可能有所助益。残疾儿童参与体育运动及娱乐活动，有助于他们进行社会融合、优化身体功能、提升整体幸福感。虽有这些益处，与非残疾同龄人相比，残疾青少年参与文体活动却面临更多的限制，如健康程度更低、肥胖状况较严重。关于残疾青少年参与文体活动的一个影响因素是儿科医师和残疾青少年父母的理念，他们可能过度预测文体活动的风险或忽视体育活动给残疾青少年带来的益处。关于每个残疾青少年文体活动参与的知情决定，必须考虑其健康状况、活动偏好、安全措施、项目适切性以及相关设施的可及性。健康指导家访有助于儿科医生、残疾青少年及其父母有机会合作生成以目标为导向的文体活动处方。残疾儿童自身的状况、其家庭背景、财力状况以及社会因素也可能对残疾儿童参与文体活动造成影响。这些因素应该在地方、各州以及联邦法律当中予以识别和应对，以使所有残疾儿童都能融合地参与适合的文体活动。这一临床研究报告讨论了体育活动、娱乐活动以及体育参与对于残疾儿童的重要性；关于儿科健康顾问、负责儿童健康的专业人士能够如何推进这种参与，该研究也提出了可行性建议。②

加拿大学者金等③应用《儿童参与文化生活活动及其愉悦度量表》和《儿童活动偏好量表》测量了 427 名 6~15 岁肢体残疾儿童参与文化生活

---

① Law，M.；Howie，L.；Pallant，J. F. Development of the Assistance to Participate Scale (APS) for Children's Play and Leisure Activities. Child：Care，Health & Development，Sep. 2009，35（5）：738—745.

② Murphy，Nancy A.；Carbone，Paul S. Promoting the Participation of Children with Disabilities in Sports，Recreation，and Physical Activities. Pediatrics，May 2008，121（5）：1057—1061.

③ King，G. A.；Law，M.；King，S；et al. Measuring Children's Participation in Recreation and Leisure Activities：Construct Validation of the CAPE and PAC. Child：Care，Health & Development，Jan. 2007，33（1）：28—39.

活动的六个维度——多样性、深度、地点、同伴、愉悦程度、偏好，关于娱乐休闲活动的两个维度——正式与非正式，以及文化生活活动的五种类型——娱乐活动、积极的体育活动、社会活动、基于技能的活动、自我提升的活动。研究结果表明：其参与活动的深度、愉悦程度、活动偏好的得分与环境变量、家庭变量、儿童自身变量具有显著关联。在性别维度上，男孩与女孩的平均得分具有显著差异；不同年龄组的儿童平均得分具有显著差异。

（二）对策研究

针对上述原因，有少数研究分析了相应的对策，在此不做赘述。另一些学者结合案例或实验进行了专门的对策研究，这些对策研究与前文所析的现状分析研究大多有一个同样的特点：着眼于残健融合的社会建构。

美国学者施莱恩（Schleien）和米勒（Miller）运用案例创新推广法（Diffusion of Innovation）研究了融合型社区文化生活服务，印证了融合型的社区娱乐为残疾人发展文体娱乐技能以及残健社会交流提供了优化的环境。[1] 美国学者塞布尔（Sable）等研究了名为"促进无障碍、转变与健康"（Promoting Access，Transition，and Health）的社区文体活动项目，以期提升文化服务的可及性、促进融合与提高残疾人的健康水平。其流程包括确定对象、评估身体状态、治疗活动的规划、以成果为导向的干预以及个人活动结束时的规划。该项目服务于脊髓损伤者、失肢者、小儿麻痹综合征患者等各类残疾人。实践的对象是某社区健康服务中心的部分顾客。[2] 克里津（Klitzing）和瓦赫特（Wachter）从结构、过程、结果三个维度研究了社区融合型文化娱乐机构为残疾人提供服务时应该参照的标准。研究发现，目前机构大多采用过程标准，研究者建议应该

---

① Schleien，Stuart J.；Miller，Kimberly D. Diffusion of Innovation：A Roadmap for Inclusive Community Recreation Services. Research & Practice for Persons with Severe Disabilities，Fall / Winter 2010，35（314）：93—101.

② Sable，Janet；Gravink，Jill. The PATH to Community Health Care for People with Disabilities：A Community-Based Therapeutic Recreation Service. Therapeutic Recreation Journal，2005，39（1）：78—87.

更多地采用结果标准，以确保融合型文化生活的实效性。①

　　斯托达德（Stoddard）和布劳恩（Braun）等学者进行了（准）实验研究，该研究分析了南佛罗里达大学圣彼茨堡分校联合当地旨在帮助残疾儿童的专业协会（Comfort for Exceptional Children）研发的某暑期社区项目。这个社区儿童支持网络项目名为"面向社区儿童的支持系统项目"（Support Network for Kids in the Community Program）。该项目要求职前教师与各种类型的残疾儿童及其家庭互动，将此作为职前教师们大学学习的一种实习课程。实习中的职前教师们作为残疾儿童的指导教师在社区基地零距离地与残疾儿童接触、同残疾儿童的家庭互动、为融合性娱乐活动的领导者提供帮助。这些活动不仅有益于保障参与该项目的残疾儿童的文化权利，使残疾儿童在社区获得更多的、有质量的、方便可及的文化生活体验；也使职前教师们从实习中受到教益，借以更充分地理解残疾儿童及其家庭所面临的挑战，对此进行具体而积极的反思。此实验项目涉及项目的拟定与协调，需要来自大学的志愿者和社区伙伴的协同工作。②

三、国外残疾人文化权利保障的总体研究与分类研究

　　较早期的研究从残疾人的文体功能、活动类型的频度、机构服务等维度研究了残疾人文化权利保障的总体现状。逐渐地，有些学者从更丰富的维度对残疾人进行了分类别的、更为精致的研究。

（一）总体研究中常规性与拓展性并举

　　胡德（Hood）和卡拉瑟斯（Carruthers）等美国学者论证了诊疗性文体活动的医学意义。他们指出，残疾人或病人体验着诸多挑战，需要各种应对技能去克服这些挑战。诊疗性的文体活动有可能会促进残疾人或病人培养相应的技能来应对这些挑战。③ 这符合体育学者揭示的体育活动与心理

---

　　① Klitzing, S. W.; Wachter, C. J. Benchmarks for the Delivery of Inclusive Community Recreation Services for People with Disabilities. Therapeutic Recreation Journal, 2005, 39 (1): 63—77.

　　② Stoddard, Kim; Braun, Bonnie; Koorland, Mark. Beyond the Schoolhouse: Understanding Families Though Preservices Experiences in the Community. Preventing School Failure, 2011, 55 (3): 158—163.

　　③ Hood, Colleen Deyell; Carruthers, Cynthia P. Coping Skills Theory as An Underlying Framework for Therapeutic Recreation Services. Therapeutic Recreation Journal, 2002, 36 (2): 137—153.

健康之间的正相关。以健全大学生群体为例，"大量研究证明，体育锻炼的缺乏是导致心理亚健康状态发生的重要因素之一。体育课和课外体育锻炼可以使学生的抑郁、焦虑、敌对、恐怖、偏执和精神病性明显降低，对学生心理健康水平的提高作用明显。同时，经常参加体育锻炼的大学生在面对应急事件或环境时，常能采取'解决问题'和'求助'等成熟的应对方式，而较少采用'自责''退避'和'幻想'等不成熟的应对方式，在生活中表现出一种成熟稳定的人格特征和行为方式"①。同理，适当的文体活动对于多数残疾人的心理健康亦具有诊疗性功能。

关于残疾人文体活动的类型，英国学者德鲁（Drew）和拉格（Rugg）②通过 54 位康复治疗专业实习大学生对 662 位残疾人的文化体育活动进行观察记录和问卷调查，研究发现：肢体、智力残疾人以及学习障碍残疾人从事的各类文体活动中，休闲活动最为常见；其中又属"安静娱乐"范畴的活动最多。此外，旨在提升康复者家庭生活能力的活动也普遍存在，但比例相对较小。

关于残疾人进行融合式娱乐体验的社会环境，瓦奇特（Watchter）和麦高恩（McGowan）等美国学者联合伊利诺伊州残疾人娱乐协会（Special Recreation Associations）倡导残健融合性休闲项目，考察了社区机构为促进残疾人进行融合式娱乐体验而运用的干预措施。研究结果表明，施莱恩于 1993 年倡导并由蒙哥马利县康乐部（Montgomery County Department of Recreation）设计推动的残健融合性休闲进程，在该州几乎所有的残疾人娱乐协会中都得到不同程度的实践。这些协会几乎都相信：残健融合进程的每个步骤对于提供融合经验都很重要。③

近年来一些研究运用（准）实验研究、质化研究等方法，对残疾人文化生活在精神层面的功能进行了探讨。这对于传统康复视角下的研究

---

① 谢红光，陈小蓉，赵刚. 第 26 届国际大体联学术大会综述 ［J］. 深圳大学学报（人文社会科学版），2012（1）：72—79.

② Drew，Julie；Rugg，Sue St. Activity Use in Occupational Therapy：Occupational Therapy Students' Fieldwork Experience. British Journal of Occupational Therapy，Oct. 2001. 64（10）：478—486.

③ Wachter，Cynthia J.；McGowan，Amanda L. Inclusion Practices of Special Recreation Agencies in Illinois. Therapeutic Recreation Journal，2002，36（2）：172—185.

是个重要的补充与推进。伦德伯格（Lundberg）等对残疾人自主参加的适应性体育与娱乐活动的存在论意义及其具体机制进行了研究，研究结果与前文所述的一些结果可以相互印证。此研究发现，残疾人参与适应性体育与娱乐活动能起到身份建构作用，有助于解构残疾人被污名化的身份。这个过程并非完全没有张力。对 17 位残疾人士的质性研究表明，适应性体育的参与者能感受到社会对残疾人的刻板印象；但是通过文化生活，残疾人有机会建构社会网络、体验自由和成功，① 这又有助于残疾人生成积极的社会身份。

美国学者米勒与施莱恩等运用观察法对残疾人文化生活的形式进行了研究。在与残疾人有关的融合志愿者活动中，残疾人一般处于受助者的角色，但是在残健交往中以及残残交往中，也有少数相反的案例。这些研究者指出：参与融合志愿者活动（inclusive volunteering），可能非常有助于个人达到自己的目标，包括提升自尊，提高使命感，增强社会联结度，提升幸福感、生活质量以及社区融合；因此探讨了残疾人将志愿服务作为一种休闲活动的愿景。该研究还简要论述了诊疗、文体娱乐工作者可能在帮助残疾人将志愿服务纳入休闲活动过程中所能提供的支持条件。②

（二）分类研究注重残疾儿童等双重弱势者的文化权利保障

国外残疾人文化权利保障研究已细致到年龄、性别、不同残疾类型等多个维度。其中，研究者们比较关注对于残疾儿童、残疾老年人、残疾女性等容易处于双重弱势地位的亚群体的研究。这种研究取向有助于深入加强残疾人文化权利保障、缩小残疾人群体内部的权利落差。

1. 残疾儿童等双重弱势群体的文化权利保障研究

吉利恩（Gillian）和金等加拿大、英国学者 2009 年联合对 6～14 岁

---

① Lundberg, Neil R.; Taniguchi, Stacy; McCormick, Bryan P.; Tibbs, Catherine. Identity Negotiating: Redefining Stigmatized Identities through Adaptive Sports and Recreation Participation among Individuals with a Disability. Journal of Leisure Research, 2011 Second Quarter, 43 (2): 205－225.

② Miller, Kimberly D.; Schleien, Stuart J.; Brooke, Paula, et al. Community for All: The Therapeutic Recreation Practitioner's Role in Inclusive Volunteering. Therapeutic Recreation Journal, 2005, 39 (1): 18－31.

残、健儿童在正式与非正式的娱乐休闲活动中所获得的享受、愉悦感进行了比较研究。研究印证了如下假设：非残疾儿童自我报告在正式活动中明显比非正式活动中获得更多的愉悦感，而残疾儿童的自我报告中未见此显著差异。此外，残疾儿童参与的正式与非正式活动显著少于健全儿童，参与的广度和深度也低于健全儿童。该研究讨论了心理参与机制、愉悦感、活动参与对儿童发展具有促进作用的因素。[1]

美国学者菲尼克斯（Phoenix）运用了玛莎提出的自我身份状态范式，对诊疗性文体活动之于残疾人身份生成的影响作用进行了综述研究。该研究者引用已有文献指出，美国有些诊疗性文体活动的从业人员将促进残疾青少年身份发展作为初级或次级的治疗目标。研究发现残疾青少年身份发展方面的多重受益情况与诊疗性文体活动服务的意向效果完全吻合——减少药物滥用、增强残疾人对残疾的适应性、减少焦虑、提升自尊。残疾青少年的身份发展与他们持续改善的健康状况及幸福感之间也具有相关性，而这正是诊疗性文体活动服务的目标。由此可见，运用玛莎的身份状态范式这一理论框架，有助于诊疗性文体活动从业者以及相关机构促进残疾青少年的身份发展。[2]

美国俄亥俄州的研究者从社会资本的视角研究了融合性青年活动营。融合性的娱乐情境设计的目的在于促进关于健全与残疾的社会觉知，使得残健青少年的文化生活参与度方面的差异最小化。研究者与12～16岁的残健营员各4名进行了访谈，从残健营员之间的社会关系访谈中发现：社会结构是层级性的，社会结构反映在地位、权力和特权方面，这在融合性青年活动营中是显性存在的现象。[3]

与残疾儿童相似，老年残疾人也容易成为双重弱势群体。勒瓦瑟（Levasseur）和德罗齐埃（Desrosiers）等对加拿大社区的46位60～90

---

① King, Gillian; Petrenchik, Theresa, Law, Mary; Hurley, Patricia. The Enjoyment of Formal and Informal Recreation and Leisure Activities: A Comparison of School-Aged Children with and without Physical Disabilities. International Journal of Disability, Development & Education, Jun. 2009, 56 (2): 109－130.

② Phoenix, Terri L. Who am I?: Identity Formation, Youth, and Therapeutic Recreation. Therapeutic Recreation Journal, 2001, 35 (4): 348－356.

③ Devine, Mary Ann; Parr, Mary G. "Come on in, but not too Far:" Social Capital in An Inclusive Leisure Setting. Leisure Sciences, Oct. -Dec. 2008, 30 (5): 391－408.

岁的残疾老人进行了方便抽样调查，运用《生活质量量表》和《生活习惯量表》分别测得其主观生活质量和社区文化生活参与情况。研究结果表明：人际关系、责任、健康与娱乐是与这些研究对象的生活质量联系最为密切的社会参与范畴。较之日常活动，社会角色与生活质量的关系更为密切；较之生活习惯的实际表现，对生活习惯效能的满足与生活质量的关系更为密切。该研究证实了娱乐等社区文化生活参与状况与残疾老人的生活质量具有密切的正相关。[①]

德国学者弗罗伊登伯格（Freudenberg）和阿林豪斯（Arlinghaus）[②]引入年龄视角，以垂钓活动为切入点，研究了户外文体活动对于残疾人的益处及其所受的限制。他们对包括 347 名残疾会员在内的 775 名德国垂钓组织会员进行了邮件调研。研究发现：较之健全垂钓者，残疾垂钓者中包含更多的老年人、退休者；但垂钓频率并无组间差异。在社会性发展及自我发展方面，残疾垂钓者受益更大。然而，残疾垂钓者显著地体验到更多的各种参与局限。为了使垂钓等户外活动对残疾人群体的益处最大化，需要有目标明确的管理行为。

在性别维度方面，安德森（Anderson）等通过半结构化访谈法以及比较研究法，运用社会支持研究框架，对女性残疾青少年是否参加有组织的轮椅体育活动及其所获的社会支持机制进行了相关研究和比较研究。结果显示，参与和不参与这些活动项目的女性残疾青少年所获得的社会支持机制具有多重差异。[③]

对于智力残疾人的权利研究往往通过访谈其家人而间接进行。麦金太尔（McIntyre）等美国学者对 30 位 18～24 岁重度智力残疾人的母亲进行调研，其中 73％的母亲叙述道，娱乐和活动是影响其残疾子女生活质

① Levasseur, Melanie; Desrosiers, Johanne; Noreau, Luc. Is Social Participation Associated with Quality of Life of Older Adults with Physical Disabilities? Disability and Rehabilitation: An International, Multidisciplinary Journal, Oct. 2004, 26 (20): 1206－1213.

② Freudenberg, Philipp; Arlinghaus, Robert. Benefits and Constraints of Outdoor Recreation for People with Physical Disabilities: Inferences from Recreational Fishing. Leisure Sciences, Jan. / Feb. 2010, 32 (1): 55－71.

③ Anderson, Denise M.; Wozencroft, Angela; Bedini, Leandra. Adolescent Girls' Involvement in Disability Sport: A Comparison of Social Support Mechanisms. Journal of Leisure Research, 2008 2nd Quarter, 40 (2): 183－207.

量的重要因素[①]。墨菲（Murphy）和迪特里齐（DiTerlizzi）运用《生活方式满意度量表》以及夏洛克（Schalock）和基斯（Keith）开发的《生活质量量表》当中的部分问题，以 12 位智力残疾人（其中部分有自闭症）以及 72 位智力残疾人亲属作为调研对象，研究了严重智障者在文化生活、娱乐满意度等方面的现状。智商 50 以下的残障者的总体得分低于智商 50 以上者，此差异在娱乐满意度方面尤为显著[②]。以色列学者研究了智力残疾人在融合式和隔离式文体活动当中的自我概念和适应性行为。研究结果表明：参与融合式文体活动的智力残疾人的身体自我概念水平高于参照组的智力残疾人；参与融合式活动的智力残疾人对整体的自我概念的满意度高于参照组的智力残疾人。[③]

2. 关涉教育的基础文化权利研究

在文化权利中，较之文体娱乐权利，接受教育和培训的权利处于基础地位，后者在很大程度上决定着残疾个体在现代知识社会当中的身份建构、社会地位以及可能获得的幸福感。

关于残疾儿童的教育，除了必要的特殊教育研究，发达国家的学者总体上重视融合教育的研究。希尔（Seale）和宁德（Nind）等对于融合教育的贡献及其争议进行了研究；克拉斯卡（Kraska）和博伊尔（Boyle）研究了幼儿园教师以及小学教师对于融合教育的态度；麦基（Mackey）对美国中学教师实际应用的融合教育方法进行了研究。[④] 另一些学者对残

---

① McIntyre, Laura Lee; Kraemer, Bonnie R.; Blacher, Jan. Quality of Life for Young Adults with Severe Intellectual Disability: Mothers' Thoughts and Reflections. Journal of Intellectual and Developmental Disability, Jun. 2004, 29 (2): 131—146.

② Murphy, Glynis; DiTerlizzi, Michele. Quality of Life for the Camberwell Cohort. Journal of Applied Research in Intellectual Disabilities. 2009, 22 (4): 380—390.

③ Duvdevany, I. Self-Concept and Adaptive Behaviour of People with Intellectual Disability in Integrated and Segregated Recreation Activities. Journal of Intellectual Disability Research, Jun. 2002, 40 (5): 419—429.

④ Seale, J.; Nind, M.; Parsons, S. Inclusive Research in Education: Contributions to Method and Debate. International Journal of Research & Method in Education. 2014, 37 (4) 347—356; Kraska, J.; Boyle, C. Attitudes of Preschool and Primary School Pre-Service Teachers towards Inclusive Education. Asia-Pacific Journal of Teacher Education, 2014, 42 (3): 228—246; Mackey, M. Inclusive Education in the United States: Middle School General Education Teachers' Approaches to Inclusion. International Journal of Instruction, 2014, 7 (2): 5—20.

疾儿童的失学与辍学问题进行了研究。卡斯（Kaase）对美国公立学校
7~12 年级的残健学生的研究显示，残疾学生的辍学率大约为残健学生总
辍学率的两倍。[1] 在美国等无障碍设施齐备的社会环境中，肢体残疾儿童
不再属于高失学风险残疾类别。扎布洛茨基（Zablocki）等学者对 5018
个美国青少年样本的回归分析表明，具有情绪与行为障碍的学生辍学风
险较高；学科排斥、留级、中下等学习成绩与残疾儿童的高辍学风险具
有相关性。[2] 残疾儿童的受教育权利保障之所以这样受研究者们的重视，
部分原因是教育事关就业的可能和终身的幸福。美国学者瓦格纳（Wag-
ner）的研究印证了残疾青少年的辍学经历极不利于他们成年时获得全职
工作机会。[3]

四、对国外残疾人文化权利保障研究的评价

21 世纪以来，随着"新公共管理""新公共服务"视角下公民文化权
利保障研究的兴起，国际学术界日益重视研究《经济、社会和文化权利
国际公约》（1966 年）及《残疾人权利公约》（2006 年）要求保障的全球
十多亿残疾人的文化权利，发达国家的学者们对于残疾人教育权利保障
及文体娱乐权利保障的研究并重，从教育学、社会学、法学、心理学等
多学科视角研究残疾人文化权利保障的现状，开发了具有较好信度与效
度的定量研究工具。

在研究方向上，这些成果中既有对相关福利政策及其理念的宏观研
究、思辨研究，也有对残疾人文化权利保障的微观研究、定量研究。这
些研究成果有一个主要的共同研究立场——促进残健融合。国外关于残
疾人文化权利保障现状、影响因素、对策的研究逐渐精致化，大多显示
出学术介入生活、促进融合的研究立场，总体上有助于提升残疾人文化

---

① Kaase，Kristopher J. Annual Progress Report on Students Who Drop out in 2000 -
2001. 2002：1. http：//www. wcpss. net/evaluation-res，2014-9-20.

② Zablocki，Mark；Krezmien，Michael P. Drop-Out Predictors among Students with High-
Incidence Disabilities：A National Longitudinal and Transitional Study 2 Analysis. Journal of Disa-
bility Policy Studies. Jun. 2013，24（1）：53-64.

③ Wagner，Mary. Youth with Disabilities Leaving Secondary School. Journal for Vocational
Special Needs Education，Win. 2005，27（2）：24-29.

权利保障的公平性、残疾人教育质量和文化生活机会的可及性。

在研究对象上，国外残疾人文化权利保障研究的对象已细致化到年龄、性别、不同残疾类型等多个维度。其中，研究者们尤其关注对于未成年残疾人、老年残疾人、女性残疾人等容易处于双重弱势地位的亚群体的研究，这有助于逐渐消弭残疾人群体内部的权利落差现象。

在研究内容上，国外学者在诸种文化权利中相对比较关注残疾青少年的教育权利。对于残疾人发展以及社会进步而言，这是有远见的。"权利源于被正式承认的需要。"① 由于接受教育和培训对于现代残健公民有尊严的生存与发展皆为必要条件，因此，公民接受（义务）教育和培训的需要较之进行休闲娱乐的需求更早地以各国立法的形式被确定为公民权利。鉴于母权利往往与子权利构成一个密切交织、互为支撑的网络，关涉教育文化权利保障的研究也有助于在整体上推进文化权利保障的研究。

国外关于残疾人文化权利保障的研究虽有值得借鉴之处，然而至少在以下两方面存在发展空间：在研究视角上，残疾人文化权利保障的影响因素及对策研究相对仍较薄弱；在研究对象上，对不同的残疾类型的关注度仍欠均衡，如对听力和视力残疾人的文化权利保障的研究明显不足。

第二节　国内残疾人文化权利保障研究述评

作为《经济、社会和文化权利国际公约》（1966 年）和《残疾人权利公约》（2006 年）的缔约国之一，中国已颁布《国家"十一五"时期文化发展规划纲要》（2006 年）和《中共中央关于深化文化体制改革—推动社会主义文化大发展大繁荣若干重大问题的决定》（2011 年），提出"切实维护残疾人的基本文化权益"，"完善面向残疾人等弱势群体的公共文化服务设施"；并于 2008 年修订《残疾人保障法》，对残疾人文化权利保障做出更具体的规定。然而，黄金荣分析指出，中国在保障公民文化权利

---

① ［美］内尔·诺丁斯. 始于家庭：关怀与社会政策［M］. 侯晶晶译. 北京：教育科学出版社，2006：56.

的实践方面与《经济、社会和文化权利国际公约》等的要求仍有差距。①
国内关于弱势群体的文化权益保障研究应运而生。徐莉等对农民文化权
益保障做了专项研究，将农民的基本文化需求归纳为"求知、求技、求
乐、求健康"。② 关于老年人、未成年人、城市流动工人等其他弱势群体
的文化权利保障研究也逐渐多见；关于中国残疾人权利保障、康复方面
的研究相对充分，并逐步走向精致化。杜鹏、杨慧以及王珏、邱卓英③等
学者已关注到老年、儿童等具有特殊性的残疾亚群体的康复需求等问题。
比较之下，国内残疾人文化权利保障的研究总体尚较薄弱。以下对部分
有代表性的文献进行综述分析。

一、中国残疾人精神文化生活总体现状研究

一些学者基于 2006 年第二次全国残疾人抽样调查的分省数据，对中
国残疾人精神文化生活的总体现状进行了研究。万书玉对江苏省第二次
全国残疾人抽样调查的数据进行定量研究，结果发现残疾人的生存状态
存在"四大缺失"并对其精神生活造成了负面影响。残疾人的精神需求
指向三个主要方面，即身体康复与生活安全需求、人际沟通与文化生活
需求、身份认同与社会公平需求。残疾的事实"固化"了残疾人较低层
次的匮乏性需要，进而弱化甚至掩盖了作为精神支撑的成长性需要。所
以，必须关注残疾人的精神世界，通过树立"平视"的残疾人工作定位，
激发残疾人的"精神内需"，改善残疾人的精神面貌，为残疾人搭建沟通
平台，创设社会参与环境，为全面提高残疾人的健康水平和生活质量提
供外力支撑，④ 强烈呼吁关注残疾人的精神文化生活。基于 2006 年第二
次全国残疾人抽样调查甘肃农村残疾人样本的研究结果表明："与农村总

① 黄金荣.《经济、社会、文化权利国际公约》国内实施读本［C］. 北京：北京大学出版
社，2011.

② 徐莉，孙希红，朱晓燕等. 城乡一体化中农民文化权益保障研究［M］. 成都：西南财
经大学出版社，2011.

③ 杜鹏，杨慧. 中国老年残疾人口状况与康复需求［J］. 首都医科大学学报，2008，（3）：
262－265；王珏，邱卓英. 中国残疾人康复需求分析与发展研究［M］. 北京：华夏出版社，
2008：59.

④ 万书玉. 满足残疾人精神需求：一个亟待关注的残疾人工作领域——江苏省残疾人精神
需求状况的调查与思考［J］. 中共南京市委党校南京市行政学院学报，2007（6）：77－82.

体情况相比，农村残疾人的状况有三大突出差距，其中之一即文化生活的差距。95％的残疾人没有参加过乡村组织的文化活动。"① 2013 年中国残疾人联合会组织实施的残疾人状况监测将残疾人的社区文化生活作为其社会环境的重要方面加以监测，发现"残疾人参与社区文体活动比例较低。2013 年度，全国残疾人经常参加社区文化、体育活动的比例仅为 8.2％"②。

二、以融合为主要导向的中国残疾人受教育权保障研究

在各种文化权利中，教育权居于基础和先行地位。根据中国现有的相关法律规定，残疾人受教育权的权利主体主要是处于接受义务教育、高中阶段教育这一年龄层次的残疾青少年，因此关于残疾人受教育权保障的研究主要针对残疾青少年的学校教育现状展开。研究表明，与中国的相关教育政策要求以及国际残疾人教育发展现状相比，中国残疾儿童受教育情况的质与量都有较大的提升空间。融合教育应作为当代残疾人教育的主流，这一点在国内研究界已初步形成共识，因为融合式的教育总体上最益于有效保障残疾人的受教育权利，并有利于融合社会、和谐社会的建构。"在社会分层的背景下，残疾人群体是获取资源最少的群体，又是离权力中心最远的群体，是弱势群体和边缘群体。在融合教育理念下，他们有平等接受各种教育和活动的权利，并从学校融合走向社区融合，最终实现社会融合。"③ 学者们从随班就读的质量、师资培养、同伴支持、家庭支持、隔离式特殊教育的当代转型、国际比较等维度研究了中国残疾儿童在融合教育中的权利保障现状。郭文斌等利用书目共现分析系统（BICOMB）软件及 SPSS 软件基于国内 2000 年至 2010 年的 850 篇有关文献绘制了特殊教育研究的热点知识图谱，结果显示："融合

---

① 朱雪明，尹聚峰，王旭东．甘肃新农村建设中残疾人事业发展问题与对策探讨 [J]．甘肃社会科学，2007（6）：89－91．

② 陈功，吕庆喆，陈新民．2013 年度中国残疾人状况及小康进程分析 [J]．残疾人研究，2014（2）：86－95．

③ 彭兴蓬，邓猛．融合教育的社会学分析 [J]．中国特殊教育，2013（6）：20－24．

教育"及与其紧密相关的概念"全纳教育""随班就读"均为排序在前15位以内的高频关键词。①

关于残疾儿童受教育权的保障现状，孟万金教授等从教育公平角度对其相关不足及其成因进行了分析。"教育公平可分为教育机会、教育过程、教育结果的公平，中国残疾儿童教育在上述三方面均存在令人担忧的问题。在教育机会上，与普通儿童相比，残疾儿童义务教育入学率、学前教育入学率相对较低，辍学率则高于普通儿童；在残疾儿童内部，不同残疾类型、不同性别、不同经济发展水平地区的残疾儿童之间也存在受教育机会不均衡的现象。在教育过程上，残疾儿童随班就读质量较低，残疾儿童教育师资比较薄弱，残疾儿童受教育质量难以保障。在教育结果上，六年级以后的残疾儿童在校生人数急剧下降，残疾儿童职业教育发展非常薄弱，造成了教育与就业之间的断层。"② 孟万金教授还从"人人都有特殊需要，人人都需要特殊教育"的独特视角③强调了融合教育实际上有助于满足人人都有的不同的特殊需要。

关于融合教育作为中国残疾人教育的发展趋势，有学者分析指出，建构和谐社会能为融合教育提供制度性的保障，差异、平等与多样性是融合教育之核心。④ 国际比较研究显示，中国的融合教育质量与国际先进水平尚有较大的距离。"对中美近20年融合教育的比较研究发现，中国特殊儿童受教育人数比（0.017％～0.021％）与美国（10.48％～12.25％）相距甚远。美国为13种不同残疾类别的学生提供了6种安置环境，安置在分离环境的只有3.8％；中国为3种特殊儿童提供3种安置环境，安置在分离环境的占36.73％。中国融合教育对象和安置环境需要做出符合中国国情及国际发展趋势的界定。"⑤

---

① 郭文斌，陈秋珠．特殊教育研究热点知识图谱［J］．华东师范大学学报（教育科学版），2012（3）：49－54.

② 孟万金，刘在花，刘玉娟．推进残疾儿童教育公平任重道远——四论残疾儿童教育公平［J］．中国特殊教育，2007（2）：3－8.

③ 孟万金．人人都有特殊需要 人人都需要特殊教育［J］．中国特殊教育，2010（1）：3.

④ 熊絮茸，邓猛．融合教育的宽容脉络及其现代性发展［J］．继续教育研究，2011（12）：8－11.

⑤ 张朝，于宗富，方俊明．中美特殊儿童融合教育实施状况的比较研究［J］．比较教育研究，2013（11）：100－104.

　　有学者强调了融合教育产生的社会背景以及成功的融合教育所需的社会支持。"融合教育是社会运动的产物，是态度、价值，是一种权利，是残疾人理想与现实共存的体现；它的实现需要整个社会资源共同的支持。"① 有学者提出，融合教育的"发展原则是组织管理常态化、教育教学个别化、支持保障社会化；在发展策略上，有待形成开放、包容、多元的融合教育发展格局"②。"但在现实生活中，融合教育遭遇到观念的滞后、二元教育体制的约束、教育安置模式的单一、法律制度的薄弱等各种问题。针对这些问题，应该从支持主体、支持内容以及不同支持主体和支持内容间形成的关系网络来共同推动残疾人的学校融合、社区融合和社会融合。"③ 鉴于在融合教育背景下，越来越多的残障学生进入高校学习，有学者主张通过对建构残障大学生支持体系的相关案例研究，探寻该体系建构目前存在的问题，这位学者还提出了设立心理辅导中心、成立领导机构、制定政策等建议。④ 此对策有助于推动学校融合。关于作为融合教育的社会环境条件之一的群体融合程度，有学者以听障者为例研究发现，健全人和残疾人客观上存在着社会距离。经济因素未对这种社会距离产生显著影响；在人口因素中，女性比男性对残疾人的社会距离要小，农村人口比城市人口对残疾人的社会距离要小；在教育程度上，受教育较多者对残疾人的社会距离较小；所持社会偏见越小，社会距离越小；健残接触频率越多，社会距离越小。⑤

　　关于融合教育的师资，有学者结合听力残疾学童的需要进行了研究。"资源教师是指在目前条件下，承担特殊需要儿童的测量、咨询、教育、教学等任务的特殊教育教师。资源教师的基本素养和专业能力对聋幼儿的学前融合教育起着关键性的作用。根据当前聋幼儿早期康复教育的发

---

　　① 彭兴蓬. 融合教育的价值追求及社会支持系统的建立 [J]. 教育研究与实验，2014 (3)：73－77.

　　② 厉才茂. 关于融合教育的阐释与思考 [J]. 残疾人研究，2013 (1)：53－58.

　　③ 彭兴蓬. 融合教育的价值追求及社会支持系统的建立 [J]. 教育研究与实验，2014 (3)：73－77.

　　④ 马宇. "融合教育"背景下残障大学生支持体系的建构 [J]. 江苏高教，2012 (2)：144－145.

　　⑤ 许巧仙，毕素华. 从社会距离看听力残疾人社会融合——基于江苏省 N 市的实证研究 [J]. 湖南科技大学学报 (社会科学版)，2012 (3)：171－174.

展趋势和存在的问题，聋幼儿学前融合教育资源教师应为学前融合班的聋幼儿提供特殊教育服务，为学前融合班的教师提供教育技术支持，为学前融合班家长提供康复技能培训。"① 一些学者进行了国际比较研究，以期改善国内随班就读的师资配备。"西方特殊教育的发展经历了由隔离特殊教育走向融合教育的发展过程。融合教育提倡所有儿童都有权在普通教室内接受高质量的、适合他们自己特点的、平等的教育。特殊教育需要协调员（Special Educational-Needs Co-ordinators）在英国融合教育的实施中起着重要作用。1994 年以来，在英国制定的相关政策中这些协调员的职责范围不断扩展，并被赋予更多领导者和管理者的角色。然而，由于受到角色多样性、时间匮乏、资格限定与培训不足、适当的地位与权力不足等因素的影响，"② 政策赋予此类协调员的职责也未必都能成为现实。此外，熊琪、雷江华对瑞典等国家的融合教育发展经验③也进行了比较研究。

近年来，研究对象逐渐拓展至自闭症患者等更多类型的残疾儿童。对于自闭症儿童，"课程的融合成为融合教育最难的目标，而社会性融合则是融合教育与社区康复的最终目标，社会性融合教育中的家庭参与是融合教育的基础和保障"④。叶增编等通过访谈法和观察法研究了一所招收特殊幼儿的私立幼儿园，发现由于幼儿园师资的专业性不强，而且与特教机构的合作不足，同时缺乏社会与法律支持，导致幼儿并未真正融入班集体中。⑤

有些学者提出教学改革等旨在提升融合教育质量的建议。"融合教育要为每个学生提供适合的教育，这就要求普通教育进行教学改革，'大一

① 李之刚. 论聋儿学前融合教育对资源教师的素质要求 [J]. 江苏师范大学学报（教育科学版），2013 (S3)：93—96.

② 景时，邓猛. 英国的融合教育实践——以"特殊教育需要协调员"为视角 [J]. 学习与实践，2013 (6)：127—133.

③ 熊琪，雷江华. 瑞典融合教育的发展特点及其启示 [J]. 中国特殊教育，2013 (6)：9—14.

④ 熊絮茸，孙玉梅. 自闭症儿童融合教育现状调查、困境分析及家庭参与的探索 [J]. 内蒙古师范大学学报（教育科学版），2014 (4)：54—58.

⑤ 叶增编，吴春玉，廖梅芳. 学前融合教育：理想与现实——基于一名自闭症幼儿融合教育的个案研究 [J]. 中国特殊教育，2009 (12)：7—11.

统'教学已不能适应,而个别化教学与班集体教学难以对接,差异教学追求教学与每个学生最大限度的匹配,是融合教育的必然要求。"①

关于特殊教育学校中残疾儿童所受教育的研究,有一些也结合了融合教育的视角。例如,有研究者立足于普特融合的现代特殊教育的发展趋势,探讨了现代特殊教育资源中心建设的意义和应具有的功能。② 鉴于财政支持对于教育政策实施以及特殊教育发展的重要性,谢敬仁等对美国、英国、日本、加拿大以及新加坡等国的特殊教育经费状况进行了研究,提出其经费使用的六种趋势:"有明确的法律依据和担保;拨款额度日益增大;对不同层次的政府、学校以及个人所拥有的权限和职责有明确规定;资助对象主体从特殊学校转向残疾儿童少年;特殊教育经费的资助范畴以残疾儿童少年的'特殊需要'为依据进行设立;重视对特殊教育经费使用的监督。"③ 鉴于此,谢敬仁等研究者指出中国应该加大经费投入,加大对随班就读残疾青少年的投资,并延展受特教经费资助的特殊需要学生的年龄。另有学者研究认为"台湾地区特殊教育的经验对大陆特殊教育的发展不无启示",前者的特点在于"特教对象种类齐全,分类体现人文精神;特教法律法规体系健全,立法理念先进;大力推进融合教育;特殊教育教师培育体系健全,资格鉴定程序明确;特殊教育的课程具有个别化、人性化、生活化特色",具体启示之一便是"进一步完善融合教育"④。

有学者关注高等特殊教育发展,结合案例分析指出"在高等教育大众化加速发展的背景下,中国高等特殊教育发展也取得了一定成效。但因中国高等特殊教育的开办院校少、办学层次低、招生规模小,既难以满足数量庞大的残疾人群体接受高等教育的需要,又难以满足中国特殊教育师资队伍学历与能力提升的现实需要。2014 年国家出台《特殊教育提升计划(2014—2016 年)》,标志着中国高等特殊教育发展步入新的历

---

① 华国栋. 实施差异教学是融合教育的必然要求 [J]. 中国特殊教育, 2012 (10): 3—6.

② 王培峰. 试谈现代大特殊教育与现代特殊教育资源中心 [J]. 中国特殊教育, 2000 (2): 57—59.

③ 谢敬仁, 钱丽霞, 杨希洁, 江小英. 国外特殊教育经费投入和使用及其对中国特殊教育发展的启示 [J]. 中国特殊教育, 2009 (6): 17—24.

④ 兰岚, 兰继军, 吴永怡. 台湾地区特殊教育及对大陆特殊教育发展的启示 [J]. 中国特殊教育, 2008 (12): 18—22.

史发展机遇期。提升高等特殊教育办学层次，既是扩大残疾人接受高等教育机会和培养高素质特殊教育师资力量的现实路径，又是维护残疾人教育权益、促进教育公平、提升国家人力资本的重要方式"①。

三、国内残疾人体育生活及其他方面的文化权利保障研究

相对于残疾人受教育权这一基础性的文化权利，其非基础性的文化权利总体上受到研究者的关注较少，相关文献也较稀缺。不过，2008年北京残疾人奥运会（以下简称残奥会）的成功举办对于我国发展残疾人竞技体育以及公共体育具有推动作用，随之也出现了一些这方面的研究成果。这些成果比较一致地认为：国内残疾人体育生活参与度总体尚较低，相关的制度保障、民众理念、教育机制有待改善，有些国际经验可资参考。

北京残奥会之后，有些学者对山东、甘肃残疾人参与体育活动的情况进行了小样本调研，印证了残疾人文化生活参与的严重不足。于军等运用包括残疾人的性别、年龄、文化程度、残疾类型、收入、所在城市等变量在内的问卷，探讨了山东残疾人参与体育运动的动机、参与体育运动的行为与内容、体育消费水平和参与体育运动的组织形式，从管理、社会、自身、情感、受教育程度、经济等方面分析了影响因素，提出了发展残疾人群众体育的对策，② 对残疾人群众体育的开展和普及具有参考价值。马冬梅"运用问卷调查法等对甘肃省残疾人参与体育健身的状况进行了调查与研究"，也发现了残疾人体育参与度较低的现状，并提出了一些对策。③ 吴燕丹等研究了中国残疾人体育现状与发展，认为"改革开放以来，中国残疾人体育在学校体育、群众体育和竞技体育这三个方面取得了显著进展，对广大残疾人的生存与发展起到了积极的作用，但也存在一些问题。原因在于法律体系不完备、管理体制不健全、专业人才

① 冯元，王玲.高等特殊教育办学层次提升探讨——以南京特殊教育职业技术学院为例 [J].中国特殊教育，2014 (6)：66—72.

② 于军，李永献，孙闽君.山东省残疾人群众体育现状及发展对策研究 [J].体育科学，2009 (8)：65—72.

③ 马冬梅，程晖.甘肃省残疾人参与体育运动的现状与对策研究 [J].天水师范学院学报，2010 (5)：88—90.

不足以及尚未形成自己的科学研究体系"①。国内的其他一些相关文献会呈现在本书各专题研究的引言中，此处不予赘述。

四、对国内残疾人文化权利保障研究的评价

上面引用的文献中不乏真知灼见。国内目前对残疾人文化权利的研究已打下一定的基础，也有一些重要的文献，不过，相对国际学术前沿、我国社会政策与教育政策的某些目标以及我国残疾人的发展需要而言，总体上也存在着一些不足。例如，研究视角较为单一，研究对象主要集中在听力和智力方面的残疾人，实证研究、案例研究、比较研究、对策研究相对稀缺等。不多的量化研究往往止于统计描述层面，较少有归因分析和对策研究。相关的理论视角比较单一，较常见的是教育学、社会学等视角，较少从伦理学、哲学等视角揭示法律问题以及社会现象背后的深层次原因。与残疾人的文化生活需求、国家政策的某些内容、教育部所提的"2020年实现教育现代化"的奋斗目标相比，此论域的成果总体而言在深度和广度上仍有一定的距离。因此，亟须对我国残疾人文化权利保障进行系统、深入的研究。

中国目前对于"残疾人"文化权利的研究，有时忽略了残疾儿童，在研究对象方面往往以残疾成人代替残疾儿童，因此国内的"残疾人"研究实际上很多时候是对"残疾成人"的研究。鉴于研究视野的预设以及研究资料的可及性等原因，残疾儿童的文化权利保障落在很多研究者的视野之外，残疾儿童权利保障的特殊性以及现状中的问题尚未得到充分的重视，这不利于及时地产生有效的对策，制定有充分科学依据的政策。在研究对象方面，国内的相关研究不够重视肢体、精神等残疾类别。对策研究多为点出责任主体式或者经验总结式，比较粗线条，视角具有一定的重复性，比较缺乏合适的案例支撑。这会减弱其可信度、说服力、科学性和可推广性，使得国内关于残疾人文化生活的研究难以为科学有效的决策提供直接的实证依据与数据支持，难以有效改善残疾人文化生活总体匮乏的现状及保障其平等享有文化生活的法定权利。具体到残疾

---

① 吴燕丹，江芸，吴丽芳，杨惠，梅雪雄. 试析中国残疾人体育现状与发展 [J]. 残疾人研究，2014（3）：26-30.

儿童的受教育权，残疾儿童失学这一前提性的问题似未见专门的研究；关于融合教育的质量提升问题，同伴支持、教师教育理念的重要性虽已被广泛认识到，但是其实践路径、阻滞因素、伦理氛围与保障机制等方面的研究尚有不足。

此外，国内一些研究者对残疾人文化生活应有的质量追求尚未形成明确的导向与认识，这不利于从一开始就尽可能地走质、量并重的路径；国内的相关研究在立场上有待从移植式的研究发展到以残疾人为本，注重权利保障的质与量，不只力求提升残疾人在社会上的可见度，同时还应该非常重视残疾人的体验、感受、满意度、幸福感；有待精致化到残健群体间的比较研究以及各类残疾人群体内的比较研究，体现出越来越彻底的社会公平的诉求。

对于残疾人接受教育和培训这样的基本文化权利，发达国家已经落实得比较完备，这些国家的学者也因此转而开始日益重视残疾人的文化生活、娱乐休闲等其他文化权利的保障研究。他们的一些研究视角对我们有借鉴价值。我们一方面要重视较高层级的残疾人文化生活研究，同时还要结合中国残疾儿童失学率较高等前提性的问题，在教育和培训上进一步推动落实权利公平。因此，从中国残疾人权利保障的实际情况出发，在研究当中仍应给予教育、培训等基础文化权利保障应有的重视。

本研究在国内首次对残疾人文化权利保障进行系统的述评，以期利用国际相关学术资源，拓展残疾人发展、公民权利保障等论域的研究视角，引进研究工具、丰富研究内容，加强国内对此领域的研究，同时明确本研究的重点与方向。

第二章 中国残疾儿童失学的现状分析与对策研究

受教育的权利是残疾人最重要的基本文化权利。根据联合国的《残疾人权利公约》第二十四条关于教育权利的内容，中国及其他各缔约国应当确保残疾人"不受歧视、机会均等"地享有受教育的权利，以便"最充分地发展残疾人的个性、才华和创造力以及智能和体能"。为此，缔约国应当确保的首要措施包括"残疾儿童不因残疾而被排拒于义务初等教育或中等教育之外"。与此相对应，《中华人民共和国残疾人保障法》规定，"政府、社会、学校应当采取有效措施，解决残疾儿童、少年就学存在的实际困难，帮助其完成义务教育"；"残疾人教育，实行普及与提高相结合，以普及为重点的方针，保障义务教育，着重发展职业教育，积极开展学前教育，逐步发展高级中等以上教育"。教育部、中国残联等共同发布的《特殊教育提升计划（2014—2016年）》提出到2016年，全国基本普及残疾儿童少年义务教育，视力、听力、智力残疾儿童少年义务教育入学率达到90％以上。

中国越来越多的残疾儿童正在接受义务教育、中等教育、职业教育和高等教育。根据中国教育部提供的残疾人义务教育基本情况的最新数据，2013年中国义务教育和高中阶段残疾在校生数达368103人，其中女性残疾学生132523人；残疾人教育各学段毕业生共为50739人、招生数共为65977人。[①] 残疾人教育招生数比毕业生数有较显著的增加，体现出

---

① 依据中国教育部提供的2013年全国特殊教育数据。http：//www.moe.gov.cn/public-files/business/htmlfiles/moe/s8493/201412/181979.html，2014年9月10日下载.

全国范围内残疾青少年接受学校教育的比例有所提升。这些进展来之不易，不过也须看到中国残疾人受教育权利保障仍然存在不小的发展空间。2013 年全国 6～14 岁残疾儿童接受义务教育的比例为 72.7%[1]，低于 2013 年全国小学学龄儿童 99.7% 的净入学率[2]。"全国调查并已实名统一录入中国残疾人事业统计管理系统的 2013 年未入学适龄残疾儿童少年有 78174 名。"[3] 由此可见，中国残疾儿童的受教育权在法定权利与实有权利之间仍存在一定的落差；中国残疾儿童的受教育权保障与全国儿童总体受教育权保障以及健全儿童的受教育权保障之间也仍存在一定的落差。残疾人教育是落实教育公平的重要环节。[4] 为了彻底追寻教育公平，充分体现教育应有的伦理精神，保障残疾儿童的受教育权，最大化地促进残疾儿童的发展，有效构建融合社会，都必须重视和防止残疾儿童失学。

残疾儿童失学是指其失去接受学校教育的机会，包括三个子类别——从未上学、小学或初中尚未毕业时辍学、小学或初中毕业未升学。失学的这一分类被运用于中国残联组织完成的 2013 年度全国残疾人状况监测问卷（儿童版），以上三种失学子类别在相关题项中表述为"①辍学；②从未上过学；③小学、初中毕业未升学"。

现有研究成果指出残健教育机会有欠公平，一个重要表现为残疾儿童在教育起点上和过程中的失学现象[5]；特殊教育法制建设滞后、基础特殊教育投入不足[6]；随班就读教育质量不佳，易导致残疾儿童辍学[7]；残疾与儿童失学概率有正相关[8]；学校良好的陌生人伦理氛围则能够提升特

---

① 陈功，吕庆喆，陈新民.2013 年度中国残疾人状况及小康进程分析［J］.残疾人研究，2014（2）：86－95.

② 邓晖.2013 年中国义务教育学校较上年减少 1.55 万所［N］.光明日报，2014－7－7.

③ 参见中国残联办公厅、教育部办公厅《关于 2013 年全国未入学适龄残疾儿童少年情况通报》（残联厅〔2014〕39 号）.

④ 解韬.近年来中国教育公平研究综述［J］.现代大学教育，2009（2）：20－26.

⑤ 孟万金，刘在花，刘玉娟.推进残疾儿童教育公平任重道远——四论残疾儿童教育公平［J］，中国特殊教育，2007（2）：3－8.

⑥ 何侃.残疾儿童教育现状与展望［J］.残疾人研究，2012（2）：15－20.

⑦ 华国栋.从混读到就读［J］.现代特殊教育，1995（1）：36－37.

⑧ 杜鑫.中国农村青少年失学的影响因素分析［J］.中国农村经济，2008（3）：50－56.

殊教育的质量，防止残疾儿童失学。① 有学者调研发现广州农村残疾儿童入学困难问题，分析其主要原因在于："教育政策制定的粗疏与空泛，教育制度瓶颈的制约，入学程序设置的缺位。如若无法接受正常的教育，会严重危害残疾儿童身心的健康成长，使他们从小就'戴着灰色眼镜'看世界，体会社会的不公平，对他们正常的社会化过程造成危害。而且未受过教育的新一代文盲自然又会成为新贫困者。最为严重的是，教育的不公平性会剥夺社会底层成员改变命运的唯一机会。"② 王治江等的研究针对残疾人教育歧视向社会公众回收有效问卷 400 份，其中包括华北、华中地区 200 名残疾大学生填写的有效问卷。75.5% 的受访者认为在招生入学方面存在对残疾人的歧视。③

至今尚未见实证研究揭示哪些影响因素能够预测残疾儿童失学。对残疾儿童失学问题的实证研究有助于保障残疾儿童的受教育权利，有助于为落实相关特殊教育的政策法规破解前提性的障碍，并可为教育等相关部门制定促进残疾人教育的政策措施提供科学的参考依据。本章对中国残疾儿童失学的现状、影响因素和对策进行研究。

第一节 研究对象与研究方法

本研究的对象为中国 6～17 岁的残疾儿童。根据《儿童权利公约》的界定，18 周岁以下人口均为儿童。本研究的资料来源为中国残联组织实施的 2013 年度全国残疾人状况监测数据。2013 年度监测的主要内容包括残疾人的生存、教育、发展和环境等方面的状况。此次监测采用分层整群概率比例抽样方法，对中国 31 个省、自治区、直辖市（不含港、澳、台地区）抽取 734 个县（市、区）中的 1464 个调查小区，有效监测样本为 37199 人。④ 其

① 侯晶晶. 美国公立基础学校生活化的陌生人伦理教育研究 [J]. 教育研究，2014（12）：130－136.

② 马玲芳，王建平. 无意识排斥下的农村残疾儿童入学困难分析. 宋卓平，张兴杰. 广州市农村残疾人及残疾人事业调查研究 [C]. 广州：华南理工大学出版社，2009：216－231.

③ 王治江，张源，尹朝存，王建伟，靖学闯. 残疾人教育歧视现状调查及对策研究 [C]. 中国残疾人联合会. 中国残疾儿童现状与需求调查研究. 北京：华夏出版社，2011：183－222.

④ 陈功，吕庆喆，陈新民. 2013 年度中国残疾人状况及小康进程分析 [J]. 残疾人研究，2014（2）：86－95.

中，18 岁以下的残疾儿童 1477 人，占比 3.97％，与残疾儿童在全国残疾人总数中所占比例基本相当；① 6～17 岁残疾儿童有效样本共 1351 个。剔除"领救济"项错填的 1 个样本，最终得到全国 1350 个 6～17 岁残疾儿童样本。

本研究使用 SPSS 17.0 软件进行统计分析，首先通过列联表分析和独立性 x^2 检验，验证残疾儿童失学在哪些因素上存在显著差异，然后将具有显著差异的自变量纳入回归分析模型，用二元 logistic 回归分析法来分析这些自变量对于残疾儿童失学的影响作用，得出残疾儿童失学的影响因素。

第二节　研究结果

一、中国残疾儿童的三类失学现状

全国 1350 个 6～17 岁残疾儿童样本中，在学 65.26％，失学 34.74％。6～17 岁残疾儿童失学比例高于 2013 年全国 6～14 岁残疾儿童接受义务教育的比例。本研究计算发现，中国失学残疾儿童在失学三种子类型的分布具体如下：从未上学的占 59.70％；辍学的占 26.23％；毕业未升学的占 14.07％。监测的残疾儿童分为六类，其中肢体、智力、精神三类残疾儿童的失学比例分别为 38.6％、40.6％、48.7％，均高于残疾儿童的总体失学比例，肢体、智力、精神每一类残疾儿童的失学现状与其他五类均有显著差异（详见表 2-1 和表 2-2）。由此可见，在中国各类残疾儿童内部，也存在着受教育权保障的落差。这种残疾人内部的权利落差与本章前文所析的法定权利和实有权利之落差以及残健权利落差，成为残疾人受教育权等文化权利保障中的三重落差。另外值得注意的是，残疾儿童失学不仅具有残疾类别上的不平衡性，而且各类残疾儿童中从未上学者都占失学者的半数以上。

---

① 叶奇.中国残疾儿童现状分析及对策研究［M］.北京：华夏出版社，2008.

表 2-1　中国残疾儿童的三类失学状况

类型	在学 n（%）	失学总计 n（%）	从未上学 n（%）	辍学 n（%）	毕业未升学 n（%）	该类残疾儿童人数
视力残疾	55（65.3）	35（34.7）	24（20.7）	9（9.1）	2（4.9）	90
听力残疾	84（64.6）	46（35.4）	34（26.2）	7（5.4）	5（3.8）	130
言语残疾	244（57.4）	181（42.6）	129（30.4）	37（8.7）	15（3.5）	425
肢体残疾	191（61.4）	120（38.6）	74（23.8）	26（8.4）	20（6.4）	311
智力残疾	460（59.4）	314（40.6）	209（27.0）	75（9.7）	30（3.9）	774
精神残疾	40（51.3）	38（48.7）	29（37.2）	7（9.0）	2（2.6）	78

　　注：数据来源为中国残联 2013 年度全国残疾人状况监测数据；下同。"n"为人数（下同），括号内为 n 占该类残疾儿童的百分比。以上六类残疾儿童简单相加多于1350 人，因为部分残疾儿童有多重残疾。

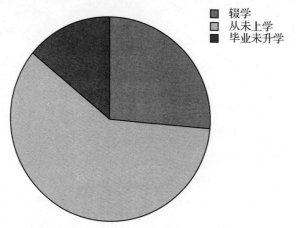

■ 辍学
▨ 从未上学
■ 毕业未升学

图 2-1　残疾儿童失学状况分类图

　　中国残疾儿童失学状况近年有所改善。根据中国 1987 年残疾人抽样调查资料，"7～12 岁残疾人包括视力残疾、听力语言残疾、智力残疾、肢体残疾、精神病残疾和综合残疾，其失学率为 37.89%。"[1] 2013 年，7～12 岁残疾儿童失学率为 22.69%，时隔 26 年失学率降低了 15.20%，但是较之中国特殊教育政策的要求以及发达国家的同类现状，尚有较大差距。张朝、方俊明等从融合教育的视角对中美教育的宏观比较研究表明："中国

　　① 张毅. 中国 7～12 岁儿童失学状况分析 [J]. 社会学研究，1995（4）：96－100.

特殊儿童受教育人数比（0.017％～0.021％）与美国（10.48％～12.25％）相距甚远。"① 微观地看，美国经济文化处中等偏上水平的北卡罗莱那州维克县公立学校系统中，2000～2001学年7～12年级残疾学生的辍学率约为4.8％；残疾高中生的辍学率约为7.4％。② 中国7～12年级的残疾学生大致为13～18岁或略长。本研究显示，中国13～17岁残疾儿童的失学率为43.84％，其中辍学率为15.32％，辍学率为美国维克县同类比例的3.19倍。由此可见，中国残疾儿童的失学问题是保障残疾儿童受教育权、推进教育公平过程中较突出的难点问题。

二、残疾儿童失学的样本现状和卡方分析

残疾儿童失学在人口特征因素、社会保障、康复、社会支持与社区服务等因素方面具有显著差异。这些因素可初步视为残疾儿童失学的预测因素。其样本现状详见表2-2。

表2-2　残疾儿童失学预测因素的样本现状

变量类型与名称	变量组别	n	百分比（％）	在学（％）	失学（％）	x^2	df	p
因变量								
是否失学	在学	469	34.7					
	失学	881	65.3					
自变量								
人口特征　年龄分组	6～8岁	204	14.6	63.7	36.3	95.841***	3	0.000
	9～11岁	349	31.4	79.1	20.9			
	12～14岁	403	33.1	72.0	28.0			
	15～17岁	394	20.8	47.0	53.0			

① 张朝，于宗富，方俊明. 中美特殊儿童融合教育实施状况的比较研究［J］. 比较教育研究，2013，（11）：100－104.
② Kaase，Kristopher J. Annual Progress Report on Students Who Drop Out，2000－2001，2002：1. http：//www.wcpss.net/evaluation-res，2014-9-20.

续表

变量类型与名称		变量组别	n	百分比（%）	在学（%）	失学（%）	x^2	df	p
人口特征	肢体残疾	非肢体类残疾	1039	77.0	66.4	33.6	2.634[a]	1	0.105
		肢体类残疾	311	23.0	61.4	38.6			
	智力残疾	非智力类残疾	576	42.7	73.1	26.9	27.175***	1	0.000
		智力类残疾	774	57.3	59.4	40.6			
	精神残疾	非精神类残疾	1272	94.2	66.1	33.9	7.133**	1	0.008
		精神类残疾	78	5.8	51.3	48.7			
	民族	汉族	1099	81.4	67.8	32.2	16.684***	1	0.000
		少数民族	251	18.6	54.2	45.8			
	监护人关系	父母	1041	77.1	67.7	32.3	13.422*	5	0.020
		父亲	126	9.3	59.5	40.5			
		母亲	60	4.4	55.0	45.0			
		（外）祖父母	97	7.2	55.7	44.3			
		其他亲属	15	1.1	60.0	40.0			
		非亲属	11	0.8	45.5	54.5			
社会保障	领低保	领低保	311	23.0	51.1	48.9	35.606***	1	0.000
		不领低保	1039	77.0	69.5	30.5			
	16~17岁参加农村社会养老保险	其他年龄跳过	1134	84.0	70.0	30.0	75.132***	2	0.000
		已参加	61	4.5	29.5	70.5			
		未参加	155	11.5	44.5	55.5			
	医疗保险	已参加	932	69.0	77.0	23.0	184.220***	1	0.000
		未参加	418	31.0	39.0	61.0			
康复因素	用何听力辅具	其他跳过	1306	96.7	64.5	35.5	12.929**	2	0.002
		助听器	41	3.0	90.2	9.8			
		人工耳蜗	3	0.2	33.3	66.7			

续表

变量类型 与名称		变量组别	n	百分比 （%）	在学 （%）	失学 （%）	x^2	df	p
康复因素	听辅效果	其他跳过	1306	96.7	64.5	35.5	9.863**	3	0.020
		效果好	8	0.6	100.0	0.0			
		较好	21	1.6	81.0	19.0			
		一般	15	1.1	86.7	13.3			
	言残未用会话 交流的原因	非言残跳过	1273	94.3	67.5	32.5	58.395***	4	0.000
		不知道言康 渠道	12	0.9	16.7	83.3			
		自感不需要 言语康复	23	1.7	52.2	47.8			
		需要但经济 无力承受	9	0.7	0.0	100.0			
		其他原因	33	2.4	24.2	75.8			
	接受言语康训	其他跳过	925	68.5	68.9	31.1	30.395***	2	0.000
		接受过	123	9.1	70.7	29.3			
		未接受	302	22.4	52.0	48.0			
社会支持	是否受过慰问	受过慰问	568	42.1	62.0	38.0	4.674*	1	0.031
		未受过慰问	782	57.9	67.6	32.4			
社区服务	社区文化生活	经常参加	99	7.3	86.9	13.1	78.499***	2	0.000
		很少参加	467	34.6	76.7	23.3			
		从不参加	784	58.1	55.7	44.3			
	领二代残疾证	已领	815	60.4	60.6	39.4	19.578***	1	0.000
		未领	535	39.6	72.3	27.7			

注：*** $p \leqslant 0.001$，** $p \leqslant 0.01$，* $p \leqslant 0.05$，^{a} $p \approx 0.1$，下同。

三、残疾儿童失学的影响因素

回归分析显示，残疾儿童的人口特征因素、社会保障、康复、社会支持及社区服务等维度的因素对残疾儿童的失学现象具有显著影响。将以上四个维度的指标作为预测变量，以残疾儿童失学与否作为因变量，建立二元 logistic 回归模型，研究这些变量的影响程度。二元 logistic 回归模型的 Hosmer-Lemeshow 反映了方程总体的拟合程度，显著性水平取 0.05、自由度为 8 的卡方临界值为 15.507，Hosmer-Lemeshow 的卡方值均检验通过，sig. 值大于 0.05，通过检验，说明拟合程度良好。Nagelkerke R^2 值的大小表示模型的解释能力与拟合优度，该模型的 NR^2 值为 0.443，表明模型的解释力较理想。该模型对中国残疾儿童失学的预测准确率达 79.00%。

表 2-3　残疾儿童失学的二元 logistic 回归结果

		因素	B	S. E.	Wald	df	Sig.	Exp（B）
人口因素	年龄分组	15～17 岁（参照组）			41.069	3	0.000	
		6～8 岁	−0.698**	0.256	7.412	1	0.006	0.498
		9～11 岁	−1.524***	0.247	38.165	1	0.000	0.218
		12～14 岁	−1.054***	0.231	20.811	1	0.000	0.349
	肢体残疾①		0.378*	0.188	4.064	1	0.044	1.460
	智力残疾		1.007***	0.169	35.451	1	0.000	2.736
	精神残疾		0.614*	0.305	4.038	1	0.044	1.847
	民族		0.428*	0.185	5.372	1	0.020	1.534
	监护人	非亲属（参照组）			18.492	5	0.002	
		父母	−2.071**	0.695	8.881	1	0.003	0.126
		父亲	−1.724*	0.728	5.614	1	0.018	0.178
		母亲	−1.559*	0.773	4.069	1	0.044	0.210
		（外）祖父母	−1.322ª	0.734	3.248	1	0.072	0.267
		其他亲属	−2.525**	0.944	7.154	1	0.007	0.080
社会保障	是否领低保		−0.482**	0.171	7.953	1	0.005	0.618
	医疗保险		1.720***	0.154	124.783	1	0.000	5.585
	农村社保	未参加（参照组）			17.362	2	0.000	
		跳过不填	−0.496ª	0.265	3.495	1	0.062	0.609
		已参加农村社保	1.061**	0.379	7.816	1	0.005	2.889

---

① 本表双组别因素的参照系均为表 2-2 所列该因素的第一组别。

续表

	因素		B	S. E.	Wald	df	Sig.	Exp（B）
康复因素	用何听力辅具	助听器（参照组）			4.378	2	0.112	
		跳过不填	0.668	0.936	0.510	1	0.475	1.950
		人工耳蜗	2.901*	1.398	4.304	1	0.038	18.188
	听力辅具效果	效果一般（参照组）			0.003	2	0.998	
		效果好	−19.113	13393.729	0.000	1	0.999	0.000
		较好	−0.068	1.158	0.003	1	0.953	0.935
	未用会话交流的原因	其他原因（参照组）			10.128	4	0.038	
		非言残跳过	−0.863a	0.529	2.658	1	0.103	0.422
		不知道言康渠道	1.194	0.984	1.473	1	0.225	3.301
		自感不需要言康	−1.582*	0.773	4.183	1	0.041	0.206
		需要但经济上无力承担	20.12	12199.013	0.000	1	0.999	547098820.5
	接受言语康训	未接受为（参照组）			15.295	2	0.000	
		跳过不填	−0.756***	0.193	15.290	1	0.000	0.470
		接受过	−0.512a	0.304	2.832	1	0.092	0.599
社会支持与社会服务	有无受到慰问		−0.600***	0.154	15.266	1	0.000	0.549
	社区文化生活	从不参加（参照组）			49.293	2	0.000	
		经常参加	−1.569***	0.371	17.852	1	0.000	0.208
		很少参加	−1.040***	0.164	40.243	1	0.000	0.353
	领二代残疾证		−0.443**	0.159	7.789	1	0.005	0.642
截距			2.417	1.364	3.140	1	0.076	0.089
−2对数概似值			1220.029					
Hosmer-Lemeshow 检验 x^2			6.631					
df			8					
显著性			0.577					
NagelkerkeR^2			0.443					
预测准确率			79.00%					

注：$N=1350$。二元 logistic 回归的自设内部值：在学＝0；失学＝1。

（一）人口特征因素

回归结果表明，残疾儿童的年龄、残疾类别、民族、监护人关系身份对残疾儿童失学具有极其显著的影响。以 15～17 岁残疾儿童为参照组，低龄残疾儿童失学可能性较低，9～11 岁组的失学可能性最低，其次是 12～14 岁组和 6～8 岁组。同时，肢体、智力、精神类别儿童分别比其他类别儿童面临更大的失学可能性。值得注意的是，单纯的肢体残疾儿童在残疾儿童中属于自身学习障碍最小的群体，但是其失学可能性反而显著地高于非肢体类残疾儿童。另外，少数民族残疾儿童的失学可能性为汉族残疾儿童的 1.534 倍。监护人身份对于残疾儿童失学与否亦有显著影响。以"监护人为非亲属"作为参照，监护人为父母双方的残疾儿童失学可能性较小；其他四类监护人关系组别的残疾儿童失学可能性也较小。

（二）社会保障因素

在社会保障因素当中，不领低保①的残疾儿童失学可能性小于领低保的儿童。未参加任何医疗保险的残疾儿童失学可能性是已参加医疗保险残疾儿童的 5.585 倍，达到了极其显著的水平。残疾儿童参加的医疗保险一般不同程度地涵盖特殊康复报销项目，有助于残疾儿童的身心康复和受教育状况。值得注意的是，已参加新型农村社会养老保险（简称农村社保）的 16～17 岁农村残疾儿童的失学可能性反而是未参保者的 2.889 倍。列联表分析显示，未参加农村社保的农村残疾儿童有 60.0% 已参加医疗保险，这折射出农村社保对于防止失学的作用不及医疗保险。应该逐步实现残疾儿童的医疗保险全覆盖，并提升农村社保的特殊康复报销覆盖面及比例，加强其对于残疾儿童康复及教育权利应有的保障作用。

（三）康复因素

康复因素当中，使用何种听力辅具、未用会话交流的原因以及是否接受过言语康复训练，分别对于听力及言语类残疾儿童是否失学具有显

---

① 领低保的对应监测问卷题项为"孩子是否领取最低生活保障金?"低保金为"家庭人均收入低于当地最低生活保障标准的差额"。

著影响。具体而言，关于听力辅具，使用人工耳蜗者的失学风险远高于使用助听器的残疾儿童。这很可能因为：人工耳蜗是补偿重度和极重度听力损失的辅具，这折射出失学可能性与听力障碍儿童的残疾程度相关。言语残疾儿童中，接受过有效康复训练者的失学可能性较低。

（四）社会支持与社区服务因素

经常参加、偶尔参加社区文化生活的残疾儿童的失学可能性都显著低于从不参加者，可见参与社区文化生活对于残疾儿童知晓并维护自身的受教育权利有所帮助。不曾作为慰问对象的残疾儿童失学可能性较小，这很可能因为他们在家庭经济状况和残疾程度方面困难较小。这意味着，前去慰问困难重残儿童的社会人士应该关注其受教育状况，帮助其避免失学的可能性，使社会支持发挥更大的实效。另值得注意的是，未领取第二代残疾证的残疾儿童的失学可能性低于已领此证者。这和他们的残疾程度以及康复可能性相关，折射出重度残疾儿童需要得到更多的社会支持，才能切实保障受教育权利。

第三节　基于结论的对策思考

本研究首次基于 2013 年中国残疾儿童状况监测数据计算分析出其三类失学的现状和失学的影响因素，结果表明：6～17 岁残疾儿童的失学比例为 34.74％；失学者中 59.70％从未上学，26.23％辍学，14.07％毕业后未升学。本研究计算出：较之中途失学、毕业失学，从未上学是中国残疾儿童失学的主要类型。残疾儿童高比例的失学会拉低残疾人群体乃至全国人口的素质，导致较高的文盲率，降低所涉个体及家庭的发展空间、人生价值、幸福感，双向制约社会的文明进步。"教育使残疾人成为社会的资源"[①]，应当更加重视防止和干预残疾儿童的失学问题。

二元 logistic 回归分析表明：①在年龄、残疾类别、民族、监护人身份等人口特征因素维度，15～17 岁组别，肢体、智力、精神类别以及少数民族残疾儿童的失学可能性相对较高，由父母双亲监护的残疾儿童失

---

① 侯晶晶 . 教育使残疾人成为社会的资源［J］. 中国教育报 . 2007-10-17：1.

学可能性较低；②不领低保、参加医疗保险的残疾儿童失学可能性较低；③使用重度听力损失代偿辅具的残疾儿童失学可能性较高，未接受过康复训练的言语类残疾儿童失学可能性较高；④一年内曾作为慰问对象、从不参加社区文化生活、已领取第二代残疾证的残疾儿童失学可能性较高。

毋庸讳言，残疾儿童失学问题背后存在一些宏观原因，如多头管理、责任不清；经济发展与社会文明程度的制约；缺乏一部像美国《残疾人教育法案》（2004 年）那样的顶层设计较严密、约束力较强的专门法规。不过，针对实证研究揭示的具体原因，综合考虑相关因素，有望对残疾儿童的失学风险进行科学有效的预测与干预。扎实积累中观和微观层面的进步，亦可为宏观状况的改善准备条件、提供动力。基于本章的研究结论，主要的对策建议如下。

一、重点干预低龄与高龄组残疾儿童的失学问题

在年龄维度，残疾儿童的失学风险具有两端大、中间小的特点。因此，需要更加重视 6～8 岁组别低龄残疾儿童的早期康复和及时开始义务教育。针对残疾儿童入学晚的问题，建议加快开展"随园就学"，做好融合式幼小衔接；注重残疾幼儿的早发现、早治疗、早康复，对于错过"三早"的残疾幼儿，建议吸纳上海早期融合教育的实验成果[①]，尽可能将线性时序的先康复后入学模式转变为康教同步、医教同步模式。对于 15～17 岁的残疾儿童，应该尽量扩大初中及高中的教育资源，使其能够受到较完备的教育，为就业做较充分的准备。瓦格纳（Wagner）基于对美国 20 岁以下残疾辍学者的调研统计资料研究发现，被调研者仅有 55％得以全职或非全职地就业，其中男性仅有 31％获得了全职工作机会，女性仅有 14％获得了全职工作机会，[②] 从一个侧面印证了 15～17 岁残疾儿童接受教育、避免失学的重要性。

---

① 周念丽，方俊明. 医教结合背景下早期融合教育的实证研究 [J]. 上海教育科研，2012（7）：38－41.

② Wagner, Mary. Youth with Disabilities Leaving Secondary School. Journal for Vocational Special Needs Education, Win. 2005, 27 (2)：24－29.

二、建构无障碍校园以减少肢体残疾儿童失学

本研究的结论印证了此前的研究结果，"不同残疾类型的残疾儿童之间存在受教育机会不均衡的现象"①。此外，本研究结论揭示或暗示了各类残疾儿童失学的主要原因不尽相同。中国肢体残疾儿童失学风险较高，主要的制约因素是就近随班就读的入学渠道不畅以及学校无障碍设施不完善。肢体残疾儿童没有特殊教育学校托底，几乎完全依靠随班就读实现受教育权。应根据《残疾人保障法》的相关要求，借助城乡住建部门和残联、教育主管部门的联席工作，推动并督促校园无障碍改造。2014年颁布的《北京市中小学融合教育行动计划》关于校园无障碍改造的措施可资借鉴。在美国等无障碍设施齐备的社会环境中，肢体残疾儿童不再属高失学风险残疾类别。扎布洛茨基（Zablocki）等学者对 5018 个美国青少年样本的回归分析表明，情绪与行为障碍的学生辍学风险较高；学科排斥、留级、（中）下等学习成绩与残疾儿童的高辍学风险相关。②

紧扣主因降低各类残疾儿童失学比例，这一建议也适用于其他类型的残疾。中国听力残疾儿童总体失学风险相对较低，但是重度听力残疾儿童失学风险较高。为此，应进一步重视听力辅具的研发工作和适配指导工作，提高人工耳蜗对于（极）重度听力残疾儿童的听力损失补偿功能，提升其康复实效性。鉴于言语康复训练的效果普遍较好，应使有言语康复训练需要的残疾儿童尽可能获得康复训练的机会，减少其失学风险。另外，对于视力、智力与精神残疾的儿童，应当利用国内外相关研究成果提高康复效果。同时，还应借鉴最新成果，通过明确责任主体、多部门社会化系统预防、残疾综合预防与重点预防相结合以及全人群的终生预防③，来建立设计合理、行动高效的职业化、专业化、社会化的残

---

① 孟万金，刘在花，刘玉娟. 推进残疾儿童教育公平任重道远——四论残疾儿童教育公平[J]. 中国特殊教育，2007（2）：3—8.

② Zablocki，Mark；Krezmien，Michael P. Drop-Out Predictors among Students with High-Incidence Disabilities：A National Longitudinal and Transitional Study 2 Analysis. Journal of Disability Policy Studies. Jun. 2013，24（1）：53—64.

③ 郑晓瑛，崔斌，陈功，李宁，宋新明，陈新民，程凯. 对中国残疾预防策略的再思考[J]. 残疾人研究，2013（1）：12—15.

疾预防组织体系①，做好残疾预防工作。

三、赋能家庭以充分发挥教育作用

鉴于受"非亲属"监护的残疾儿童失学可能性较高，残联、教育等部门应加强对此类监护人进行关于残疾儿童受教育权利的法律宣传教育工作。不止于此，各类"特殊需要的儿童家庭在专业人士的支持和救助下提供发展性的专业化服务，在家庭内部对特殊儿童提供个别化教育教学、发展性功能训练等专业的辅导和帮助"，应该成为构建"具有特殊需要的家庭专业支持服务体系"的一项重要内容。② 残疾儿童普遍亟须的积极心理健康教育是一个重要维度。③ 因特殊原因而无法避免（暂时）失学的残疾儿童，同样有可能通过特殊教育社区化④、送教上门、家校合作等而被纳入"以服务为导向的特殊教育模式"之中，因为"这种模式的着眼点是对具有特殊需要的儿童提供广义的特殊教育以及相关服务，其根本任务是集中力量培育服务资源，建立健全的综合性的服务传递体制"⑤。家庭中蕴藏着特殊教育的巨大潜能，然而此潜能处于尚未充分开发、缺乏专业机构指导的状态。充分发挥家庭的作用，在一定程度上可以决定残疾儿童的失学是暂时性的、间断性的，还是永久性的。

四、进一步发挥社区服务与社会支持的助学作用

应当增加对残疾儿童的社区文化生活资源供给，为其提供无障碍服务，帮助其充分参与社区文化生活；在社区文化生活中普及相关法律知识，加强残疾儿童及其监护人的法律主体意识与维权能力，这有助于减少残疾儿童的失学率。针对已领第二代残疾证的残疾儿童失学风险较高的问题，有关部门可以在办证过程中通过滚动播放法律宣传片、法律救

---

① 葛忠明，李锦绣. 不同视角下的残疾预防及其组织体系建设 [J]. 残疾人研究，2011 (3)：30—34.

② 杨广学，陈莲俊. 推进家庭专业服务支持系统的建设 [J]. 社会福利，2009 (6)：27—28.

③ 孟万金. 积极心理健康教育：奠基幸福有成人生 [J]. 中国特殊教育，2010 (11)：3—8.

④ 许家成. 社区化：中国特殊教育改革的突破口 [J]. 现代特殊教育，2012 (1)：14—17.

⑤ 杨广学. 服务导向的广义特殊教育模式 [J]. 中国特殊教育，2008 (1)：18—21.

济部门联席办公、现场答疑等方式，更有效地开展残疾儿童教育权利的告知与救济工作。有关部门还可利用第二代残疾证中登记的残疾儿童监护人的电话、地址信息，及时跟进残疾儿童的受教育现状，帮助防范残疾儿童的失学风险。

五、撬动经济杠杆减少贫困家庭与少数民族地区残疾儿童失学

领低保的残疾儿童的失学风险较高，这印证了此前研究关于贫困导致残健儿童失学的结论。"从 23 个贫困县的失学原因来看，贫困是造成儿童失学的最主要原因，占总失学人数的 77.73%。"[1] 鉴于此，应该充分估计"两免一补"之外的交通费用等对领低保家庭带来的经济压力以及由此加剧的残疾儿童失学风险，应该为领低保的残疾儿童提供定向的教育补助，尽量避免家庭贫困造成的实质性的教育机会不平等现象。

少数民族残疾儿童的失学风险较高，部分原因是一些少数民族地区的特殊教育起步较晚，经济基础较薄弱，未能如《国家中长期教育改革和发展规划纲要（2010－2020 年）》第十章"特殊教育"第二十九条要求的那样"到 2020 年，基本实现地市和 30 万人口以上、残疾儿童较多的县都有一所特殊教育学校"[2]。以武陵山民族地区为例，"恩施州残疾人口为 31.9 万人，全州只有恩施、建始、利川、宣恩 4 所特教学校；而上海市残疾人口为 94.2 万人，共有特殊教育机构 66 家"[3]。针对这些现象，一方面，应通过更加充分地发挥中央和地方两个财政的积极性来依法补建必要的特殊学校；另一方面，要发挥好特殊学校的资源中心作用，通过普特之间硬件、师资资源共享，双轨互通、侧重融合地防止残疾儿童失学。

---

① 张毅. 中国 7～12 岁儿童失学状况分析 [J]. 社会学研究，1995 (4)：96－100.
② 国家中长期教育改革和发展规划纲要（2010－2020 年）. http://www.moe.edu.cn/publicfiles/business/htmlfiles/moe/moe _ 838/201008/93704.html/2010－03－01，2014 年 6 月 10 日下载.
③ 刘荣. 武陵山民族地区特殊教育事业发展的问题及对策研究 [J]. 教育研究与实验，2014 (3)：78－80.

综上，本章首次计算出中国 6～17 岁残疾儿童的失学率以及三种失学类型的具体分布，揭示出"从未上学"是中国残疾儿童失学的主要类型；首次用实证研究明确了四类因素对于残疾儿童失学的影响作用，有助于为有效防止、干预残疾儿童失学提供可靠依据。此外，在学残疾儿童接受融合教育的现状及其影响因素是残疾人文化权利保障的另一个关键问题，也是下一章研究的主题。

本章附录　中国残疾成人受教育程度的现状

本研究者基于 2013 年全国残疾人状况监测数据，取其中 18～59 岁的 14825 名有效样本，计算出中国残疾成人从未上学的比例近 1/4，且受教育水平整体偏低，最高学历主要为小学或初中。具体而言，中国残疾成人从未上学的占 23.74%；小学和初中学历占 65.45%；高中和中专占 9.02%，专科、本科及以上占 1.79%。

附表 2-1　中国残疾成人受教育程度的现状

受教育程度	人数	百分比（%）
从未上学	3520	23.74
小学	5366	36.20
初中	4337	29.25
高中	1126	7.60
中专	211	1.42
大专	193	1.30
本科及以上	72	0.49
合计	14825	100.00

虽然从残疾人状况监测问卷的题项中无从判断被访者在接受学校教育时处于残疾抑或健全的状态，但是，这一分析结果在一定程度上折射出中国残疾成人受教育权的保障水平与社会总体同类水平之间存在较大差距。根据联合国开发计划署"2011 年人类发展报告"公布的"世界各国成年人的平均接受正规学校教育的年限（mean years of schooling）"，

中国成年人平均接受正规学校教育的年限为 7.5 年①，相当于初中二年级水平。这和中国目前实施的九年制义务教育政策的要求基本相当。残疾人状况监测问卷中的学历题项以"从未上学"和学段作为备选答案，因此无从计算中国残疾人精准的受教育年限，但是被访的残疾人"从未上学"和"小学"学历相加已达 59.9%，在中学及以上的学历水平中又以初中学历为主，因此不难推断出中国残疾成人的平均受教育年限应该小于 7.5 年，也折射出残健受教育权利保障存在落差。中国残疾成人受教育权的保障状况仍有待提高。

---

① http：//hdr. undp. org/sites/default/files/reports/271/hdr _ 2011 _ en _ complete. pdf，2014 年 3 月 10 日下载. 详见 UNDP（United Nations Development Programme）. Human Development Report 2011. New York，NY，2011：128.

第三章 中国残疾儿童通过融合教育保障受教育权之研究

广义而言，把特殊需要的儿童部分或全部学习时间安置于普通教室的教育都可视作融合教育。从教育哲学角度而论，融合教育不像特殊教育史中的"一体化"和"回归主流"运动那样强调残疾儿童改变自身以适应主流环境，而是强调残疾儿童的受教育权利以及普通学校接受残疾儿童的义务。就其理想型而言，在融合教育环境中，残疾儿童被残健同伴以及环境中的其他人所接受，残疾儿童受到尊重、具有归属感，其特殊需要得到满足。[①]

融合教育在中国目前主要采取随班就读的方式。"随班就读作为解决中国残疾儿童教育问题的一个切实可行的具体实施办法，尚且处于起步阶段，还比较简单、粗糙。"不过，随班就读就其本质而言属于融合教育的范畴。[②] 在中国"以特殊学校为骨干，以随班就读为主体"的特殊教育体系中，融合教育是"主体"部分。融合教育是当代国际上特殊教育的主流，也是国内外残疾儿童受教育权利保障的一种主要形式。融合教育的英文"inclusive education"在中国的香港和台湾一般被译为"融合教育"，在中国大陆有两种译法"融合教育"和"全纳教育"[③]，两种译名在一定语境中可以互换。相对而言，较之"全纳教育"，"融合教育"更明

---

① Allen, E. K.; Cowdery, G. E. The Exceptional Child: Inclusion in Early Childhood Education (8 ed.). Boston, MA: Cengage Learning, 2014: 5.

② 邓猛，朱志勇. 随班就读与融合教育——中西方特殊教育模式的比较 [J]. 华中师范大学学报（人文社会科学版），2007（4）：125－129.

③ 朴永馨. 特殊教育辞典（第3版）[C]. 北京：华夏出版社，2015：50.

确地包含着质与量的双重要求以及伦理精神的追求，与"inclusive education"或"inclusion"强调的价值观层面的含义更为契合，因此本书主要采用"融合教育"这一术语。

"中国现在的特殊教育形式已经由单纯的以特教学校培养向以随班就读为主体的多种办学形式发展。1996 年至 2008 年，普通学校随班就读学生占总在校残疾学生七成以上，特教学校以及特教班就读生占总在校残疾学生的比例仅为两成左右。2008 年的比例为 71％和 29％。"① 为了更好地保障中国残疾儿童的受教育权利，有必要进一步发展融合教育。2013 年全国 6～14 岁的残疾儿童接受义务教育的比例为 72.7％②，远低于 2013 年全国小学学龄儿童 99.7％的净入学率③。教育部、中国残联等共同发布的《特殊教育提升计划（2014—2016 年）》明确要求："到 2016 年，全国基本普及残疾儿童少年义务教育，视力、听力、智力残疾儿童少年义务教育入学率达到 90％以上。"其首要方略便是"扩大普通学校随班就读规模。尽可能在普通学校安排残疾学生随班就读"；针对"非义务教育阶段特殊教育发展水平偏低"的问题，《特殊教育提升计划（2014—2016 年）》要求"普通高中和中等职业学校要积极招收残疾学生"。《国家中长期教育改革和发展规划纲要（2010—2020 年）》在第十章"特殊教育"中也提出"培养残疾学生积极面对人生、全面融入社会的意识和自尊、自信、自立、自强精神……鼓励和支持各级各类学校接受残疾人入学，不断扩大随班就读和普通学校特教班规模"。

随班就读是融合教育的初级形式，也是中国目前融合教育的基本形式。以上方略契合于中国《残疾人保障法》相关条款中蕴含的随班就读优先取向。尤其对于视力、听力、智力三类之外的 4.8 万其他残疾类别的适龄失学儿童，④随班就读不仅是解决其失学问题的几乎唯一可行路径，

---

① 陈云凡．中国特殊教育发展报告．见郑功成、杨立雄．中国残疾人事业发展报告［C］．北京：人民出版社，2011：71．

② 陈功，吕庆喆，陈新民．2013 年度中国残疾人状况及小康进程分析［J］．残疾人研究，2014（2）：86—95．

③ 邓晖．2013 年中国义务教育学校较上年减少 1.55 万所［N］．光明日报，2014-7-7．

④ 参见 http：//www.gov.cn/xinwen/2014—03/31/content_2650048.htm（《2013 年中国残疾人事业发展统计公报》），2014 年 7 月 20 日下载．

同时也符合当代残疾人教育的发展趋势。2013 年，中国在校残疾学生的随班就读（融合教育）占比为 51.8%；[①] 与美国在校残疾学生 96.2% 的融合教育比例[②]之间尚有相当的距离。"融合教育的核心是保障有质量的教育公平。"[③] 彻底地追寻教育公平、实现教育应有的伦理精神、实施完整的公民教育，最大化地促进残疾儿童的发展，有效地构建融合社会，都必须重视残疾儿童的融合教育。

　　关于融合教育，此前的研究成果较多地从趋势演进、普特协作、教育关怀、师资培养、同伴合作、社会支持、国际比较等视角进行过程性的诊断与分析。[④] 如何"将那些还没有进入学校的特殊儿童招收进来"，以达到残疾人教育的"量标"[⑤]，此类前提性的研究目前尚且相对稀缺，至今尚未见实证研究揭示哪些因素影响残疾儿童接受融合教育。如果不着力解决"扩大普通学校随班就读规模"的这一前提问题，前述过程研究的成果便无法惠及更多的残疾儿童，《特殊教育提升计划（2014—2016年）》提出的目标便可能落空。鉴于此，本章对中国残疾儿童融合教育就学现状及影响因素进行实证研究。

---

　　① 参见 http://www.jyb.cn/info/jytjk/201407/t20140704_589071.html（《2013 年全国教育事业发展统计公报》），2014 年 6 月 12 日下载.

　　② 张朝，于宗富，方俊明. 中美特殊儿童融合教育实施状况的比较研究 [J]. 比较教育研究，2013，(11)：100－104.

　　③ 周满生. 关于"融合教育"的几点思考 [J]. 教育研究，2014 (2)：151－153.

　　④ 可参见：雷江华. 全纳教育之论争 [J]. 教育研究与实验，2004 (4)：48－52；邓猛. 普通小学随班就读教师对全纳教育态度的城乡比较研究 [J]. 教育研究与实验，2004 (1)：61－66；彭兴蓬. 融合教育的价值追求及社会支持系统的建立. 教育研究与实验，2014 (3)：73－77；侯晶晶. 教育关怀：优质全纳教育的内核 [J]. 华中师范大学学报（人文社会科学版），2007 (4)：130－134；石晓辉. 融合教育中的同伴作用策略 [J]. 中国特殊教育，2007 (8)：8－11；朱楠，王雁. 融合教育背景下特殊教育学校职能的转变 [J]. 中国特殊教育，2011 (12)：3－8；梁斌言. 智力残疾儿童随班就读的理论与实践 [M]. 天津：天津教育出版社，2010：11；Seale, J.；Nind, M.；Parsons, S. Inclusive Research in Education: Contributions to Method and Debate. International Journal of Research & Method in Education，2014，37 (4)：347－356；Kraska, J.，Boyle, C. Attitudes of Preschool and Primary School Pre-service Teachers towards Inclusive Education. Asia-Pacific Journal of Teacher Education，2014，42 (3)：228－246；Mackey, M. Inclusive Education in the United States: Middle School General Education Teachers' Approaches to Inclusion. International Journal of Instruction，2014，7 (2)：5－20.

　　⑤ 邓猛，潘剑芳. 关于全纳教育思想的几点理论回顾及其对我们的启示 [J]. 中国特殊教育，2003 (4)：2－8；雷江华. 中国特殊教育质量标准的历史回顾与剖析 [J]. 中国特殊教育，2002 (4)：9－13.

第一节　研究对象与研究方法

本研究的对象为中国中小学义务教育和高中教育阶段在学的 6～17 岁的残疾儿童。根据《儿童权利公约》的界定，18 周岁以下人口均为儿童。研究的资料来源为中国残联组织实施的 2013 年度全国残疾人状况监测数据，所有有效的监测样本为中国 31 个省、自治区、直辖市（不含港、澳、台地区）的 37199 名残疾人，其中 18 岁以下的残疾儿童有 1477 人。6～17 岁残疾儿童的有效样本当中，剔除学校类型中"残疾人中等职业技术学校""普通学校特教班"的少量样本和"领救济"项错填的 1 个样本，最终得到小学、初中及高中教育阶段全国 875 个在学的 6～17 岁残疾儿童样本。

本研究运用 SPSS 17.0 软件作为分析工具，首先通过列联表分析和独立性 x^2 检验，验证残疾儿童随班就读在哪些因素上存在显著差异，然后将具有显著差异的自变量纳入回归分析模型，用多元 logistic 回归分析法来分析这些自变量对于残疾儿童随班就读的影响作用，得出中国残疾儿童接受融合教育的影响因素。

第二节　研究结果

一、残疾儿童接受融合教育的现状

中国 875 个在学的 6～17 岁残疾儿童样本中，在普通小学、普通初中、普通高中、普通中职接受融合教育的比例分别为 59.8％、24.9％、4.1％、2.3％，其余残疾儿童在特殊教育学校接受教育（如图 3-1 所示）。中国残疾儿童接受融合教育的比例随学段升高而逐级锐减。

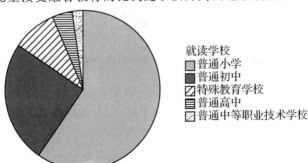

图 3-1　在学残疾儿童的就读学校类型分布

二、中国残疾儿童融合教育状况的自变量赋值与样本现状

残疾儿童融合教育状况具有显著差异的自变量维度（如图 3-2 所示）。性别和地区维度的差异虽未达显著水平，但是它们对于探讨随班融合教育的性别平等、地区平衡问题具有不可替代的意义，故而保留在文中。

在年龄方面，6～8 岁残疾儿童 91.4％就读于普通小学，0.8％就读于普通初中，7.8％就读于特殊学校；9～11 岁残疾儿童仍有 92.4％就读于普通小学，就读于普通初中的仅有 1.1％，在特殊学校就读的为 6.5％；12～14 岁残疾儿童就读于普通小学的比例仍高达 48.6％，39.7％就读于普通初中，就读普通高中的比例仅为 0.3％，在特殊学校就读的比例增至11.4％；15～17 岁残疾儿童仍有 6.0％在普通小学读书，多达 54.4％在普通初中读书，就读于普通高中和普通中职的分别仅有 19.2％、11.0％，在特殊学校就读的比例为 9.3％。残疾儿童就读学校的类型分布在年龄维度上具有极其显著的差异。（如图 3-2）

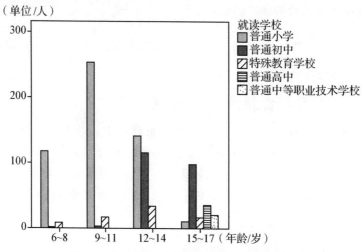

图 3-2　各年龄段残疾儿童的就读学校分布

男性残疾儿童在普通小学、初中、高中、中职接受融合教育的比例分别为 59.3％、24.5％、4.8％、2.4％，有 9.0％的男性残疾儿童在特殊学校就读。女性残疾儿童在上述四类普通学校接受融合教育的比例分别为 60.5％、25.6％、3.0％和 2.1％，就读于特殊学校的比例为 8.7％。男性残疾儿童就读于普通高中和普通中职的比例略高于女性残疾儿童。

残疾儿童的就读学校类型分布在性别维度上没有显著差异。（如图 3-3）

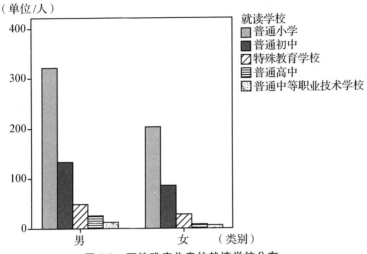

图 3-3　两性残疾儿童的就读学校分布

　　汉族残疾儿童在普通小学、初中、中职接受融合教育的比例（59.3％、25.1％、2.3％）近似于少数民族残疾儿童的同类比例（62.2％、23.7％、2.2％）。少数民族残疾儿童在普通高中接受融合教育的比例（7.4％）高于汉族残疾儿童的同类比例（3.5％）；少数民族残疾儿童在特殊学校就读的比例（4.4％）低于汉族残疾儿童的同类比例（9.7％）。残疾儿童就读学校的类型分布在汉族与少数民族维度上具有较显著差异。（如图 3-4）

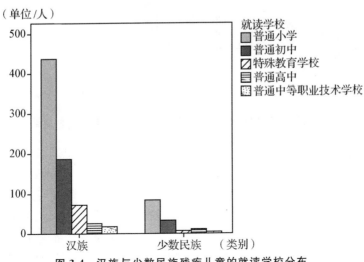

图 3-4　汉族与少数民族残疾儿童的就读学校分布

在 SPSS 软件的"频率"描述界面中，设定 6 个"相等组"以生成自动分割点，形成家庭文教年支出的六个组别。残疾儿童家庭文教年支出较低的三个组别中（0~200 元，201~400 元，401~672 元），残疾儿童就读于普通小学的比例均在 70% 左右，就读于普通初中的比例在 20% 左右。家庭文教年支出较高的三个组别中（673~1200 元，1201~2400 元，2400 元以上），残疾儿童就读于普通小学的比例从 59.2% 逐级下降至 38.7%，就读于普通初中的比例在 30% 左右，而就读于普通高中的比例从 3.6% 逐级上升至 12%，就读于普通中职的比例从 0.6% 逐级上升至 7.7%。家庭文教年支出从低到高六个组别的残疾儿童在特殊学校就读的比例分别为 7.8%、10.5%、5.4%、5.9%、8.7%、15.5%。残疾儿童接受教育的学校类型分布在家庭文教年支出维度上具有极其显著的差异。（如图 3-5）

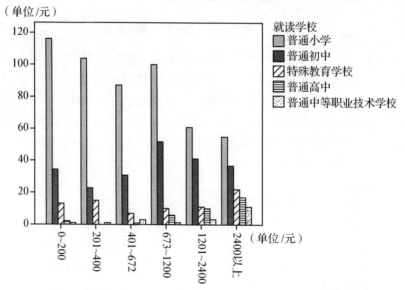

图 3-5　残疾儿童的就读学校分布与家庭年文教支出列联图

残疾儿童监护人的受教育程度从低到高包括七个组别是未上学、小学、初中、高中、中专、专科、本科及以上。在这七个组别中，残疾儿童就读于普通小学的比例介于 46.2%（监护人受教育程度为中专）和 67.2%（监护人受教育程度为小学）之间。关于残疾儿童就读于普通初中的比例，除了监护人受教育程度为"中专"组别和"本科及以上"组别的残疾儿童在 10% 以下（比例分别为 7.7% 和 0%），其他组别残疾儿童就读于普通初中的比例均在 20％～30％。残疾儿童就读于普通高中的比例总体上随着监护人受教育程度的提高逐级上升，从"监护人受教育程度为小学"组别的 2.5％逐级上升至"本科及以上"组别的 11.1％。除了监护人受教育程度为"小学"和"专科"的组别之外，残疾儿童就读于普通中职的比例随着监护人受教育程度的提升总体逐级上升，从"监护人受教育程度为未上学"组别的 1.9％上升至"本科及以上"组别的 11.1％。七个组别的残疾儿童就读于特殊学校的比例分别为 15.4％、7.4％、6.7％、17.0％、30.8％、25.0％、22.2％。残疾儿童接受教育的学校类型分布在其监护人受教育程度维度上具有较显著差异。（如图 3-6）

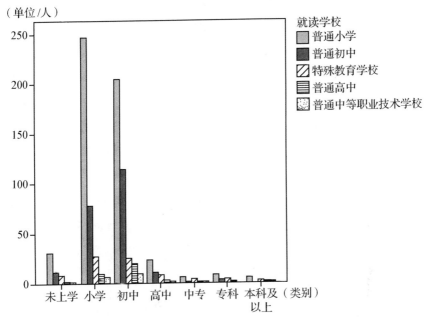

图 3-6　残疾儿童的就读学校分布与监护人教育水平列联图

关于残疾儿童所在的不同地区，就读于普通小学的残疾儿童比例从高到低为东部 62.4％，中部 59.6％，西部 57.7％；就读于普通初中的比例从高到低为西部 27.4％，中部 24.3％，东部 22.4％；就读于普通高中的比例从高到低为西部 5.4％，中部 4.3％，东部 2.4％；就读于普通中职的比例从高到低为东部 3.1％，中部 2.2％，西部 1.7％。另外，残疾儿童就读于特殊学校的比例从高到低为东部 9.8％，中部 9.6％，西部 7.7％。西部地区残疾儿童就读于普通初中和普通高中的比例最高。残疾儿童就读学校的类型在地区分布上没有显著差异。（如图 3-7）

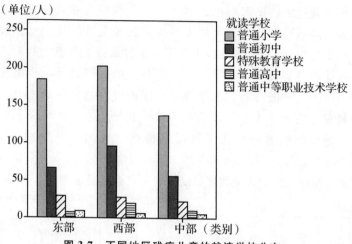

图 3-7   不同地区残疾儿童的就读学校分布

残疾儿童使用家庭电脑上网的能力维度分为"没有家庭电脑""会使用家庭电脑上网""不会使用家庭电脑上网"三个组别。这三个组别的残疾儿童就读于普通小学的比例分别为 61.2%、45.8%、55.4%。残疾儿童就读于普通初中、普通高中和普通中职比例最高的均为"会使用家庭电脑上网"组别，其比例分别为 30.5%、13.6%、5.1%；就读于特殊学校的最低比例 5.1%也在这一组别。就读于普通初中、普通高中和普通中职的最低比例均出现在"不会使用家庭电脑上网"组别，比例分别为 17.9%、0%、0%；残疾儿童就读于特殊学校的最高比例 26.8%也出现在该组别。残疾儿童就读的学校类型在其信息技能维度上具有极其显著的差异。（如图 3-8）

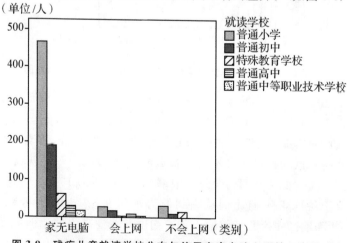

图 3-8   残疾儿童就读学校分布与使用家庭电脑上网情况列联图

　　领低保的残疾儿童在普通小学、初中、高中、中职接受融合教育的比例分别为 51.3％、22.8％、5.7％、4.4％，不领低保的残疾儿童的同类比例分别为 61.6％、25.45％、3.8％、1.8％。领低保的残疾儿童就读于特殊学校的比例（15.8％）高于不领低保的残疾儿童的同类比例（7.4％）。残疾儿童的就读学校类型在其是否领低保维度上具有较显著的差异。（如图 3-9）

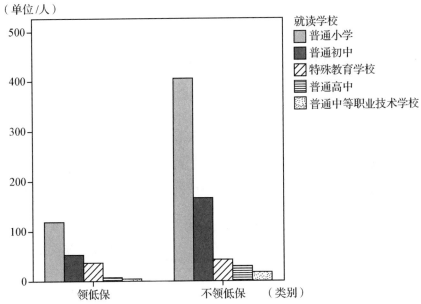

图 3-9　残疾儿童的就读学校分布与领低保情况列联图

　　领社会救济①的残疾儿童就读于普通小学、初中、高中、中职的比例分别为 53.9％、24.0％、3.7％、1.8％，不领救济的残疾儿童的同类比例分别为 61.7％、25.2％、4.3％、2.4％。领救济的残疾儿童就读于特殊学校的比例（16.6％）高于不领救济的残疾儿童的同类比例（6.4％）。残疾儿童的就读学校类型在其是否领救济的维度上具有极其显著的差异。（如图 3-10）

① 社会救济是指国家和社会对由于各种原因无法维持最低生活水平的公民给予无偿救助的一项社会保障制度。中国残疾人联合会. 残疾人工作基本知识读本［C］. 北京：华夏出版社，2009：135.

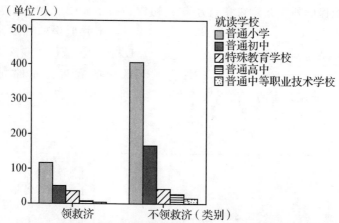

图 3-10　残疾儿童的就读学校分布与领社会救济的情况列联图

关于残疾儿童是否已参加新型农村合作医疗（简称新农合），共有三个组别：非"农村"残疾儿童跳过、农村残疾儿童已参加新农合、农村残疾儿童未参加新农合。非农村残疾儿童就读于普通初中、普通高中的比例（29.2%、8.8%）在三个组别中是最高的；其就读于特殊学校的比例（13.9%）在三个组别中亦最高。在农村残疾儿童中，未参加新农合者就读于普通小学以及普通中职的比例（73.0%、10.8%）高于参加新农合者的同类比例（61.8%、1.9%）。未参加新农合的农村残疾儿童就读于普通高中的比例（8.1%）高于已参加者的同类比例（3.0%）。监测数据显示，未参加新农合的农村残疾儿童多数参加了其他保险。残疾儿童的就读学校分布在其是否参加新农合的维度上具有极其显著的差异。（如图 3-11）

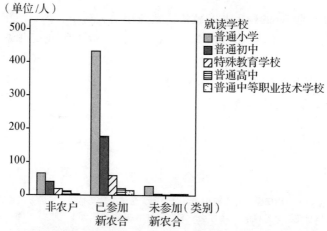

图 3-11　残疾儿童的就读学校分布与参加新农合的情况列联图

　　近一年接受过康复的听力残疾儿童就读于普通小学和特殊学校的比例（40.6%、40.6%）高于未接受康复的听力残疾儿童的同类比例（37.3%、29.4%）。未接受康复的听力残疾儿童就读于普通初中、普通高中、普通中职的比例（23.5%、3.9%、5.9%）高于接受过康复的听力残疾儿童的同类比例（12.5%、3.1%、3.1%）。听力残疾儿童就读于特殊学校的比例远远高于其他类残疾儿童的同类比例（6.3%）。残疾儿童就读的学校类型分布在是否接受听力康复的维度上具有极其显著的差异。（如图 3-12）

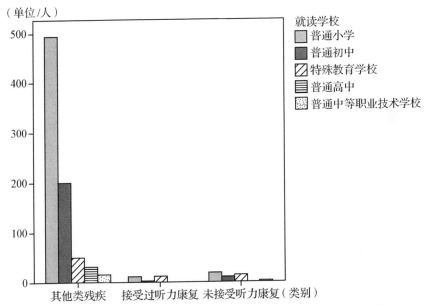

图 3-12　残疾儿童的就读学校分布与是否接受听力康复的情况列联图

　　近一年未使用辅助器具的肢体残疾儿童在普通初中、高中、中职接受融合教育的比例（29.2%、9.9%、5.3%）均高于使用辅助器具的肢体残疾儿童的同类比例（27.8%、5.6%，0%）。前者就读于普通小学和特殊学校的比例（53.2%、2.3%）分别低于后者的同类比例（61.1%、5.6%）。部分肢体残疾儿童具有多重残疾。肢体残疾儿童就读于特殊学校的比例低于其他类别残疾儿童的同类比例（10.6%）。残疾儿童的就读学校分布在是否使用肢体辅具维度上具有极显著的差异。（如图 3-13）

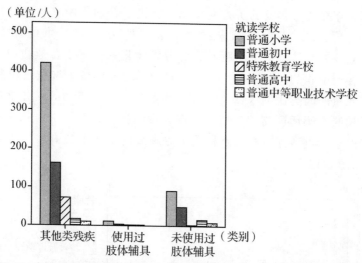

图 3-13 残疾儿童的就读学校分布与是否使用过肢体辅具的情况列联图

近一年未进行康复的智力残疾儿童在普通小学、初中、高中、中职接受融合教育的比例（70.9%、21.8%、0.7%、1.1%）均高于接受康复的智力残疾儿童的同类比例（68.6%、14.5%、0%、0.6%）。前者就读于特殊学校的比例（5.6%）低于后者的同类比例（16.3%）。前者的残疾程度往往比后者轻。残疾儿童的就读学校分布在智力残疾儿童近一年内是否进行过智力康复维度上具有极其显著的差异。（如图 3-14）

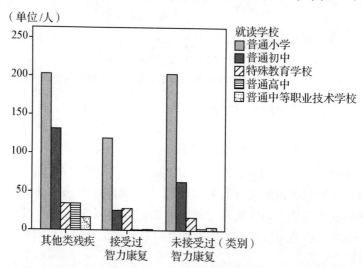

图 3-14 残疾儿童的就读学校分布与是否接受过智力康复的情况列联图

　　近一年在社区接受过法律知识宣传的残疾儿童除了就读于普通小学的比例（48.8％）低于未接受法律宣传的残疾儿童的同类比例（67.6％）外，前者在普通初中、高中、中职接受融合教育的比例（31.0％、6.3、3.3％）均高于后者的同类比例（20.6％、2.5％、1.6％）。另外，前者在特殊学校接受教育的比例（10.7％）也高于后者（7.6％）。残疾儿童的就读学校分布在是否接受过法律知识宣传的维度上具有极其显著的差异。（如图 3-15）

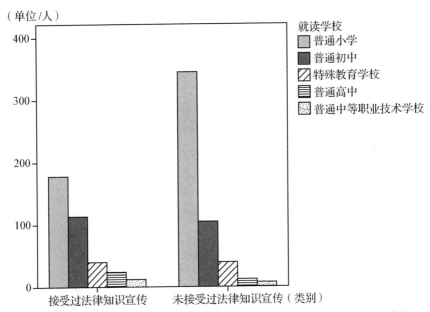

图 3-15　残疾儿童的就读学校分布与是否接受过法律知识宣传的情况列联图

　　已领取第二代残疾证的残疾儿童除了在普通小学随班就读的比例（52.0％）低于未领证的残疾儿童的同类比例（69.6％）外，前者在普通初中、高中、中职接受融合教育的比例（25.1％、4.7％、3.1％）均高于后者的同类比例（24.7％、3.4％、1.3％）。另外，前者就读于特殊学校的比例（15.1％）也高于后者在同类中的比例（1.0％）。残疾儿童的就读学校分布在其是否已领取第二代残疾证的维度上具有极其显著的差异。（如图 3-16）

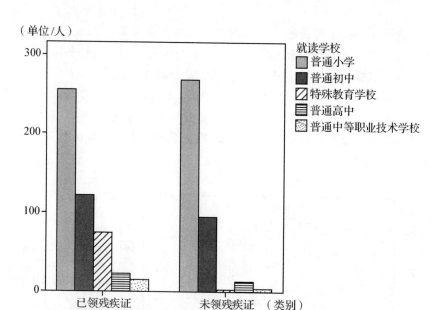

（单位/人）

图 3-16　残疾儿童的就读学校分布与是否领取第二代残疾证的情况列联图

以上融合教育自变量的样本现状与分布情况等综合呈现于表 3-1 和表 3-2。

三、残疾儿童接受融合教育的影响因素

多元 logistic 回归模型的似然比 x^2 检验结果（$x^2 = 998.399$，$df = 128$，$p < 0.001$）说明模型有意义；Nagelkerke R^2 值的大小表示模型的解释能力与拟合优度，本模型的 Nagelkerke R^2 值达 0.768，表明本模型的解释能力与拟合优度较为理想。本模型对于残疾儿童接受融合教育的预测准确率达 76.7%，说明本模式的自变量对于残疾儿童的融合教育具有很好的预测准确性。回归分析显示，人口特征、地区、家庭、儿童自身能力、社会保障、康复、社区服务等因素对中国残疾儿童接受融合教育具有影响作用（详见表 3-3）。

（一）人口特征因素

①男性残疾儿童在普通高中接受融合教育的可能性大于女性残疾儿童，OR 值[①]达显著水平。②以 15～17 岁组残疾儿童为参照组，12～14 岁残疾儿童在小学随班就读的可能性仍然大得多，OR 值高达 9.960，并

---

① OR 值全称为 Odds Ratio，是指某事件和其参照组的发生风险比，表示自变量每增加一个单位带来的发生风险比的比例变化。

达显著水平，折射出小学随班就读的残疾儿童较普遍地入学晚。③与少数民族残疾儿童参照组相比，汉族残疾儿童就读于普通小学、普通高中的可能性较小，OR 值达显著水平。

（二）家庭与地区因素

①以家庭文教年支出最高组作为参照组，所有较低支出组的残疾儿童在小学接受融合教育的可能性较高，OR 值达显著水平；第 4 组就读普通初中的 OR 值大于 1，达较显著水平。这说明，"两免一补"政策使得普通义务教育阶段的残疾儿童家庭教育支出负担不重。然而，教育支出较低组别的残疾儿童就读于普通高中和普通中职的 OR 值仅在 0.019～0.456，半数 OR 值达显著水平。特别值得注意的是，在毗邻的第 6 组和第 5 组之间，家庭文教支出对于残疾儿童在普通高中尤其普通中职接受融合教育的影响作用亦相当显著。由此判断，对于残疾儿童就读于普通高中、中职而言，家庭年度文化教育支出 2400 元可能是临界点。本研究表明，残疾儿童在普通高中和中职随班就读的家庭年度教育支出均值为每年 3931 元，经济压力之大让很多领低保等贫困家庭难以承受，因而降低了残疾儿童在此学段随班就读的可能性。②以残疾儿童监护人具有小学教育水平作为参照组，在监护人具有初中教育水平的组别中，残疾儿童在普通小学、初中、高中接受融合教育的 OR 值均大于 1，就读于普通高中的 OR 值达显著水平。③以中部地区为参照组，西部地区的残疾儿童在初中和高中随班就读的 OR 值分别为 1.532、1.432。国家对发展西部地区的政策扶持促进了残疾人教育事业。东部残疾儿童义务教育随班就读的可能性与中部地区基本持平，OR 值分别为 0.964、1.057；但是，东部地区残疾儿童就读于普通高中的 OR 值仅为中部地区的 0.590 倍。东部地区特殊学校教育的传统优势[①]，在一定程度上抑制了残疾儿童在普通高中随班就读的可能性。东部地区残疾儿童就读于普通中职的 OR 值为 3.662。残疾中职学生未来通过高考的概率远远小于就读于普通高中者。

（三）自身能力因素

以不会使用家庭电脑上网的残疾儿童为参照组，家中无电脑的残疾儿童以及会使用家庭电脑上网这两个组别的残疾儿童在普通小学和初中接受融合教育的 OR 值介于 3.23～20.81，均达显著水平。残疾儿童借助

---

① 东部特殊学校教育的优势在上海和恩施的比较中可见一斑。参见刘荣. 武陵山民族地区特殊教育事业发展的问题及对策研究［J］. 教育研究与实验，2014（3）：78—80.

电脑与网络可以提升获取信息、自主学习的能力，增加与外界的交流，促进自身的社会性发展。鉴于会使用家庭电脑上网的残疾儿童总体上更有可能随班就读，学校应扎实有效地对残疾儿童进行信息技术课教学，指导他们学会上网技能。二手电脑捐赠与上网流量费减免可为残疾儿童提升网络信息素养提供硬件和经济便利条件。

（四）社会保障因素

①以不领低保的残疾儿童作为参照组，领低保的残疾儿童就读于普通小学、初中、高中的 OR 值仅为 0.636、0.399、0.270，呈现出学段越高、随班就读可能性越低的态势，就读于普通初中和高中的 OR 值达显著水平。其就读于普通中职的 OR 值为 1.805，未达显著水平。家庭经济条件的劣势使得残疾儿童更可能接受就业取向的中等职业教育，窄化其未来的升学与就业选择。②相对于不领救济的参照组，领救济的残疾儿童就读于四类普通学校的 OR 值均小于 1，分别为 0.364、0.447、0.728、0.263，小学和初中的随班就读 OR 值达显著水平，家庭经济劣势对融合教育的起点不平等具有显著影响。③在保险因素方面，值得注意的是，以农村未参加新型农村合作医疗（以下简称新农合）的残疾儿童作为参照系，农村参加新农合的残疾儿童在普通小学、高中、中职随班就读的 OR 值分别为 0.334、0.126、0.006；参加新农合对于就读于普通中职的负向预测作用显著。列联图分析显示，未参加新农合的农村残疾儿童有81.1%参加了其他医疗保险。因此，这里涉及的实际上主要是参加新农合与参加其他医疗险种对于残疾儿童随班就读的影响作用之比较。从问卷的其他项目看，新农合报销项目几乎未涵盖残疾儿童康复项目，因此基本无助于改善康复状况、促进随班就读。

（五）康复因素

①以近一年内未接受听力康复服务的听障儿童作为参照组，近一年内接受过听力康复训练者就读于普通小学的 OR 值为 1.264；但其就读于普通初中、高中、中职的 OR 值却小于 1，就读于普通初中的 OR 值仅为0.188，负向预测作用显著。另外值得注意的是，非听力类残疾儿童就读于普通小学、初中、高中的 OR 值均很高，前两个 OR 值达显著水平。由此可见聋儿早康复对于保障其随班就读权益的重要性，也印证了残疾程度以及普特隔离对于听力障碍学生在中学随班就读的影响。②以未使用辅具的肢残儿童为参照组，使用肢体辅具者就读于普通小学、初中、高中的 OR 值均小于 1，负向预测作用未达显著。未用辅具的肢残儿童

66.08％是由于"不需要使用"，残疾程度较轻；而使用肢体辅具者大多是使用轮椅和矫形器，残疾程度较重，近一半使用者认为肢体辅具效果"一般"。与未用辅具的肢残儿童相比，使用辅具的肢残儿童就读于普通高中的 OR 值仅为 0.322。③以未接受康复训练的智力残疾儿童作为参照组，接受智力康训者在小学和初中随班就读的 OR 值均小于 1，负向预测作用显著。进行过智力康训者中 68.60％接受的是"生活自理能力"康训，残疾程度较重，近一半（47.09％）认为康复效果"一般"。应利用国内外智力康复的最新研究成果，提高康复训练效果；并注重预防智力类残疾。未接受康训的智力残疾儿童 40.70％是因为"不需要"，其残疾程度较轻；出于"其他"原因的占 25.26％。接受过康训的智力残疾儿童就读于普通高中和中职者人数为 0 和 1，其 OR 值忽略不论。相对于未康训的智力残疾儿童，其他类别残疾儿童在普通初中、高中、中职随班就读的可能性高得多，OR 值达显著水平。"重点康复、社区康复和康复理论研究是实现'残疾人人人享有康复服务目标'的核心要素"[1] 应该更加自觉、彻底地将"残疾人基本康复服务均等化"的思路落实在残疾儿童康复工作中[2]，这对于残疾儿童"人人享有康复服务"进而更好地实现自身受教育权具有重要意义。

（六）社区服务因素

①以残疾儿童在社区未参加过法律知识宣传学习为参照组，参加过法律学习的残疾儿童在普通初中、高中、中职接受融合教育的 OR 值分别为 1.763、2.413、7.283，在普通初中和中职接受融合教育的 OR 值达显著水平。中国法律法规对残疾儿童随班就读权利做出了明确规定。社区法律宣传对于行动不便的残疾儿童具有较强的可及性，有助于其知晓和享有自己随班就读等受教育的权利以及了解法律救济的渠道。②以未领第二代残疾证的残疾儿童为参照组，领证儿童在四类普通学校接受融合教育的 OR 值仅为 0.062、0.057、0.034、0.024，均达极其显著的水平。部分轻度残疾儿童尚处于康复过程中，将来或可"去残疾化"，这是其未领证的原因之一。而轻度残疾儿童比中度、重度残疾儿童更有可能接受融合教育。另有一部分未领此证的残疾儿童及其监护人担心：确认残疾

---

① 罗志坤，吕军，虞慧炯．上海市残疾人康复事业创新实践［M］．上海：复旦大学出版社，2008：27．
② 曹跃进，孟晓．残疾人基本康复服务均等化研究［J］．残疾人研究，2011（2）：33－38．

身份会进一步加大被普通学校接纳的难度。

第三节　基于结论的对策思考

扩大普通学校随班就读规模的这种融合教育形式，是《特殊教育提升计划（2014—2016 年）》提出的重要方略。为了探究此方略实施的必要前提，本章首次基于中国残联对中国 6～17 岁残疾儿童的最新监测数据分析其接受融合教育的现状与影响因素。全国 875 个在学的 6～17 岁残疾儿童样本中，在普通小学、普通初中、普通高中、普通中职接受融合教育的比例分别为 59.8%、24.9%、4.1%、2.3%。其接受融合教育的比例随学段升高逐级锐减。回归分析结果表明：影响残疾儿童接受融合教育的重要因素包括其性别、年龄、民族等人口特征指标；残疾儿童的网络信息能力、家庭文教年支出、所在生活地区、监护人的受教育水平也显著影响其随班就读；领低保、领救济、参加新农合等社会保障因素以及听力、肢体、智力此三类康复对随班就读的影响作用显著；社区的法律知识宣传和领取残疾证亦影响随班就读。应综合考虑上述因素，促进中国残疾儿童随班就读、走向融合。

本研究揭示的绝大多数因素的状况可以通过制定政策和积极实施某些措施加以改进，以下致思于其主要方面。

一、积极应对残疾儿童随班就读年龄偏晚与性别不均衡的问题

①针对小学随班就读残疾儿童入学晚的问题，建议有关部门和机构灵活应用先康后教、康教同步、医教同步等多种模式，加快发展融合式学前教育并做好融合式的幼小衔接。②关于性别不均衡的问题，根据中国教育部在官网上公布的最新数据，2013 年中国义务教育和高中阶段残疾在校生数达 368103 人，其中女性残疾学生 132523 人。① 残疾女生占比为 36.00%。本研究结果显示，性别因素对女性残疾儿童在高中接受融合教育具有负向影响。鉴于此，教育部门等其他相关部门可对残疾女童及

---

① 依据中国教育部提供的 2013 年全国特殊教育数据。http://www.moe.gov.cn/publicfiles/business/htmlfiles/moe/s8493/201412/181979.html，2014 年 9 月 10 日下载.

其监护人加强"男女平等"的国策教育；引导残疾女生强化自主学习能力和科学高效的学习方法；做好初中毕业班残疾女生的学业咨询规划辅导，增加残疾女生在普通高中接受融合教育乃至将来接受高等教育的可能。

二、通过经济与文化扶持改善家庭因素

本研究发现，对于残疾儿童能否就读于普通高中、普通中职，家庭年度文化教育支出 2400 元很可能是个临界点。建议相关部门为贫困家庭的后义务教育阶段残疾儿童提供每年大约 2400 元的专项教育补贴，以使补贴既产生实效，又不至于超出财政的承受能力。这可视为义务阶段"两免一补"政策向高中的延伸。残疾高中生教育补贴金额可体现地区差异；依据当地的经济发展水平，补贴可由基层财政、省级财政、国家财政按一定比例承担。江苏的实践探索已印证了此建议的可行性。"目前，江苏省高中阶段的残疾学生有 4900 多名，全部实行免费教育，全年财政支出 833 万元。"① 财政扶持有助于提升残疾儿童接受高中阶段融合教育的机会。这体现了由"生存型"残疾人保障向"发展型"福利转变的积极福利理念，有助于将"事后型""补救型""消极型"的残疾人社会福利体系与残疾人教育权利保障转变为"事先型""预防型""积极型"的相关体系与保障②。关于文化扶持，虽然残疾儿童监护人的受教育水平无法在短期内得到改变，但是可利用全国和地方妇联的"网上家长学校"，系统开发关涉残疾儿童发展的法律、教育、心理讲座资源，以加强残疾儿童的亲职教育，增加残疾儿童接受融合教育的机会。

三、依法推进校园无障碍改造以减少残疾儿童内部的权利落差

单纯的肢体残疾儿童在视听感官和智力上均无障碍，学习能力基本无异于普通儿童，但是肢体残疾儿童的失学情况却最严重："全国调查并已实名统一录入中国残疾人事业统计管理系统的 2013 年未入学的适龄残

---

① 江苏省残疾人联合会 . 江苏省第二次全国残疾人抽样调查数据分析与当前重点工作对策研究 [C]. 江苏省残疾人联合会 . 江苏残疾人状况分析和事业发展研究 . 南京：河海大学出版社，2009：33.
② 周沛 . 积极福利视角下残疾人社会福利政策研究 [J]. 东岳论丛，2014（5）：41—46.

疾儿童少年78174名，其中肢体残疾25402名，智力残疾25299名，多重残疾12255名，言语残疾4313名，听力残疾4239名，视力残疾3684名，精神残疾2982名。"① 中国的特殊教育学校主要为盲、聋、智障三类残疾学生设置，肢体残疾儿童没有特殊学校作为第二选择，如果不能随班就读即基本意味着失学。本研究者从初中一年级开始即因此失学多年。至今仍有相当一部分肢体残疾儿童由于康复指导及无障碍条件的缺乏而无法随班就读、被迫失学。为了使轮椅作为辅具发挥其应有的作用，保障残疾儿童当中使用轮椅者的受教育权，应认真落实《残疾人保障法》的相关要求，借助教育主管部门、残联、城乡住建部等的联席工作，有计划有步骤地推动校园无障碍改造。《北京市中小学融合教育行动计划》关于校园无障碍改造的措施可资借鉴。校园无障碍对于切实保障肢体残疾儿童的受教育权具有不可替代的作用。

四、借助法律知识普及教育、促进理念现代化

虽然中国还缺少一部像美国《残疾人教育法案》（2004年）那样顶层设计较严密、约束力较强的专门法规，不过目前的法律知识宣传已显示出其对促进随班就读具有正向的预测作用。鉴于此，学校、媒体等可以向教育管理者、广大师生、家长，尤其是残疾儿童及其监护人普及《残疾人保障法》等法律法规中的相关重点内容。这种致力于推进群体融合、教育公平、社会和谐的公民教育可以改变一些民众——包括部分残疾儿童自身——对残疾身份的消极刻板印象，多维度地为融合教育发展赋权增能。

五、完善社会保障制度以加强残疾儿童的融合教育权利保障

中国民政部官员曾分析指出，"目前我国残疾人社会保障面比较窄，尚未形成制度化、普惠型保障体系"②。本研究显示的新农合未能有效帮助残疾儿童享有融合教育权利的问题，从一个维度印证了上述论断。新农村合作医疗保险是社会保险的一种，而社会保险是社会保障的一个组

---

① 参见中国残联办公厅、教育部办公厅《关于2013年全国未入学适龄残疾儿童少年情况通报》（残联厅〔2014〕39号）.

② 胡仲明等."消除障碍·促进融合"国际论坛观点综述〔J〕.残疾人研究，2012（3）：21—22.

成部分。"社会保障是国家依法强制建立的、具有经济福利性的国民生活保障和社会稳定系统；在中国，社会保障应该是各种社会保险、社会救助、社会福利、军人保障、医疗保健、福利服务以及各种政府或企业补助、社会互助保障等社会措施的总称。"① 新农合等社会保险有待涵盖残疾儿童的主要康复项目，以促进落实残疾儿童接受融合教育的权利。

　　本章首次运用全国残疾人监测数据对中国残疾儿童接受融合教育的学校分布现状进行了实证研究，有助于保障残疾儿童随班就读的合法受教育权利，有助于为落实相关特殊教育的法律法规破解前提性的障碍，并可为教育等相关部门制定促进融合教育和特殊教育的政策措施提供科学的参考依据。与受教育权一样，受培训权亦为残疾人的一项重要文化权利。下一章对中国残疾人受培训权的保障现状进行实证研究。

表 3-1　残疾儿童随班就读因变量及自变量的赋值、解释与样本现状

变量类型	变量名称	变量赋值与解释	n	百分比（%）
因变量				
就读学校类型		普通小学＝1	523	59.8
		普通初中＝2	218	24.9
		特殊教育学校＝3	78	8.9
		普通高中＝4	36	4.1
		普通中职＝5	20	2.3
自变量				
人口特征	性别	男＝1	543	62.1
		女＝2	332	37.9
	年龄分组	6～8 岁＝1	128	14.6
		9～11 岁＝2	275	31.4
		12～14 岁＝3	290	33.1
		15～17 岁＝4	182	20.8
	民族	汉族＝1	740	84.6
		少数民族＝2	135	15.4

① 郑功成. 社会保障学 ［M］. 北京：商务印书馆，2000：11.

续表

变量类型	变量名称	变量赋值与解释	n	百分比(%)
家庭与地区	家庭文教年支出	0～200 元＝1	166	19.0
		201～400 元＝2	143	16.3
		401～672 元＝3	129	14.7
		673～1200 元＝4	169	19.3
		1201～2400 元＝5	126	14.4
		2400 元以上＝6	142	16.2
	监护人受教育程度	未上学＝1	52	5.9
		小学＝8（由 2 手动改为 8，以作参照组）	366	41.8
		初中＝3	372	42.5
		高中＝4	47	5.4
		中专＝5	13	1.5
		专科＝6	16	1.8
		本科及以上＝7	9	1.0
	地区	东部（北京、天津、河北、辽宁、上海、江苏、浙江、福建、山东、广东、海南）＝1	295	33.7
		西部（四川、贵州、云南、西藏、陕西、甘肃、青海、宁夏、新疆、广西、重庆）＝2	350	40.0
		中部（山西、内蒙古、吉林、黑龙江、安徽、江西、河南、湖北、湖南）＝3	230	26.3
信息技能	会使用家庭电脑上网	家无电脑＝－1	760	86.9
		残疾儿童会用家庭电脑上网＝1	59	6.7
		残疾儿童不会用家庭电脑上网＝2	56	6.4
社会保障	领低保	是＝1	158	18.1
		否＝2	717	81.9
	领救济	是＝1	217	24.8
		否＝2	658	75.2
	新农合（农村儿童填写）	非农业户口＝－1	137	15.7
		是＝1	701	80.1
		否＝2	37	4.2

续表

变量类型	变量名称	变量赋值与解释	n	百分比(%)
康复	接受听力康复	其他类型残疾跳过不填＝－1	792	90.5
		接受过＝1	32	3.7
		未接受＝2	51	5.8
	使用肢体辅具	其他类型残疾跳过不填＝－1	686	78.4
		使用过＝1	18	2.1
		未使用过＝2	171	19.5
	接受智力康复	其他类型残疾跳过不填＝－1	418	47.8
		接受过＝1	172	19.7
		未接受＝2	285	32.6
社区服务	法律知识	接受过＝1	365	41.7
		未接受＝2	510	58.3
	领取第二代残疾证	已领取＝1	490	56.0
		未领取＝2	385	44.0

表 3-2　残疾儿童随班就读在自变量维度的分布现状

因素	自变量		普通小学(%)	普通初中(%)	普通高中(%)	普通中职(%)	特教学校(%)	x^2	df	p
人口特征	年龄分组	6～8 岁	91.4	0.8	0.0	0.0	7.8	553.337***	12	0.000
		9～11 岁	92.4	1.1	0.0	0.0	6.5			
		12～14 岁	48.6	39.7	0.3	0.0	11.4			
		15～17 岁	6.0	54.4	19.2	11.0	9.3			
	性别	男性	59.3	24.5	4.8	2.4	9.0	1.828	4	0.767
		女性	60.5	25.6	3.0	2.1	8.7			
	民族	汉族	59.3	25.1	3.5	2.3	9.7	8.042ᵃ	4	0.090
		少数民族	62.2	23.7	7.4	2.2	4.4			

续表

因素	自变量		普通小学（%）	普通初中（%）	普通高中（%）	普通中职（%）	特教学校（%）	x^2	df	p
家庭与地区	家庭文教年支出	0～200元	69.9	20.5	1.2	0.6	7.8	106.507***	20	0.000
		201～400元	72.7	16.1	0.0	0.7	10.5			
		401～672元	67.4	24.0	0.8	2.3	5.4			
		673～1200元	59.2	30.8	3.6	0.6	5.9			
		1201～2400元	48.4	32.5	7.9	2.4	8.7			
		2400元以上	38.7	26.1	12.0	7.7	15.5			
	监护人受教育程度	监护人未上学	57.7	21.2	3.8	1.9	15.4	52.058**	24	0.001
		小学	67.2	21.3	2.5	1.6	7.4			
		初中	55.1	30.6	5.1	2.4	6.7			
		高中	48.9	23.4	6.4	4.3	17.0			
		中专	46.2	7.7	7.7	7.7	30.8			
		专科	50.0	18.8	6.3	0.0	25.0			
		本科及以上	55.6	0.0	11.1	11.1	22.2			
	残疾儿童所在地区	东部	62.4	22.4	2.4	3.1	9.8	8.161	8	0.418
		西部	57.7	27.4	5.4	1.7	7.7			
		中部	59.6	24.3	4.3	2.2	9.6			
信息技能	会使用家庭电脑上网	家无电脑跳过	61.2	25.0	3.7	2.2	7.9	44.906***	8	0.000
		会上网	45.8	30.5	13.6	5.1	5.1			
		不会上网	55.4	17.9	0.0	0.0	26.8			
社会保障	领低保	在领低保	51.3	22.8	5.7	4.4	15.8	8.061**	4	0.001
		不领低保	61.6	25.4	3.8	1.8	7.4			
	领救济	在领救济	53.9	24.0	3.7	1.8	16.6	1.206***	4	0.000
		不领救济	61.7	25.2	4.3	2.4	6.4			

续表

因素	自变量		普通小学（%）	普通初中（%）	普通高中（%）	普通中职（%）	特教学校（%）	x^2	df	p
社会保障	新农合（农村儿童填写）	非农跳过	46.0	29.2	8.8	2.2	13.9	1.361***	8	0.000
		参加农合	61.8	25.1	3.0	1.9	8.3			
		未参农合	73.0	5.4	8.1	10.8	2.7			
康复	接受听力康复	其他类残疾跳过	62.0	25.5	4.2	2.0	6.3	8.534***	8	0.000
		接受过	40.6	12.5	3.1	3.1	40.6			
		未接受	37.3	23.5	3.9	5.9	29.4			
	使用肢体辅具	其他类残疾跳过	61.4	23.8	2.6	1.6	10.6	0.402***	8	0.000
		用肢辅	61.1	27.8	5.6	0.0	5.6			
		不用肢辅	53.2	29.2	9.9	5.3	2.3			
	接受智力康复	其他类残疾跳过	48.6	31.3	8.1	3.8	8.1	6.639***	8	0.000
		接受	68.6	14.5	0.0	0.6	16.3			
		未接受	70.9	21.8	0.7	1.1	5.6			
社区服务	社区法律知识宣传学习	接受过	48.8	31.0	6.3	3.3	10.7	4.104***	4	0.000
		未接受	67.6	20.6	2.5	1.6	7.6			
	领取第二代残疾证	已领证	52.0	25.1	4.7	3.1	15.1	2.822***	4	0.000
		未领证	69.6	24.7	3.4	1.3	1.0			

注：*** $p \leqslant 0.001$，** $p \leqslant 0.01$，* $p \leqslant 0.05$，a $p \leqslant 0.1$；下同。特教学校作为随班就读回归分析的参照，在本表中亦保留。

表 3-3 残疾儿童随班就读的多元 logistic 回归结果

变量名称		组别	学校类型							
			普通小学		普通初中		普通高中		普通中职	
			B	Exp(B)	B	Exp(B)	B	Exp(B)	B	Exp(B)
人口特征因素	性别	男性	0.080	1.084	0.067	1.069	0.701	2.017*	0.525	1.691
		女性(参照组)								
	年龄分组(岁)	6~8	3.395	29.812***	-3.790	0.023**	-62.039	1.14E-27	-40.99	1.58E-18
		9~11	3.463	31.910***	-3.343	0.035***	-63.762	2.04E-28	-38.917	1.26E-17
		12~14	2.299	9.960***	-0.186	0.831	-4.786	0.008***	-23.367	7.11E-11
		15~17(参照组)								
	民族	汉族	-0.918	0.399ᵃ	-0.761	0.467	-2.285	0.102*	1.077	2.935
		少数民族(参照组)								
家庭与地区因素	家庭文教年支出	0~200元	1.472	4.357**	0.564	1.757	-1.803	0.165ᵃ	-1.711	0.181
		201~400元	0.952	2.592ᵃ	-0.595	0.552	-20.477	1.28E-09	-3.974	0.019*
		401~672元	1.930	6.891**	0.922	2.514	-3.266	0.038*	-1.747	0.174
		673~1200元	1.757	5.797*	0.831	2.295ᵃ	-0.785	0.456	-3.304	0.037*
		1201~2400元	1.352	3.865*	0.693	2.000	-1.02	0.361	-2.153	0.116ᵃ
		2400元以上(参照组)								

续表

变量	变量名称	组别	普通小学 B	普通小学 Exp(B)	普通初中 B	普通初中 Exp(B)	普通高中 B	普通高中 Exp(B)	普通中职 B	普通中职 Exp(B)
家庭与地区因素	监护人学历	从未上学	-0.405	0.667	-0.354	0.702	0.816	2.26	-0.889	0.411
		初中	0.126	1.134	0.545	1.725	1.115	3.050^a	-0.618	0.539
		高中	-1.439	0.237*	-1.561	0.210*	-1.631	0.196	-0.380	0.684
		中专	-1.942	0.143^a	-2.432	0.088^a	1.520	4.572	4.781	119.252^a
		大专	-1.953	0.141^a	-0.607	0.545	-0.397	0.673	-22.275	2.12E-10
		大学及以上（参照组）	-1.469	0.230	-19.425	3.66E-09	45.006	3.51558E+19	27.128	6.04823E+11
	地区	东部	-0.037	0.964	0.055	1.057	-0.528	0.590	1.298	3.662
		西部（参照组）	0.451	1.569	0.427	1.532	0.359	1.432	-1.410	0.244
自身能力因素	网络信息能力	无家庭电脑	1.172	3.230*	0.996	2.707+	17.398	35947078.51	17.249	30983592.02
		有电脑会上网	3.035	20.806**	2.481	11.948*	19.384	262010630.6	18.869	156593924.4
		不会（参照组）								
社会保障因素	领低保	领取低保	-0.453	0.636	-0.918	0.399*	-1.311	0.270^a	0.591	1.805
		不领（参照组）								
	领救济	领取救济	-1.011	0.364**	-0.805	0.447*	-0.317	0.728	-1.335	0.263
		不领（参照组）								

学校类型

续表

变量名称		组别	学校类型							
			普通小学		普通初中		普通高中		普通中职	
变量	变量名称	组别	B	Exp(B)	B	Exp(B)	B	Exp(B)	B	Exp(B)
社会保障因素	参加新农合	非农户	-1.642	0.194	0.331	1.393	-1.624	0.197	-6.208	0.002**
		已参加	-1.097	0.334	0.651	1.917	-2.073	0.126	-5.196	0.006*
		未参加（参照组）								
	接受过听力康复	其他类残疾	2.782	16.152***	1.506	4.510*	1.198	3.312	-1.014	0.363
		接受过	0.234	1.264	-1.673	0.188*	-0.052	0.949	-0.351	0.704
		未接受（参照组）								
康复因素	使用肢体辅具	其他类残疾	-1.582	0.206*	-1.672	0.188*	-2.316	0.099**	-2.397	0.091*
		使用过辅具	-0.130	0.878	-0.329	0.720	-1.134	0.322	-19.207	4.56E-09
		未使用（参照组）								
	接受智力康复	其他类残疾	0.497	1.645	0.886	2.424a	3.368	29.021**	2.975	19.595
		一年内接受过	-0.399	0.671	-1.108	0.330*	-46.844	4.53E-21	-15.192	2.52E-07
		未接受（参照组）								
社区服务因素	参加法律宣传	参加过	0.011	1.011	0.567	1.763a	0.881	2.413	1.986	7.283*
		未参加（参照组）								

续表

变量名称	组别	学校类型							
		普通小学		普通初中		普通高中		普通中职	
		B	Exp(B)	B	Exp(B)	B	Exp(B)	B	Exp(B)
社区服务因素 领第二代残疾证	已领证	-2.779	0.062***	-2.870	0.057***	-3.385	0.034***	-3.720	0.024**
	未领证（参照组）								
截距		0.549		2.849		-11.228		-8.294	
对数似然值		896.911							
卡方值		998.399							
自由度		128							
模型拟合度显著性		0.000							
NagelkerkeR²		0.768							

注：以特教学校作为参照。

第四章　中国残疾青少年受培训权保障之研究

联合国教科文组织的文化与发展合作委员会（Culture and Development Co-ordination Office at UNESCO）梳理各种相关法律，归纳出 50 种不同的文化权利（cultural rights），分属十一种类别①，其中包括教育与培训选择权（Rights to choice of education and training）。由此可见，接受培训（尤其是接受职业培训）和接受教育一样是残疾人的重要文化权利，是现代社会中残疾人生成人这种高等动物所独有的文化属性的重要路径。教育与培训被归入同一类文化子权利，是因为它们之间有着密切的联系。处于青少年晚期、青年早期的残疾人的职业培训和中等职业教育、高等职业教育存在一定的交叉。《中国残疾人事业"十二五"发展纲要》便明确将"特殊学校、职业学校"置于"开展多层次残疾人职业教育培训，着力加强订单式培训、定向培训和定岗培训"的机构之列。残疾人职业培训包括全日制和非全日制的，长期的和短期的，有学历的和无学历的等多种类型。其中，职业学校教育提供的多为全日制的、学制较为长期的、有学历的职业培训。对于失学或不在学的残疾青少年而言，其他机构提供的非全日制的、短期的、非学历的职业培训，亦可以提供一些保障文化权利的渠道。关于在中等职业学校内接受教育培训的残疾

---

① Halina Niec. Cultural Rights：At the End of the World Decade for Cultural Development. 参见 http：//kvc. minbuza. nl/uk/archive/commentary/niec. html，2014 年 2 月 6 日下载. 夏春利著《文化权》，黄金荣主编《经济、社会、文化权利国际公约》国内实施读本 [C]. 北京：北京大学出版社，2011，第 158 页呈现了此十一类权利中的部分权利。

青少年的权利保障现状，本书第三章已有所研究。本章对于失学或不在学的残疾青少年的职业培训现状进行实证研究。

《残疾人保障法》第三章"教育"第二十七条规定："政府有关部门、残疾人所在单位和有关社会组织应当对残疾人开展扫除文盲、职业培训、创业培训和其他成人教育，鼓励残疾人自学成才。"第四章"劳动就业"的第三十七条和第三十九条分别规定："残疾人联合会举办的残疾人就业服务机构，应当组织开展免费的职业指导、职业介绍和职业培训，为残疾人就业和用人单位招用残疾人提供服务和帮助。""残疾职工所在单位应当对残疾职工进行岗位技术培训，提高其劳动技能和技术水平。"这些法律条文明确规定了中国残疾人有接受培训的权利，而且其中突出了残疾人接受各类职业技能培训的权利。

《中国残疾人事业"十二五"发展纲要》（简称《纲要》）在教育、就业、扶贫等小节多处论及残疾人受培训权的保障。《纲要》在公共服务"主要工作目标"中提出要求："加大职业技能培训和岗位开发力度，稳定和扩大残疾人就业，……保障有就业需求的残疾人普遍得到就业服务和职业培训。加强农村残疾人扶贫开发，……为100万农村残疾人提供实用技术培训。"《纲要》将职业培训作为促进残疾人就业的重要举措，提出"加强残疾人职业教育培训和职业能力建设。以就业为导向，鼓励各级各类特殊教育学校、职业学校及其他教育培训机构开展多层次残疾人职业教育培训，着力加强订单式培训、定向培训和定岗培训，强化实际操作技能训练和职业素质培养，着力提高培训后的就业率。建立残疾人职业培训补贴与培训质量、一次性就业率相衔接的机制。"[①]此外，《纲要》关于落实残疾人托养以及体育主要任务的政策措施中也包括残疾人职业培训的内容。这表明，残疾人培训与残疾人教育、体育以及就业、扶贫、托养等方面的权利紧密交织，接受培训对于残疾人落实文化权利、获得一定程度的物质生活保障、丰富精神生活、获得幸福感，都具有重要作用。

"截至'十一五'末，中国残疾人职业培训机构达到4704个，376.5

---

① http://www.cdpf.org.cn/zcfg/content/2011-06/09/content_30341608.htm，2014年6月20日下载.

万人次残疾人接受职业教育和培训。"① 近年来，中国残疾人培训的平台建设又有新进展，在高端层面上设置了国家开放大学残疾人教育学院、中央电大残疾人教育长春学院、长春电大特殊教育学院等残疾人培训机构；在基础层面上，一些地方成立了残疾人托养培训中心。重视残疾人培训权利的保障对于就业模式从分离式向融合式转型、对于福利模式从慈善模式向社会权利模式过渡，以及基于"增能、复能、赋能和减少失能"的视角建设残疾人就业援助体系②，都具有不可替代的作用。"随着公民权利意识和平等意识的提升，中国残疾人福利制度正从慈善模式向社会权利模式转变。社会权利模式以'增能'为手段，强调福利主体的权利与义务的平衡。社会权利模式要求将部分保障项目与职业培训或工作相关联；变就业结果支持为就业过程支持；加强残疾人人力资源开发；加强提升残疾人独立生活能力的福利制度建设。"③

残疾人培训权利保障的现状虽然有不小的进展，不过，相对于国家的政策要求以及残疾人的需要而言，尚有距离。王宇丰等在广州市农村调研发现，"农村残疾人渴望学习各种实用技术，首先是就业技术，占47.4%，科学专业占10.1%"④。北京某机构的研究者在"某市"调研发现，占被调查总数33.9%的残疾人接受过职业培训，半数以上的残疾人处于无业或下岗状态，66.4%的残疾人月收入低于居住市最低生活保障线⑤。国内目前残疾人接受培训的权利保障总体处于低位，这不仅影响了文化权利保障的整体水平，也成为残疾人就业等相关权利保障的阻碍因素。"对2006年第二次全国残疾人抽样调查数据进行的分析表明，中国

---

① http://www.cdpf.org.cn/zcfg/content/2011-06/09/content_30341608.htm. 2014年6月20日下载.

② 童星. 残疾人就业援助体系研究——由"问题视角"转向"优势视角"[J]. 残疾人研究，2011 (3)：19-22.

③ 杨立雄. 中国残疾人福利制度建构模式：从慈善到社会权利 [J]. 中国人民大学学报，2013 (2)：11-19.

④ 王宇丰，卓彩琴. 从化农村残疾人教育培训事业浅析. 见宋卓平、张兴杰. 广州市农村残疾人及残疾人事业调查研究 [C]. 广州：华南理工大学出版社，2009：337.

⑤ 刘艳虹，张芳，张丁西. 残疾人社会经济地位的调查研究 [J]. 中国特殊教育，2007 (7)：19-22.

残疾人的就业率明显低于非残疾人。"① "中国残疾人的劳动就业权得到了《残疾人保障法》等法律的确认，但是，中国残疾人在实现劳动就业权时也存在一些问题，其中包括残疾人总体就业水平低、残疾人教育和培训滞后等问题。"②

有些研究者探讨了残疾人培训权利保障总体不力的制约因素。例如，有研究者认为，残疾人培训的一个突出问题是师资缺口较大。"江西15～39岁视力、听力、言语、肢体和智力残疾者至少有32.6万人，按中国残联、教育部关于印发《残疾人中等职业学校设置标准（试行）》的通知要求，除了肢体残疾者可进普通职业学校培训外，江西至少需要4500名特殊职业教育或培训教师，才能满足残疾者职业教育的需求。"③ 另有研究者对民族地区的残疾人培训进行调研，也发现了类似的制约因素。④

关于对策研究，有学者提出借鉴西方"从学校到工作的过渡"的理论，呼吁建立残疾人职业培训中心、残疾人职业指导与咨询中心。⑤ 目前，"各市残联几乎都已成立康复与职业培训中心，但是存在利用率低、培训服务覆盖面小、就业指向不明确、缺乏连续性、受众权利不均等问题。需要建构一个包含事业单位、民间组织、社区组织、社会企业等各种性质的非营利组织，为残疾人提供专业化的教育培训、就业辅导和辅助器具等方面的社会服务体系"⑥。为了解决培训资金的来源问题，一个可能的渠道是借助残疾人就业保障金，这也符合残保金的应然功能以及"就业的过程型支持"理念。"按照规定，残疾人就业保障金主要用于对残疾人就业的教育、培训、表彰及对残疾人'就业机构'的扶持。但目前大部分保障金处于闲置状态。"⑦ 关于提高残疾人就业培训的实效性，有学者从教材、技术层面进行了设想。"三维教材出远程教育教材、多媒

① 赖德胜，廖娟，刘伟. 中国残疾人就业及其影响因素分析 [J]. 中国人民大学学报，2008（1）：10－15.

② 许康定. 论残疾人劳动就业权的法律保护 [J]. 法学评论，2008（3）：99－105.

③ 刘晓洪，陈和利. 关于江西省残疾人职业教育师资需求的调查 [J]. 职教论坛，2011（8）：94－96.

④ 杨树山. 中国少数民族残疾人职业教育初探 [J]. 教育与职业，2013（3）：172－173.

⑤ 甘昭良. 对残疾人从学校到工作过渡的探讨 [J]. 中国特殊教育，2002（4）：72－76.

⑥ 唐钧. 非营利组织与残疾人社会服务体系的建构 [J]. 教学与研究，2012（8）：21－26.

⑦ 郭建财. 残疾人就业保障金管好还须用好 [J]. 中国审计，1998（11）：52.

体自学软件和传统的残疾人教材三部分有机组成。针对残疾人的不同特点设计的三维教材可强化其功能的补偿。残疾人的就业培训与其基础教育或学历教育不同，综合应用特殊教育与现代教育技术理论设计的三维教材尤其适于残疾人的就业培训。"① 也有学者结合美国残疾人职业培训"示范项目"等案例，从境内外比较借鉴的维度提出了思考。②③

保障残疾人接受培训的权利，是人道主义伦理学应用于维护弱势群体尊严的重要课题，也是保障其就业权和生命尊严的重要论题。然而，关于残疾人培训现状的已有研究覆盖的残疾人类别较少，且对残疾青少年与残疾成人没有进行相对独立的研究；关于制约因素方面的已有研究主要着眼于教育内部，很少涉及教育之外的因素；对策研究亦有此局限。鉴于此，为了更好地维护残疾人受培训的权利，有必要对残疾成人和处于青少年晚期的残疾儿童分别进行现状研究，梳理其受培训权利保障现状与内部、外部因素之间的关系。本章即对此进行探索性的实证研究。

第一节 研究对象与研究方法

本研究的对象为失学或不在学而年龄适合接受职业培训的残疾青少年，资料来源为中国残联组织实施的 2013 年度全国残疾人状况监测数据。此监测问卷（儿童版④）关于职业培训的题项"1 年内是否曾接受职业技能培训"覆盖的是 16~17 岁的样本，有效样本为 157 名 16~17 岁的残疾青少年。

本研究应用 SPSS 17.0 软件进行描述性分析和 x^2 检验，验证残疾青少年接受培训的现状在教育、康复、社会环境等因素上是否存在显著差异。鉴于已接受职业培训的样本较少，不进行影响因素的回归分析。

---

① 胡礼和，陈丹文. 适于残疾人就业培训的三维教材 [J]. 中国特殊教育，2004（9）：48−51.

② 马宇. 美国教育部"示范项目"的实施及启示 [J]. 当代教育科学，2012（11）：42−45.

③ 田蕴祥. 台湾地区残疾人士就业协助措施之研究：立法、实践与启示 [J]. 管理现代化，2011（4）：6−8.

④ 根据《儿童权利公约》的界定，18 周岁以下人口均为儿童。

第二节　研究结果

一、残疾青少年接受职业培训权利保障的现状

在 157 名 16～17 岁的残疾青少年中，仅 4.5%（7 人）1 年内曾接受职业技能培训，95.5%（150 人）在 1 年内未接受过职业技能培训。接受过职业技能培训的残疾青少年均持农业户口，其中男性 5 人，女性 2 人；16 岁 4 人，17 岁 3 人；在残疾类型分布方面，视力、听力、智力类残疾各 2 人，肢体残疾 1 人。详见表 4-1 和图 4-1。

表 4-1　16～17 岁残疾青少年接受职业技能培训的现状

	残疾类别		性别		年龄		户口					
	男	女	16 岁	17 岁	非农业	农业	视力	听力	言语	肢体	智力	精神
人数	87	70	70	85	19	137	15	15	45	32	94	13
受过培训的比例（%）	5.7	2.9	5.7	3.5	0.0	5.1	13.3	13.3	0.0	3.1	2.1	0.0
未受培训的比例（%）	94.3	97.1	94.3	96.5	100.0	94.9	86.7	86.7	100.0	96.9	97.9	100.0

注：年龄有 2 个遗漏值；1 个样本在户籍题项选择了"户口待定"；因有多重残疾样本，六类残疾相加大于 157。

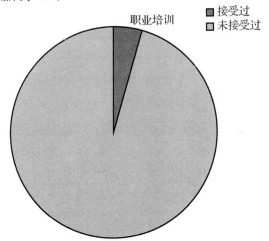

图 4-1　16～17 岁残疾青少年是否接受过职业培训的现状

二、残疾青少年受培训权保障现状的卡方分析

16～17岁残疾青少年1年内是否接受过职业技能培训，在社会保障、社会支持、康复、社区服务及其满意度等方面具有显著差异。（详见表4-2）

表4-2　残疾青少年接受职业技能培训与有关因素的列联表

因素	选项	人数	培训率（%）	未培训率（%）	x^2	df	p
领救济	在领救济	44	11.4	88.6	6.843**	1	0.010
	不领救济	113	1.8	98.2			
新农村社会养老保险	已参加	43	14.0	86.0	12.600**	2	0.002
	未参加	86	1.2	98.8			
	非农跳过	28	0.0	100.0			
一年内接受慰问	接受过	67	9.0	91.0	5.548*	1	0.019
	未曾接受	90	1.1	98.9			
对慰问的满意度	非常满意	22	13.6	86.4	7.451a	3	0.059
	满意	43	7.0	93.0			
	一般	2	0.0	100.0			
	未受慰问	90	1.1	98.9			
参加社区文化生活	经常参加	5	0.0	100.0	10.148**	2	0.006
	很少参加	49	12.2	87.8			
	从不参加	103	1.0	99.0			
一年内社区（村）为残疾人提供的服务	接受过	51	11.8	88.2	9.466**	1	0.002
	未曾接受	106	0.9	99.1			
社区服务满意度	非常满意	9	33.3	66.7	22.407***	3	0.000
	满意	35	8.6	91.4			
	一般	7	0.0	100.0			
	没有跳过	106	0.9	99.1			
一年内社区法律宣传	接受过	49	10.2	89.8	5.520*	1	0.019
	未曾接受	108	1.9	98.1			
一年内听力康训	接受过	5	40.0	60.0	15.586***	2	0.000
	未曾接受	10	0.0	100.0			
	其他残疾	142	3.5	96.5			

注：*** $p \leqslant 0.001$，** $p \leqslant 0.01$，* $p \leqslant 0.05$，a $p \leqslant 0.1$，下同。

如图 4-2 所示，领救济的残疾青少年 11.4％接受过职业培训，不领救济的残疾青少年 1.8％接受过职业培训。残疾青少年接受职业培训在是否领救济的维度上具有显著差异，领救济者接受职业培训的比例较高。

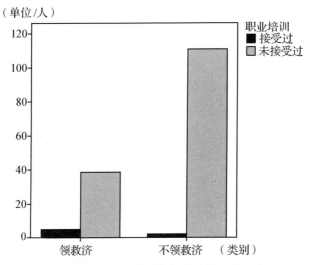

图 4-2　残疾儿童职业培训与领救济情况的列联图

如图 4-3 所示，已参加新型农村社会养老保险（农村社保）的农村残疾青少年接受过职业培训的比例为 14.0％，显著地高于未参加农村社保的农村残疾青少年的同类比例（1.2％）。

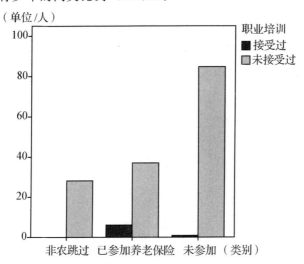

图 4-3　农村残疾青少年接受职业培训与参加新农村社会养老保险列联图

如图 4-4 所示，接受过慰问的残疾青少年接受职业培训的比例为 9.0％，显著地高于不曾接受慰问的残疾青少年（1.1％）。成为慰问对象的残疾青少年总体而言状况更为困难。这意味着，较困难的残疾青少年目前接受职业培训的比例相对较高。

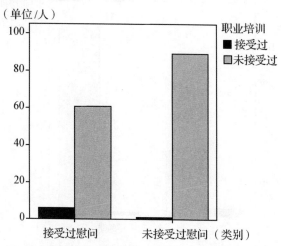

图4-4 残疾青少年接受职业培训与接受慰问情况列联图

如图 4-5 所示，在接受过慰问的残疾青少年中，对慰问感到"非常满意"者接受职业培训的比例（13.6％）较显著地高于对慰问感到"满意"者（7.0％）。慰问的实际帮扶质量对于困难残疾青少年接受职业培训的比例或有影响。

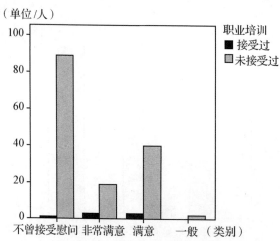

图 4-5 残疾青少年接受职业培训与接受慰问满意度列联图

如图 4-6 所示，"很少参加（或偶尔参加）"社区文化生活的残疾青少年接受职业培训的比例 12.2％显著地高于"从不参加"社区文化生活者的同类比例（1.0％）。"经常参加"社区文化生活的样本仅有 5 个，统计学上的可靠性不充分，因而忽略不计。

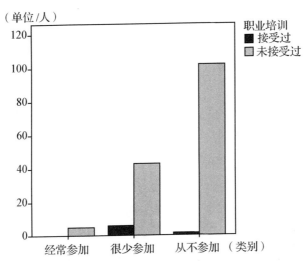

图 4-6　残疾青少年接受职业培训与参加社区文化生活列联图

如图 4-7 所示，1 年内接受过社区服务的残疾青少年 11.8％接受过职业培训，远高于未接受者的同类比例（0.9％）。两者之间具有显著差异。

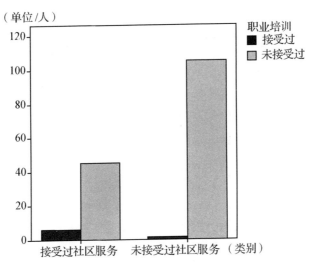

图 4-7　残疾青少年接受职业培训与接受社区服务列联图

　　如图 4-8 所示，对社区服务感到"非常满意"的残疾青少年，33.3％接受过职业培训，远远高于感到"满意"者的同类比例（8.6％）和感到"一般"者的比例（0.0％）。残疾青少年是否接受过职业培训在其对社区服务的满意度维度上具有显著差异。

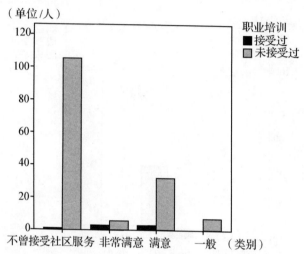

图 4-8　残疾青少年接受职业培训与社区服务满意度的关系图

　　如图 4-9 所示，1 年内接受过社区法律宣传的残疾青少年有 10.2％在 1年内接受过职业培训，高于未接受社区法律宣传者的同类比例（1.9％）。两者之间有显著差异。

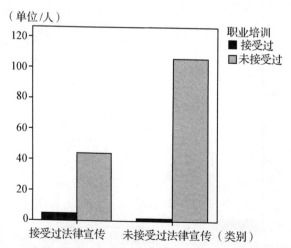

图 4-9　残疾青少年接受职业培训与参加社区法律宣传的列联图

如图 4-10 所示，在听力残疾青少年中，1 年内接受职业培训者无一例外地接受过听力康复训练。听力残疾青少年接受职业培训在是否接受过康复训练的维度上具有极其显著的差异。本题项所涉的有效样本较少，在此一并呈现结果。

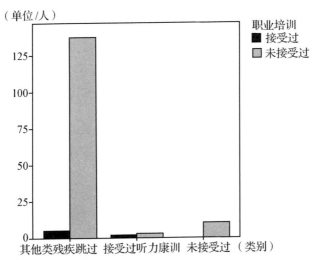

图 4-10　听力残疾青少年接受职业培训与接受康复训练列联图

第三节　基于结论的对策思考

从中国残疾人目前就业率低、就业的经济回报低等情况倒推，不难判断出 16～17 岁的残疾青少年既是接受职业培训的应然权利主体，也确实较普遍地具有接受职业培训以促进就业的现实需要。本研究显示，只有 4.5％的 16～17 岁残疾青少年"在近一年内接受过职业培训"，表明残疾青少年的职业技能培训需求的满足率较低，其接受培训的法定权利与实有权利之间存在较大的落差。卡方分析显示，16～17 岁的残疾青少年接受职业培训在以下九个因素上具有显著差异：是否领救济、参加新农村养老保险、接受过慰问、慰问满意度、参加社区文化生活的频率、接受过社区服务、社区服务满意度、接受过社区法律宣传以及听力残疾青少年是否接受过康复训练。

鉴于上述研究结果，至少可以从以下三方面促进残疾青少年受培训权利的保障。

一、重视社区文化供给对残疾青少年培训权利的保障作用

以上九个因素近一半与社区有关，因此必须特别重视社区对残疾青少年的相关资源供给，从而直接或间接地提升其接受职业培训的机会。要注重这些机会的可及性和便利程度。应重视社区法律宣传，使更多的适龄残疾青少年知晓自己被赋予的受培训权利。社区可以把一些职业培训融汇在社区服务中。此外，社区文化生活也可以更加自觉地激发残疾青少年的求知、求技动机，更好地与可及的职业培训机会对接，使更多适龄残疾青少年能实现自身的法定受培训权利。

二、将面向残疾青少年的社会保障、社会支持做得更细更实

社会保障以及社会支持等因素也影响残疾青少年接受职业技能培训的可能性。这些工作有待进一步做实做细，以更好的实效性提升残疾青少年对这些工作的满意率，更好地保障其接受职业技能培训这一文化权利。另外值得注意的是，领救济的残疾青少年接受职业培训的比例高于不领救济的残疾青少年。这可能说明，目前的职业培训提升就业机会的效果不太理想，在残疾青少年中受欢迎的程度比较弱，尤其对家庭经济条件较好的残疾青少年的吸引力有待提高。

三、提升融合式高职培训机会的质与量

本章前文论述过全日制职业学校教育是残疾青少年保障文化权利的一个重要渠道。保障残疾青少年受培训权利的一个关键举措在于发展融合式的职业高中教育，有效地增加面向适龄残疾青少年的融合式教育培训机会，并提升其在康复和知识技能水平方面接受融合式教育培训的准备性。本研究揭示了中职培训的残健机会不均现象比较严重。当前，社会上很多人对高中教育"重普轻职"，数量上占半壁江山的职业教育入学门槛较低，很多健全的青少年对于高职教育培训机会比较轻视①，处于

① 侯晶晶. 论职业教育优质和谐发展的对策 [J]. 教育与职业，2008 (3)：8—10.

"不愿吃"的心态中；而众多残疾青少年对于职业教育及培训机会还"吃不饱"或"吃不上"。不排除少数残疾青少年也具有"重普轻职"的心态，这种不正确的理念也需要得到合理的引导、纠正。本书第三章的研究显示，全国875个在学的6~17岁残疾青少年样本中，在普通小学、普通初中、普通高中、普通中职接受融合教育的比例分别为59.8%、24.9%、4.1%、2.3%。随班就读的残疾青少年在普通中职就学的比例只及普通高中的56.1%。目前，残疾青少年的职业培训资源存在面窄量少的问题，拓宽职业培训的专业选择性，也会有助于增加资源供给，更好地保障残疾青少年接受职业培训的权利。

残疾人状况监测问卷未包括融合式高等职业教育培训的题项，不过，另有研究显示，中国残疾人高职教育培训和中职教育培训一样有待提升质量。"与普通高等教育相比，中国开展残疾人高职教育的历史较短，残疾人高职教育人才培养的机制尚显不足，人才培养模式也没有完全赶上普通高等职业教育改革的步伐，与国际倡导的全纳教育思想并没有完全兼容。这些都在一定程度上影响了残疾人高职教育的办学质量，影响了残疾高职大学生的教育质量和就业潜能，进而影响其生存竞争力和社会适应性。因此，进一步加强残疾人高等职业教育改革，构建'残健合一、共同发展、有限隔离、无限融合'的残疾人高等职业教育模式具有重要的现实意义。"[①] 这位研究者对于残疾人高职教育同样提出了融合发展的呼吁，与本研究的主张不谋而合，从另一个侧面也印证了融合教育对于保障残疾青少年接受培训权利的必要性与可行性。

本章首次运用2013年度全国残疾人状况监测数据，对中国16~17岁的残疾青少年的受培训权利保障进行了现状研究与对策分析。除了残疾人接受教育和培训的权利之外，其文化生活权利也是文化权利的重要组成部分。保障残疾人的文化生活权利，对于丰富残疾人的精神生活具有重要意义。下一章对此问题进行实证研究。

---

① 王得义. 有限隔离 无限融合——试论中国残疾人高等职业教育模式的建构与创新 [J]. 中国职业技术教育，2011 (15)：89-92.

本章附录 中国残疾成人受培训权保障之现状分析

本研究者基于 2013 年全国残疾人状况监测数据，取其中 18～59 岁的 14825 名有效样本，计算出中国残疾成人近 1 年内接受职业技能培训的现状：6.2% 接受了培训，93.8% 未接受培训，残疾成人接受职业技能培训的比例总体较低。残疾成人接受职业培训在性别、年龄、受教育水平维度上具有显著差异。男性残疾成人、较年轻的残疾成人、受教育程度较高的残疾成人接受职业培训的比例相对较高。

附表 4-1 中国残疾成人接受职业技能培训的现状

类别	人数	培训率（%）	未培训率（%）	x^2	df	p
残疾人	14825	6.2	93.8			
男性	8626	7.4	92.6	47.187***	1	0.000
女性	6199	4.6	95.4			
18～23 岁	853	10.6	89.4			
24～29 岁	981	7.7	92.3			
30～35 岁	1201	7.2	92.8			
36～41 岁	1858	7.4	92.6	103.731***	6	0.000
42～47 岁	3001	7.6	92.4			
48～53 岁	3135	5.7	94.3			
54～59 岁	3796	3.3	96.7			
从未上学	3520	1.6	98.4			
小学	5366	6.4	93.6			
初中	4337	8.0	92.0			
高中	1126	8.1	91.9	263.422***	6	0.000
中专	211	18.0	82.0			
大专	193	17.1	82.9			
本科及以上	72	16.7	83.3			

注：培训率指残疾成人近 1 年内接受职业技能培训的比率。

第五章　中国残疾儿童文化生活权利的社区实现之研究

　　联合国《残疾人权利公约》将文化权利界定为残疾人应该平等享有的重要权利。广义的文化权利包括教育、文化生活、体育、娱乐、宗教信仰等权利，狭义的文化权利包括"参与文化生活、娱乐、休闲和体育活动"的权利。《中华人民共和国残疾人保障法》（修订版）强调"国家保障残疾人享有平等参与文化生活的权利。……残疾人文化、体育、娱乐活动应当面向基层，融于社会公共文化生活，适应各类残疾人的不同特点和需要，使残疾人广泛参与"。保障残疾人文化权利，是中国残疾人事业发展所日益注重的一个方面。近年来，中国新建了中国盲文图书馆等让众多残疾人受益的文化设施[1]。保障残疾人包括文化生活权利在内的文化权利，有助于推动中国文化的长远发展和民族的文化复兴[2]。

　　残疾公民文化权利的实现相当一部分需要落实在社会的基层组织——乡村或社区，这正是本章中"社区"的含义，在 2013 年监测问卷中表述为"社区（村）"。同时，"社区残疾人工作是中国社区建设的重要组成部分"[3]。残疾人文化权利的社区实现状况既关乎残疾人群体能否平等地参与社会生活，又是社会文明程度的重要标志。

　　2006 年第二次全国残疾人抽样调查显示，中国残疾人文化权利保障任重道远，基础较为薄弱。有学者基于 2006 年甘肃省的抽样调查数据分析残疾人文化权利保障状况，指出"文化生活差距"是农村残疾人与农

① 邓朴方. 加强和改进盲人文化服务 [J]. 残疾人研究，2011 (4)：6-7.
② 王乃坤. 加强残疾人文化建设 保障残疾人文化权利 [J]. 残疾人研究，2012 (1)：3-5.
③ 郭春宁. 略论中国残疾人社区工作 [J]. 社会保障研究，2009 (1)：200-208.

村总体人口之间的三大突出差距之一，"95％的农村残疾人没有参加过乡村组织的文化活动"①。由于中国长期形成的城乡二元结构等客观因素的限制，农村残疾人的服务体系建设与城市的相关建设存在着差异。② 因此，从农村的残疾人文化活动情况未必能推知城市的状况。2013 年残疾人状况监测将参与社区文化生活作为城、乡残疾人社会生活环境的重要维度进行调查，发现总体上中国"残疾人参与社区文体活动的比例较低，2013 年度全国残疾人经常参加社区文化、体育活动的比例仅为 8.2％"③。

由于残疾和年龄的双重弱势，残疾儿童的权利保障容易成为所有公民包括残疾公民权利保障中的短板。这种短板效应曾在基于 2006 年第二次全国残疾人抽样调查数据的康复权利保障研究中被印证："青少年组曾接受康复服务的百分比低于成年组和老年组。"④ 残疾儿童文化权利保障的一个重要方面是其参与社区文化生活的状况。为了科学地防止这方面的短板效应、落实《儿童权利公约》要求的"儿童权利优先原则"、最大化地促进残疾儿童的发展，必须探究残疾儿童参与社区文化生活的现状与影响因素，促进其文化权利保障在社区的实现。

有学者从城乡居民文体权益保障差异、城市流动工人的文化权益现状、甘肃农村残疾人的社区服务需求等视角分析过社区文化服务，⑤⑥⑦本研究者分析过美国学校的家长志愿者利用校舍组织百餐会（Potluck）、文艺表演等社区文化娱乐活动向广大残健学生及其家长开放的案例，剖析

---

① 朱雪明，尹聚峰，王旭东. 甘肃新农村建设中残疾人事业发展问题与对策探讨 [J]. 甘肃社会科学，2007（6）：89—91.

② 宋宝安. 农村残疾人社会保障与服务体系建设现状与对策——以东北农村残疾人调查为例 [J]. 残疾人研究，2012，（1）：6—11.

③ 陈功，吕庆喆，陈新民. 2013 年度中国残疾人状况及小康进程分析 [J]. 残疾人研究，2014（2）：86—95.

④ 王珏，邱卓英等，中国残疾人康复需求分析与发展研究 [M]. 北京：华夏出版社，2008：59.

⑤ 陈伟东，熊光祥. 农民工社区文化服务设施建设现状及其发展对策 [J]. 经济地理，2007（6）：900—903.

⑥ 周晨虹. 城乡一体化背景下社区公共服务供给的比较分析——基于山东省三个县级市的问卷调查 [J]. 社会主义研究，2012（3）：75—79.

⑦ 冯世平，冯学兰. 西北农村残疾人社区服务需求研究——以甘肃省农村残疾人群体为例 [J]. 残疾人研究，2012（1）：25—31.

了残健社区交往对于促进群体理解、化解陌生人交往的想象性风险、建构融合社会的重要意义①。但迄今未见有文献专门研究中国残疾儿童参与社区文化生活的现状与影响因素。本章对此问题进行实证研究。

第一节　研究对象与研究方法

本研究的对象为 6～17 岁残疾儿童。根据《儿童权利公约》的定义，18 岁以下的人口均为儿童。6 岁以下的残疾幼儿限于康复需求、生活重心和心智条件，其参与社区文化生活的可能性较低，因此本研究未采用 6 岁以下的残疾幼儿样本。本研究的资料来源为中国残联组织实施的 2013 年度全国残疾人状况监测数据，详情请见本书第二章。从 2013 年度监测的有效样本中剔除"领救济"项错填的 1 个样本，最终得到全国 1350 个 6 岁～17 岁残疾儿童的样本。

本研究应用 SPSS 17.0 软件进行描述性分析、x^2 检验和多元 logistic 回归分析。本研究以状况监测问卷中关于残疾儿童参与社区文化生活的题目作为因变量，据此分析其文化权利在社区的实现现状。鉴于因变量不具备方差齐性（Levene's $p < 0.05$），本研究运用列联表分析和 x^2 检验，找出残疾儿童参与社区文化生活在哪些因素上存在显著差异，然后将具有显著差异的自变量纳入回归分析模型，采用对于方差齐性无特别要求的多元 logistic 回归分析法②来分析这些自变量对残疾儿童参与社区文化生活的影响作用，得出影响因素。

第二节　研究结果

一、中国残疾儿童文化生活权利在社区实现之现状

全国 1350 个 6～17 岁残疾儿童的样本中，经常参与社区文化生活的

---

① 侯晶晶. 美国公立基础学校生活化的陌生人伦理教育研究 [J]. 教育研究，2014 (12)：126－132.

② Brace，N.；Kemp R.；Snelgar，R. SPSS for Psychologists（Third Edition）. Lawrence Erlbaum Associates，Publishers：London，2006：230，293.

有 99 人，占 7.3%；很少参与社区文化生活的有 467 人，占 34.6%；从不参与社区文化生活的有 784 人，占 58.1%。监测问卷的多项选择题结果显示，所有样本中 26.37%（356 人）在最近一年内参加过社区提供的知识普及（21.70%）、教育文化（14.74%）、职业技能（0.74%）三类服务；另有一个单选题的结果显示，38.81%（524 人）参加过法律宣传。较之 2008 年监测的同类数据，残疾儿童"从不参加社区文化生活"的比例有所下降。"根据 2008 年度全国残疾人状况及小康进程监测报告显示，69.8% 的残疾人从不参加社区文化体育活动。"① （如图 5-1）

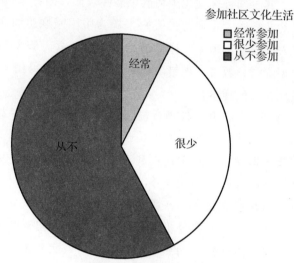

图 5-1　残疾儿童参加社区文化生活频率图

在社区文化服务总体供给短缺的条件下，当前可供全国残疾儿童利用的社区文化服务仍偏少，残疾儿童参与社区文化生活的比例仍较低，尤其是经常参与率甚至低于全国总体残疾人的同类比例。在总体参与度偏低的基础上，社区文化生活参与状况在各类残疾儿童之间还具有不平衡性。如表 5-1 所示，视力、肢体、智力、精神类残疾儿童的经常参与率低于残疾儿童平均的同类比例，智力和精神类达到了显著差异。残疾儿童文化权利在社区的总体及分类实现现状方面均有待加强。

① 程凯.2008 年度全国残疾人状况及小康进程监测报告.见郑功成，杨立雄.中国残疾人事业发展报告［C］.北京：人民出版社，2011：43.

表 5-1　各类残疾儿童文化权利的社区实现现状

残疾儿童类型	n	经常参与社区文化生活（%）	很少参与（%）	从不参与（%）	x^2	df	p
六类残疾儿童	1350	7.3	34.6	58.1			
视力残疾儿童	90	4.4	33.3	62.2	1.427	2	0.490
听力残疾儿童	130	8.5	26.2	65.4	4.535	2	0.104
言语残疾儿童	425	8.2	31.8	60.0	2.518	2	0.284
肢体残疾儿童	311	6.1	35.7	58.2	0.968	2	0.616
智力残疾儿童	774	5.9	31.4	62.7	16.715	2	0.000
精神残疾儿童	78	1.3	32.1	66.7	5.341	2	0.069

注：多位残疾儿童为双重或多重残疾，故而六类残疾儿童人数相加大于1350。

二、中国残疾儿童参与社区文化生活的自变量的赋值与现状

社区文化生活的参与频率是残疾儿童文化权利在社区实现状况的重要指标，宜作为本研究的因变量。中国残疾儿童参与社区文化生活的自变量赋值与现状如表 5-2 和表 5-3 所示。残疾儿童参与社区文化生活的状况在这些自变量维度上几乎都存在显著差异。值得注意的是，在地区维度上，东部、西部、中部残疾儿童经常参加社区文化生活的比例分别为 6.65%、9.01%、5.61%；从不参加的比例分别为 60.10%、53.33%、62.83%。西部地区残疾儿童经常参与社区文化生活的比例最高，而从不参加的比例最低。原因可能在于经济发展与文化繁荣的不完全同步性、各地区在文化生活领域的理论驱动力度差异、国家扶持西部的政策在残疾儿童发展方面初显成效。不过，地区因素对残疾儿童参与社区生活的预测作用在回归分析中未达显著水平，因而并非影响因素。

表 5-2　中国残疾儿童参与社区文化生活自变量的赋值与样本现状

自变量类型	变量名称	变量赋值与解释	n	百分比（%）
人口特征	性别[a]	男性＝1	823	61.0
		女性＝2	527	39.0

自变量类型	变量名称	变量赋值与解释	n	百分比（%）
区域因素	地区	东部（北京、天津、河北、辽宁、上海、江苏、浙江、福建、山东、广东、海南）=1	421	31.2
		西部（四川、贵州、云南、西藏、陕西、甘肃、青海、宁夏、新疆、广西、重庆）=2	555	41.1
		中部（山西、内蒙古、吉林、黑龙江、安徽、江西、河南、湖北、湖南）=3	374	27.7
社会保障	领救济	是=1	372	27.6
		否=2	978	72.4
	参加医疗保险	是=1	932	69.0
		否=2	418	31.0
教育培训	残疾儿童失学状况	在学=-1	881	65.3
		辍学=1	123	9.1
		从未上学=2	280	20.7
		毕业未升学=3	66	4.9
	一年内接受过职业技能培训	16岁以下不填=-1	1193	88.4
		是=1	7	0.5
		否=2	150	11.1
康复	使用听力辅具	其他类残疾=-1	1220	90.4
		是=1	44	3.3
		否=2	86	6.4
	言语残疾会话效果	跳过不填=-1	1003	74.3
		无效果=0	5	0.4
		效果好=1	21	1.6
		较好=2	116	8.6
		一般=3	205	15.2
社会（社区）环境	一年内政府或社会团体慰问（次）[b]	不曾慰问=-1	781	57.9
		9次或以上=0	1	0.1
		2次=2	164	12.2
		3次=3	42	3.1
		4次=4	22	1.6
		5次=5	9	0.7
		6次=6	3	0.2
		7次=7	0	0
		1次=8（经手动调整）	327	24.2

续表

自变量类型	变量名称	变量赋值与解释		n	百分比(%)
	一年内接受社区(村)提供的残疾人服务	接受过＝1		506	37.5
		未接受过＝2		844	62.5
		法律宣传	接受过＝1	524	38.8
			未接受过＝2	826	61.2
		领第二代残疾证	已领＝1	815	60.4
			未领＝2	535	39.6
		有效样本		1350	

注：^a：x^2分析表明性别因素的差异性接近显著，在回归分析中性别因素对于女性残疾儿童"经常参与"社区文化生活具有较显著的负向预测作用。为了有利于残疾女童的文化权利保障，保留性别因素进行分析。

　　^b："政府或社会团体慰问"遗漏值为1，其他题项无遗漏值。

表 5-3　中国残疾儿童参与社区文化生活和有关因素的列联表

因素	选项	经常参与(%)	很少参与(%)	从不参与(%)	x^2	df	p
性别	男	8.4	34.1	57.5	3.428	2	0.180
	女	5.7	35.3	59.0			
地区	东部	6.7	33.3	60.1	10.527*	4	0.032
	西部	9.0	37.7	53.3			
	中部	5.6	31.6	62.8			
领救济	是	13.4	37.6	48.9	34.895***	2	0.000
	否	5.0	33.4	61.6			
医疗保险	已参加	9.5	37.1	53.3	37.419***	2	0.000
	未参加	2.4	28.9	68.7			
失学	在学	9.8	40.6	49.6	110.078***	6	0.000
	中途辍学	4.9	39.0	56.1			
	从未上学	1.4	14.3	84.3			
	毕业未升学	4.5	31.8	63.6			
职业培训	16岁以下跳过	7.9	35.0	57.1	16.208**	4	0.003
	接受过	0.0	85.7	14.3			
	未接受	3.3	28.7	68.0			
使用听力辅具	非听力残疾跳过	7.2	35.5	57.3	7.625^a	4	0.106
	使用	6.8	36.4	56.8			
	不使用	9.3	20.9	69.8			

续表

因素	选项	经常参与 (%)	很少参与 (%)	从不参与 (%)	x^2	df	p
会话交流 效果	非言残跳过	6.5	34.5	59.0	52.979***	8	0.000
	效果很好	33.3	19.0	47.6			
	效果较好	18.1	38.8	43.1			
	效果一般	2.9	34.6	62.4			
	无效果	0.0	20.0	80.0			
政府或 社团 慰问	未受慰问跳过	4.4	28.7	67.0	126.912***	14	0.000
	一次	5.2	40.1	54.7			
	二次	17.1	47.6	35.4			
	三次	26.2	40.5	33.3			
	四次	18.2	45.5	36.4			
	五次	33.3	55.6	11.1			
	六次	33.3	33.3	33.3			
	九次及以上	0.0	100.0	0.0			
社区或村 为残疾人 提供服务	接受过	13.0	51.2	35.8	169.732***	2	0.000
	未接受	3.9	24.6	71.4			
社区法律 宣传	接受过	13.7	46.8	39.5	135.423***	2	0.000
	未接受	3.3	26.9	69.9			
领二代 残疾证	已领	6.1	36.3	57.5	5.898[a]	2	0.052
	未领	9.2	32.0	58.9			

注：*** $p \leqslant 0.001$，** $p \leqslant 0.01$，* $p \leqslant 0.05$，[a] $p \approx 0.1$，下同。

三、中国残疾儿童参与社区文化生活的影响因素

如表5-4所示，回归模型的似然比 x^2 检验结果（$x^2 = 464.991$，d$f = 48$，$p < 0.05$）说明模型有意义。Nagelkerke R^2 值的大小表示模型的解释能力与拟合优度，本模型的 Nagelkerke R^2 值为 0.353，表明本模型的解释能力与拟合优度较好。本模型对于残疾儿童参与社区文化生活的预测准确率达67.8%，说明本模型的自变量对此具有较高的预测准确性。回归分析显示，人口、家庭经济状况、康复、社会支持、社区服务等因素对于中国残疾儿童参与社区文化生活具有显著影响。OR值全称为 Odds Ratio，系某事件和其参照组的发生风险比之间的比值，表示自变量每增加一个单位带来的发生风险比的比例变化。OR值在回归结果表中显示为

Exp（B）的值。下面结合 OR 值具体分析预测因素的影响作用。

表 5-4　中国残疾儿童参与社区文化生活的多元 logistic 回归结果

变量类型	变量名称	组别	经常参与		从不参与	
			B	Exp（B）	B	Exp（B）
人口特征	性别	男	0.445	1.561ᵃ	0.029	1.030
		女（参照组）				
社会保障	领救济	是	0.840	2.317**	0.407	1.503*
		否（参照组）				
	参加医疗保险	是	0.963	2.619*	0.178	1.195
		否（参照组）				
教育培训	残疾儿童失学状况	在学	−0.152	0.859	−1.215	0.297***
		辍学	−0.469	0.626	−0.728	0.483ᵃ
		从未上学	−0.684	0.505	0.796	2.216*
		毕业未升学（参照组）				
	一年内接受过职业技能培训	16 岁以下不填	0.035	1.036	0.521	1.683ᵃ
		是	−16.651	5.87E−08	−1.431	0.239
		否（参照组）				
康复	一年内使用听力辅具	其他类残疾	−0.788	0.455ᵃ	−0.644	0.525*
		是	−1.225	0.294	−0.152	0.859
		否（参照组）				
	言语类残疾会话效果	非言语类残疾或不会话	0.757	2.131ᵃ	0.174	1.189
		无效果	−13.108	2.03E−06	0.135	1.145
		好	3.079	21.746***	0.774	2.168
		较好	1.715	5.555**	0.024	1.024
		一般（参照组）				
社会（社区）环境	一年内政府或社会团体慰问次数	不曾慰问	0.554	1.740ᵃ	0.480	1.616**
		9 次或以上	−18.996	5.63E−09	−16.703	5.57E−08
		2 次	1.015	2.759**	−0.513	0.599*
		3 次	1.080	2.944*	−0.338	0.713
		4 次	0.675	1.964	0.240	1.271
		5 次	1.265	3.543	−2.074	0.126ᵃ
		6 次	1.024	2.785	0.023	1.023
		1 次（参照组）				
	一年内接受社区（村）提供的残疾人服务	接受过	−0.039	0.961	−1.156	0.315***
		未接受过（参照组）				

续表

变量类型	变量名称	组别	经常参与		从不参与	
			B	Exp（B）	B	Exp（B）
社会（社区）环境	法律宣传	接受过	0.644	1.905*	−0.738	0.478***
		未接受过（参照组）				
	领第二代残疾证	已领	−0.820	0.440***	−0.010	0.990
		未领（参照组）				
截距			−3.429		1.552	
对数似然值		1199.222				
卡方值		464.991				
自由度		48				
模型拟合度显著性		0.000				
Nagelkerke R^2		0.353				
预测准确率		67.8%				

注：以很少参加社区文化生活作为参照。

（一）人口特征因素

较之女性残疾儿童，男性残疾儿童经常参与社区文化生活的可能性较大，其 OR 值为 1.561，达显著水平。从人类生活史角度看，女性对自己的生活内圈归属感更强，男性则更倾向于参与公共领域的生活。这种性别差异在两性残疾儿童身上亦有体现。此外，残疾女童总体上比残疾男童更专注于知识学习，对某些文体、娱乐活动投入的时间和精力较少。残疾女童总体较为安静内向，但是她们对所居小区具有熟悉感、归属感，将小区视为自己生活圈的一部分，对于身边的文化生活更加乐于参与。社区可动员文化基础较好的小区并联手各类残疾人协会，提供柔力球健身等动静适宜、便于残健融合的文化生活资源，促进文化权利实现过程中的性别平等。

（二）社会保障因素

首先，以不领救济的残疾儿童作为参照组，领救济的残疾儿童从不参与社区文化生活的 OR 值为 1.503，达显著水平。鉴于很多地市与残疾等级挂钩的救济政策规定，领救济的残疾儿童往往残疾程度较重。此外，领救济的残疾儿童接受随班就读这种融合教育的比例（小学 31.5%、初中 14.0%）低于不领救济者的同类比例（小学 41.7%、初中 17.0%），达显著差异（$x^2 = 32.012$，$\mathrm{df} = 7$，$p < 0.001$）。领救济的残疾儿童的社会融合度较低，影响了他们参与社区文化生活的准备性和积极性。另一方面，领救济的残疾儿童经常参与社区文化生活的 OR 值为 2.317，达显著水平。这可能因为领救济的残疾儿童失学率（41.7%）高于不领救济的残疾儿童（32.1%），达显著差异。有些领救济的残疾儿童因失学而有更多闲暇，可以经常参与社区文化生活。就失学率作为"领救济"与"经常参与"社区文化生活之间的中介因素而言，残疾儿童参与社区文化生活的频率并非越高越好；但是如果在同样失学的情况下，经常参与社区文化生活对于失学残疾儿童的发展是有益的。对于领救济的残疾儿童，政府、社会在干预其经济贫困的同时，还应注意防止其文化贫困。

其次，以未参加医疗保险的残疾儿童为参照组，参加医疗保险的残疾儿童经常参加社区文化生活的 OR 值为 2.619，达显著水平。多种医疗保险的报销范围涵盖了残疾儿童的康复，进而对其接受融合教育也有促进作用。列联表显示：有医疗保险的残疾儿童在普通小学和初中随班就读的比例（44.6%、19.2%）明显高于未参加医疗保险的残疾儿童的随班就读比例（26.1%、9.3%），差异达显著水平（$x^2 = 190.658$，$\mathrm{df} = 7$，$p < 0.001$）。由此可见，医疗保险有助于提升残疾儿童的随班就读可能性与社会融合度，进而促进其参与社区文化活动。

（三）教育培训因素

首先，在"失学状况"因素方面，以（小学、初中）"毕业未升学"的残疾儿童作为参照组，正在上学的残疾儿童从不参加社区文化活动的 OR 值为 0.297，达极其显著的水平。在学残疾儿童总体而言由于在接受（融合式的）学校教育，其社会融合度较好，较少出现从不参加社区文化活动的现象。"辍学"残疾儿童从不参加社区文化活动的 OR 值为 0.483，达到相对显著的水平。辍学类残疾儿童有较多的闲暇，此外年龄总体小于毕业未升学类残疾儿童。后者 86.4% 处于 15～17 岁，已近成年，独立生存的压力增大。从不参加社区文化生活的可能性高于参照组的唯一组别是"从未上学"组，OR 值为 2.216，达显著水平。"从未上学"组 34.8% 处于 6～8 岁年龄段和早期康复阶段，社会性尚未充分生成，而且学校教育促进残疾儿童与社会融合的作用在他们身上尚未得以体现。此外，该组相当一部分是重度残疾儿童，需要他人帮助才能克服信息障碍或进行空间移动；而有些父母对孩子的残疾身份具有羞耻感，不愿孩子在社区露面。这些因素增加了"从未上学"的残疾儿童很少参加社区文化生活的可能性。其次，以一年内未接受过职业技能培训的16～17岁残疾儿童为参照组，16岁以下的残疾儿童从不参加社区文化生活的可能性比较高，OR 值为 1.683，达较显著的水平。后者多为全职学生，课业负担重、闲暇较少，故从不参加社区活动的可能性较高。

（四）康复因素

首先，以一年内未使用辅具的听力残疾儿童作为参照组，非听力类残疾儿童"经常参与"和"从不参与"社区文化生活的可能性均较低（OR 值分别为 0.455、0.525）。听力残疾儿童没有空间移动、智力、视力方面的障碍，其总体"经常参与"社区文化生活的比例（8.5%）高于非听力类残疾儿童"经常参与"的比例（7.2%）。但是，重度听力障碍儿童如康复效果不佳，"从不参与"社区文化生活的可能性会比较高。其次，以言语类残疾儿童中"会话效果一般"的组别为参照组，除"言语康复无效果"组别之外的三个组别经常参与社区文化生活的可能性较大，OR 值分别为 2.131、21.746、5.555，均达显著水平。这说明，无论在言语残疾类别之内还是之外，言语能力对于"经常参与"社区文化生活都有重要的影响。康复可以促进此类残疾儿童言语无障碍，进而提升其经常参与社区文化生活的可能性。

（五）社会支持与社区服务因素

第一，以一年内政府或社会团体"共慰问过 1 次"为参照组，所有有效组别"经常参加"社区文化活动的 OR 值均大于 1，而且零慰问、慰问 2 次和 3 次这三个组别的 OR 值（1.740、2.759、2.944）达显著水平。零慰问组别的残疾儿童大多自身条件较好，经常参加社区活动的可能性较大。得到慰问 2 次和 3 次的残疾儿童随着慰问次数增多，经常参加社区活动的可能性也显著增大。这说明社会支持有助于残疾儿童与社会交往以及参与社区文化生活。另外值得注意的是，"零慰问"组别从不参与社区文化生活的 OR 值为 1.616，达显著差异。这说明，该组别中也有些残疾儿童面临很多困难，但是没有得到慰问等社会支持，增加了其从不参与社区生活的可能性。慰问 2 次和慰问 5 次组从不参加社区文化生活的OR 值（0.599、0.126）皆达到显著水平，说明社会支持总体上能够负向预测残疾儿童从不参加社区文化活动的现象。

第二，以一年内未接受社区（村）服务这一组别为参照组，接受过此类服务的残疾儿童"从不参与"社区文化活动的 OR 值仅为 0.315，达到极其显著的水平。残疾儿童接受的社区服务有一部分就是文化服务，另一部分是康复服务和生产生活服务等。由此可见，社区（村）对残疾儿童的康复服务、生活服务对其参与社区文化服务具有支持作用。

第三，以一年内在社区里未接受过法律宣传的残疾儿童为参照组，接受过法律服务既能够增大残疾儿童"经常参与"社区文化生活的可能性，又能够减少其"从不参与"社区文化生活的可能性（OR 值＝1.905、0.478），均达显著水平。社区法律宣传本身就是一种文化活动；残疾儿童接受了文化权益等方面的法律知识，能够提升其对文化权益意义的理解，增强法律权利主体意识及其维权的主动性。社区法律宣传中，还应"明确公民助残责任，提高全社会尊重残疾人基本权益的意识"[1]，有助于多渠道地提升其社区文化生活参与度。

第四，以未领取第二代残疾证的残疾儿童为参照组，已领证的残疾儿童"经常参与"社区文化活动的 OR 值为 0.440，达显著水平。已领残疾证的儿童总体上残疾程度已定型或比较重，未领残疾证的儿童有一些尚在康复改善与观察期。有些残疾儿童很不情愿地领取了残疾证，认为"领取残疾证很伤自尊"。这些残疾儿童对残疾身份的拒斥感、对社会的疏离感，不利于他们走进人群、参加社区文化生活。

第三节　基于结论的对策思考

基于 2013 年残疾人状况监测数据，分析中国残疾儿童文化权利在社区的实现现状，发现残疾儿童只有 7.3％经常参与社区文化活动，34.6％

---

① 侯晶晶. 推动残疾人文化事业发展 [J]. 光明日报，2012-11-10：9.

很少参与、58.1%从不参与社区文化生活；残疾儿童参与社区文化生活的比例总体较低。多元 logistic 回归分析结果显示，残疾儿童参与社区文化生活的主要影响因素包括其性别、教育、培训与康复状况；社会保障、社会支持、社区服务、法律宣传对残疾儿童参与社区文化生活也有显著影响；领取第二代残疾证对残疾儿童的社区文化生活参与具有负向预测作用。应当综合考虑相关因素来改善残疾儿童的文化权利在社区的实现状况。保障残疾儿童的文化权利，是人道主义伦理学应用于弱势群体尊严维护的重要课题，也是建设公共文化服务体系过程中追寻权利平等的难点问题。很多残疾儿童已然因先天或后天的原因遭遇了生理上的不平等或心智损伤，在精神文化方面的（补偿性）平等对于他们建构有价值、有尊严的存在感具有格外重要的意义。

目前，中国残疾儿童的文化权利在社区的实现程度较低，对残疾儿童的社区文化服务总体处于半自发水平，有待借鉴国内外的先进经验，结合当地实情，做好顶层设计，着眼长远，分步实施，不断优化功能设计、资源开发、社会合作、科学管理，以满足中国公共文化服务体系建设的需要，更好地践行人道主义伦理，保障残疾儿童的文化权利。对于上述影响因素分析中揭示的主要问题，政府、社会、社区、残疾儿童、家庭、志愿者可以形成合力予以应对，提升残疾儿童文化权利在社区的保障水平。

一、重视发挥融合教育对于非教育类文化权利保障的促进作用

较之在学的残疾儿童，"毕业未升学"及"从未上学"两个组别的残疾儿童从不参加社区文化活动的可能性总体较高，其中"从未上学"组别的这种可能性最高。这表明，接受学校教育是保持并发展残疾儿童社会融合度与融合意向的重要方式。对于"从未上学"的残疾儿童，学校教育促进残疾儿童与社会融合的作用在他们身上尚未得以发生。应该通过发展融合教育，尽量减少残疾儿童"从未上学"以及"毕业后未升学"的两类失学现象，从而间接减少其"从不参加"社区文化活动的现象，有效地保障残疾儿童在社区的文化权利。

二、进一步提升社区文化生活的质量、针对性和吸引力

2013 年监测显示，被访的残疾儿童仅有 6.3% 对社区文化生活感到非常满意，说明社区文化生活服务的质量还有一定的提升空间。社区文化生活资源除娱乐性、普及性之外，还应考虑层次性与针对性。面向残疾儿童的社区文化生活应有意识地推介国内外残疾人文化精品。例如，《轮椅上的梦》《病隙随笔》《永不言弃》① 等作品都有益于鼓舞残疾人的自强、自立精神，提升其文化品格。在提升社区文化服务品质的过程中，不应忽视残疾儿童内隐的精神需求。残疾儿童不仅仅在生理功能方面存在代偿的需要；由于社会中个体的差异性，对于残疾的某些负面刻板印象和歧视现象无法完全避免，社区还应重视协助家庭和学校培养残疾儿童精神生活的一些高层级自理能力，包括抵御伤害的心理自愈能力。鉴于外界心理干预的可及性以及残疾儿童自我暴露的意愿都是有限的，遭遇一些伤害时，很可能需要残疾儿童学会以豁达、宽容、自信、希望、耐挫力来进行心理自愈。在残疾人"宣传工作重在向外、文化工作重在向下的工作思路"指引下，进一步提升社区文化服务是可行的②，也是保障残疾儿童的"生活质量权"③ 所需要的。高质量的社区文化生活有益于残疾儿童学习、养成诸种精神文化技能与积极的心理素养。面向残疾儿童的社区文化生活还应该重视信息无障碍建设。"利用信息网络等高新技术推进信息交流无障碍，对提高残疾人的工作学习生活质量、增强他们融入参与社会的能力，具有重要的意义。"④ 一旦能更有效、更全面地满足残疾儿童的精神文化需求，便能吸引更多的残疾儿童及其家人的参与，更有效地保障残疾儿童的文化生活权利。

三、推动残疾人基本文化公共服务的标准化建设

"入户慰问残疾儿童"固然是一种社会支持的表达方式，但毕竟是非

---

① 张海迪. 对生命存在的更多思考——在涅玛特·凯勒穆别托夫新书发布会上的讲话 [J]. 中国残疾人，2012 (6)：22-23.

② 鲁勇. 以改革创新精神推进中国特色残疾人事业发展 [N]. 人民日报，2014-2-10：7.

③ 杨立雄，兰花. 中国残疾人社会保障制度 [M]. 北京：人民出版社，2011：235-236.

④ 吕世明. 信息通信技术：让残疾人信息无障碍 [N]. 人民邮电，2008-5-16：20.

普惠的、非长效的。借助建设残健基本公共服务体系的政策契机，应重视科学筹划，做好顶层设计，明确方略与责任主体，逐步推进。社区（村）应在政府的支持下，推动残疾人基本文化公共服务的标准化建设。"社区文化服务的社会化、文化管理的人性化、文化认同的公共化、文化投入的法定化以及文化评价的公众化是各级政府的职责和义务范畴，是文化体制改革不可或缺的一个重要目标。"① 鉴于此，政府应协调残联、文化、卫生等有关部门，根据已有的法律法规赋予残疾人的权利、政府公文中做出的承诺以及各地的发展水平，制定关于社区为残疾人提供的各项基本公共服务的刚性下限标准和操作指南，以便减少残疾儿童所接受社区公共服务的随意性和区域不平衡性。

四、鼓励高校志愿者为残疾儿童提供社区文化服务

在学的 16 岁以下残疾儿童课业负担重、闲暇少，可以通过优化学习方法和提高学习效率来适当地多参与社区文化生活。社区应更加重视激发高校等社会各界的文化助残活力，社会学、教育学、学前教育、社会工作等专业的大学生、研究生都是可以运用"服务学习"模式为残疾儿童提供社区文化服务的（潜在）志愿者。这既有益于残疾儿童获得学习辅导等专业化、高层次的文化服务，也有益于这些大学生、研究生积累专业上的实践经验。特殊教育、社会工作等专业工作者在职前接触本职业的服务对象，无论对于当下还是未来都有助于更好地保障残疾儿童的文化权利。

有些志愿组织的经验可资借鉴。例如，上海的房金妹女士克服高位截瘫的困难，坚持为残疾人子女兴办了"兴家残疾人子女义务辅导学校"，并得到距家一步之遥的延吉中学免费提供一楼教室的支持，近八年共吸引招募大学生志愿者八千余名，前后安排和组织 41 位教师志愿者无偿集体辅导九百课时，大学生志愿者送教上门五万余次。② 这种社区文化志愿服务取得了很好的效果。

---

① 姚晓肖. 论居民的文化权利在社区的实现 [J]. 科教文汇（下旬刊），2012（3）：196-198.
② 朱佳生. 残疾人子女的义务校长——记兴家残疾人子女义务辅导学校校长房金妹. 徐凤建. 为生命喝彩 [C]. 上海：上海三联书店，2007：269-273.

五、回应不利于文化生活权利保障的康复等环节的主因

应该借助"将医疗康复和训练纳入医疗保险范围的残疾人社会保险制度"①，提升康复覆盖率和社区文化参与度。鉴于听力、言语等类残疾康复对残疾儿童社区文化生活参与状况所产生的影响作用，残联、卫生、教育等部门应逐步帮助更多的残疾儿童参加包含康复特惠报销项目的医疗保险，促进其更好地康复、更多地参与社区文化生活。众所周知，中国提出了2015年实现"残疾人人人享有康复服务"的目标。不过，2013年监测显示，6~17岁残疾儿童多达42.3%未接受过任何康复服务，距离上述康复全覆盖的目标尚有相当的差距。各类医疗保险项目应该扩大残疾儿童的康复报销项目，切实承载促进康复的应然功能，促进其实现文化权利。

发放第二代残疾人证的机构可以更加有效地保障残疾儿童对残疾证所负载的文化福利的知情权。此外，学校、残联、社区等可以通过建设海报栏文化、开座谈会、上门谈心、专业人士提供心理辅导等方式，减少社会上、社区里少数人歧视残疾人的刻板印象，改变一些重度残疾儿童父母的观念，促使其接受人类存在形式多元的事实，同时鼓励残疾儿童接纳自身的残疾身份，平等地看待人我关系，拓宽胸襟，融入社会。此外，可辅以志愿者参与等社会化的工作模式，使得"从未上学"组别的残疾儿童能较多地参与社区文化活动。对于处于就业门槛的16~17岁残疾儿童，社区文化服务中心可结合其就业能力和兴趣，联合培训机构和企业，开展就业中介式的文化活动。此外，社区文化活动可以使用信息无障碍、不完全依赖口语交流的载体，吸纳更多处境不利的残疾儿童参加，减少残疾儿童文化生活权利保障的内部落差。

综上，本章首次运用2013年度全国残疾人状况监测数据对残疾儿童的社区文化生活权利保障进行了实证研究，明确了其影响因素并进行了对策分析，有助于为有效干预提供可靠依据。下面以2013年江苏省残疾人状况监测数据为例对中国残疾成人的社区文化生活权利保障进行分析研究。

---

① 边丽，许家成，郑俭，赵悌尊，肖菊英.国外残疾人康复立法研究［J］.残疾人研究，2012（4）：33—37.

第六章　中国残疾成人文化生活权利的社区实现之研究

　　文化权利是以经济、社会、文化为核心的"第二代人权"的重要内容①。保障残疾公民文化权利的重要性在前文中已做论述。残疾人文化权利的实现相当一部分需要落实在社会的基层组织——社区。"社区服务是满足社区居民公共服务需求的社会福利形式。对残疾人群体的社区服务既有利于促进残疾人群体平等地参与社会生活，也是衡量社会发展水平的重要标志。"② 2013年全国残疾人状况监测将残疾人的社区文化生活作为其生活的社会环境的一个重要方面加以监测，发现"残疾人参与社区文体活动比例较低。2013年度，全国残疾人经常参加社区文化、体育活动的比例仅为 8.2%"③。保障残疾人的文化权利，是人道主义伦理学应用于维护弱势群体尊严的重要课题，也是建设公共文化服务体系过程中追寻权利平等的难点问题。

　　残疾人参与社区文化生活，是其实现社区融合的重要方式之一。社区融合是评估人们是否积极、健康生活的一项重要指标。社区融合倡导残疾人等弱势群体广泛地参与社区生活；根据广泛化法则，实实在在地使用社区设施，享受机构服务，参加社区生活，建立与社区的自然关系。

---

　　① 第一代是公民与政治权利，第二代是经济、社会和文化权利，第三代是随着民族国家的独立运动和第三世界国家的兴起而诞生的"自决权"和"发展权"。详见：艺衡，任珺，杨立青. 文化权利回溯与解读 [M]. 北京：社会科学文献出版社，2005：215-216.

　　② 冯世平，冯学兰. 西北农村残疾人社区服务需求研究. 残疾人研究 [J]. 2012（1）：25-31.

　　③ 陈功，吕庆喆，陈新民.2013年度中国残疾人状况及小康进程分析 [J]. 残疾人研究，2014（2）：86-95.

残疾人参与社区文化生活、实现自身文化权利，有助于避免残疾人陷入"从社区的主流生活中消失，不知晓社区建设方向与自身福利"的"社会性死亡"现象。① 因此，残疾人社区工作的主要内容即应该包括活跃残疾人的文化生活②。

截至目前，至少国内尚未见具体到社区层面的残疾成人文化生活权利保障影响因素的研究成果，仅有少量相关研究可资借鉴。"当前弱势群体在文化权利上面临困境。既有的公共文化服务体系还没有惠及广大弱势群体，当前弱势群体的公共文化消费水平十分低下。个体地位结构因素、区域经济发展水平、社会政策倾斜性配置水平以及无障碍环境是制约残疾人这类弱势群体公共文化消费水平的显著因素。"③ 为了有效扼制残疾人文化权利保障方面已然存在的短板效应，必须重视其文化权利在社区的实现，必须探究其实现文化权利的影响因素。影响残疾成人与残疾青少年文化权利保障的因素很可能不尽相同，有必要对于既有共性、又有特点的这两个亚群体分别进行文化生活权利保障的影响因素研究。鉴于此，本章对中国残疾成人参与社区文化生活的影响因素进行探索性的实证研究。

第一节　研究对象与研究方法

本研究的对象是 18 岁及以上的残疾成人，资料来源为中国残联组织实施的 2013 年度全国残疾人状况监测的江苏省数据。2013 年度监测的主要内容包括残疾人的生存、社区文化生活、康复、教育、就业和社会环境等方面的状况，残疾人状况监测的详情请见本书第二章。本章所用的是江苏省残疾人状况监测的有效成人样本 1547 人。

本研究应用 SPSS 17.0 软件进行一般描述性分析、x^2 检验和多元 logistic 回归分析。本研究以监测问卷中关于残疾成人参与社区文化生活的

---

① 何晓莹，杨福义. 社区工作模式——残障人士阳光之家 [C]. 见张福娟主编：残疾人社会工作案例评析. 上海：华东理工大学出版社，2010：187.

② 卓彩琴. 残疾人社区工作，见卓彩琴、谢泽宪. 残疾人社会工作 [C]. 广州：华南理工大学出版社，2008：120.

③ 胡杨玲，周林刚. 弱势群体公共文化服务体系建设研究——基于残疾人公共文化消费状况的调查 [J]. 经济社会体制比较，2012 (1)：165－171.

题目作为因变量，基于其社区文化参与度分析残疾人文化生活权利在社区的实现状况。鉴于因变量不具方差齐性（Levene's $p<0.05$），本研究使用列联表分析和 x^2 检验，验证残疾成人参与社区文化生活的现状在教育、就业、康复、社会环境等因素上是否存在显著差异，然后将具有显著差异的自变量纳入回归分析模型，采用对于方差齐性无特别要求的多元 logistic 回归分析法[①]来分析这些自变量对残疾人参与社区文化生活的影响作用。

第二节　研究结果

一、残疾成人参与社区文化生活的现状

江苏省 1547 个残疾成人样本中，经常参与社区文化、体育活动的有 158 人，占 10.2%；很少参与社区文化生活的有 808 人，占 52.2%；从不参与社区文化生活的有 581 人，占 37.6%。残疾人"从不参与"社区文化生活的比例（37.6%）已较"2008 年度全国残疾人状况及小康进程监测报告显示"的同类比例 69.8% 有了较大改观。[②] 不过，2013 年成年残疾人"很少"和"从不"参与社区文化生活的比例相加仍在高位，占 89.8%（详见表 6-1）。在残健融合的社会氛围尚在培育之中以及社区文化总体供给短缺的条件下，当前可供残疾人利用的社区文化服务供给总量偏低，残疾人参与社区文化生活的比例总体较低。江苏省成年残疾人经常参与社区文化生活的比例较之全国残疾人的同类比例高 2%，其文化权利的社区实现情况也有待加强。

江苏省各类别残疾成人参与社区文化生活的频率与 x^2 分析显示，视力、听力、肢体残疾成人经常参与社区文化生活的比例（6.4%、9.0%、9.1%）低于总体比例（10.2%）；视力、听力残疾成人从不参与社区文化生活的比例（43.4%、41.7%）高于总体比例（37.6%）且均达显著

①　Brace，N.；Kemp R.；Snelgar，R. SPSS for Psychologists（Third Edition）．　Lawrence Erlbaum Associates，Publishers；London，2006；230，293.

②　程凯．2008 年度全国残疾人状况及小康进程监测报告．郑功成、杨立雄．中国残疾人事业发展报告［C］．北京：人民出版社，2011；43.

差异。由此可见，在总体参与度低的情况下，各类别的残疾之间还具有显著的不平衡性，听力、肢体尤其视力残疾成人参与社区文化生活的状况处于弱中之弱的状态。

表 6-1　残疾成人参与社区文化生活的现状

残疾类别	n	经常参与（%）	很少参与（%）	从不参与（%）	x^2	df	p
所有类别	1547	10.2	52.2	37.6			
视力残疾	297	6.4	50.2	43.4	8.921**	2	0.012
听力残疾	556	9.0	49.3	41.7	6.730*	2	0.035
言语残疾	83	18.1	47.0	34.9	5.925*	2	0.052
肢体残疾	474	9.1	58.4	32.5	10.588**	2	0.005
智力残疾	164	14.6	48.8	36.6	3.974	2	0.137
精神残疾	135	17.8	57.0	25.2	14.969***	2	0.001
多重残疾	140	10.0	54.3	35.7	0.270	2	0.873

注：*** $p \leqslant 0.001$；** $p \approx 0.01$；* $p \approx 0.05$；下同。

二、残疾成人参与社区文化生活自变量的赋值与样本现状

除了残疾类别之外，残疾成人还在表 6-2 和表 6-3 所示的这些因素上具有显著或接近显著的差异。这些自变量的赋值情况与样本现状如下。

表 6-2　残疾成人参与社区文化生活及自变量的赋值与样本现状

变量类型	变量名称	变量赋值与解释	n	%
因变量				
	参与社区 文化生活	经常参与＝1	158	10.2
		很少参与＝2	808	52.2
		从不参与＝3	581	37.6
自变量				
人口特征	年龄分组	18～23 岁＝1	22	1.4
		24～29 岁＝2	39	2.5
		30～35 岁＝3	45	2.9
		36～41 岁＝4	56	3.6
		42～47 岁＝5	141	9.1
		48～53 岁＝6	108	7.0
		54～59 岁＝7	129	8.3
		60 岁及以上＝8	1007	65.1

续表

变量类型	变量名称	变量赋值与解释	n	%
就业因素	未就业原因	就业者跳过＝－1	436	28.2
		在校学生＝1	2	0.1
		离退休＝2	231	14.9
		料理家务＝3	237	15.3
		无劳动能力＝4	474	30.6
		毕业后未工作＝5	1	0.1
		因单位原因失去原工作＝6	4	0.3
		因本人原因失去原工作＝7	22	1.4
		承包土地被征用＝8	13	0.8
		其他原因未就业＝9	127	8.2
无障碍设施	无障碍满意度	非城镇人口跳过＝－1	1218	78.7
		非常满意＝1	98	6.3
		满意＝2	231	14.9
		一般＝3	0	0
		不满意＝4	0	0
社区服务	教育文化服务	未接受任何社区服务＝－1	206	13.3
		未接受教育文化服务＝1	1243	80.3
		接受过教育文化服务＝2	98	6.3
	知识普及服务	未接受任何社区服务＝－1	206	13.3
		未接受知识普及＝1	174	11.2
		接受过知识普及＝5	1167	75.4
	法律宣传服务	参加过＝1	931	60.2
		未参加过＝2	616	39.8
康复因素	康复治训	未接受＝1	814	52.6
		接受过＝2	733	47.4
	心理疏导	未接受＝1	1069	69.1
		接受过＝2	478	30.9
	使用视力辅具效果	非视力类残疾跳过＝－1	1472	95.2
		效果好＝1	11	0.7
		效果较好＝2	33	2.1
		效果一般＝3	31	2.0
		无效果＝4	0	0

续表

变量类型	变量名称	变量赋值与解释	n	%
康复因素	言语残疾者会话效果	非言残或言残不进行会话交流者跳过＝－1	1479	95.6
		效果好＝1	3	0.2
		较好＝2	27	1.7
		一般＝3	38	2.5
		无效果＝4	0	0
	肢体辅具效果	非肢残或肢残不用辅具跳过＝－1	1327	85.8
		效果好＝1	62	4.0
		较好＝2	99	6.4
		一般＝3	59	3.8
		无效果＝4	0	0

注：$N=1547$，下同。

表6-3 残疾成人参与社区文化生活和相关因素列联表

因素	选项	经常参与（%）	很少参与（%）	从不参与（%）	x^2	df	p
年龄	18～23岁	9.1	72.7	18.2	229.870***	14	0.000
	24～29岁	0.0	20.5	79.5			
	30～35岁	4.4	68.9	26.7			
	36～41岁	58.9	33.9	7.1			
	42～47岁	17.0	61.0	22.0			
	48～53岁	9.3	61.1	29.6			
	54～59岁	8.5	38.0	53.5			
	60岁及以上	7.5	52.9	39.5			
未就业原因	就业者跳过	11.9	49.1	39.0	6.011[a]	18	0.100
	在校学生	50.0	50.0	0.0			
	离退休	9.1	52.4	38.5			
	料理家务	8.4	55.3	36.3			
	无劳动能力	8.6	52.1	39.2			
	毕业后未就业	0.0	100.0	0.0			
	因单位原因失去原工作	0.0	50.0	50.0			
	因本人原因失去原工作	0.0	77.3	22.7			
	承包土地被征用	7.7	69.2	23.1			
	其他原因	10.2	52.2	37.6			

续表

因素	选项	经常参与（%）	很少参与（%）	从不参与（%）	x^2	df	p
无障碍满意度	非城镇跳过	9.7	53.2	37.1	6.451^b	4	0.168
	非常满意	16.3	50.0	33.7			
	满意	10.4	48.1	41.6			
社区文化教育服务	未接受任何社区服务	0.5	27.2	72.3	264.170^{***}	4	0.000
	未接受社区教育服务	9.0	57.1	33.9			
	接受了社区教育服务	45.9	42.9	11.2			
社区知识普及	未接受任何社区服务	0.5	27.2	72.3	158.173^{***}	4	0.000
	未接受社区知识服务	4.6	45.4	50.0			
	接受过社区知识服务	12.8	57.7	29.6			
参加法律宣传	参加过	12.8	62.8	24.4	173.504^{***}	2	0.000
	未参加过	6.3	36.2	57.5			
心理疏导	未接受	8.4	49.3	42.3	37.173^{***}	2	0.000
	接受过	14.2	58.8	27.0			
使用视力辅具效果	非视力类残疾跳过	10.6	52.4	37.0	17.291^{**}	6	0.008
	非常好	0.0	54.5	45.5			
	较好	3.0	66.7	30.3			
	一般	3.2	29.0	67.7			
言残会话效果	非言残或言残不进行会话交流者跳过	10.5	52.5	37.1	16.224^{**}	6	0.013
	效果很好	0.0	66.7	33.3			
	效果较好	7.4	66.7	25.9			
	效果一般	2.6	31.6	65.8			
肢残辅具效果	非肢残或肢残不用辅具跳过	10.6	52.4	37.1	10.658^a	6	0.100
	效果很好	8.1	45.2	46.8			
	效果较好	12.1	56.6	31.3			
	效果一般	1.7	49.2	49.2			

注：^{a} $p \leqslant 0.1$，下同；^{b} $p \leqslant 0.2$，无障碍设施满意度、康复治训这两个因素的卡方分析显示其差异性接近显著；回归分析显示，这两个因素对残疾人参与社区文化生活具有预测作用，故保留。

三、残疾成人参与社区文化生活的影响因素

如表 6-4 所示,回归模型的似然比 x^2 检验结果 ($x^2 = 570.908$, $df = 66$, $p < 0.001$) 说明模型有意义;Nagelkerke R^2 值的大小表示模型的解释能力与拟合优度,本模型的 Nagelkerke R^2 值为 0.364,表明本模型的解释能力与拟合优度较好。本模型对于残疾成人社区文化参与的预测准确率达 67.9%,说明本模型的自变量对于残疾成人社区文化参与具有较高的预测准确性。回归分析显示,年龄、未工作的原因、城镇所居社区的无障碍设施满意度、康复、社区服务等因素对中国残疾成人参与社区文化生活具有显著影响。具体分析如下。

表 6-4　残疾人参与社区文化生活的多元 logistic 回归结果

变量类型	变量名称	组别	经常参与		从不参与	
			B	Exp（B）	B	Exp（B）
人口特征	年龄	18~23 岁	−0.528	0.590	−2.206	0.110***
		24~29 岁	−14.982	3.12E−07	0.393	1.482
		30~35 岁	−0.947	0.388	−1.737	0.176***
		36~41 岁	0.750	2.116	0.227	1.255
		42~47 岁	0.249	1.283	−0.207	0.813
		48~53 岁	−0.044	0.957	−0.059	0.943
		54~59 岁	0.319	1.375	0.661	1.937**
		60 岁及以上（参照组）				
就业因素	未就业的原因	就业者跳过	−0.630	0.532*	0.397	1.488a
		在校学生	1.846	6.338	−20.152	1.77E−09
		离退休	−0.715	0.489a	0.342	1.408
		料理家务	−0.939	0.391*	0.182	1.200
		无劳动能力	−0.805	0.447*	0.289	1.335
		毕业后未工作	−15.630	1.63E−07	−19.446	3.58E−0.9
		因原单位原因失业	−16.746	5.34E−08	0.609	1.838
		因本人原因失业	−17.515	2.47E−08	−0.971	0.379a
		承包土地被征用	−1.664	0.189	−0.080	0.924
		其他原因（参照组）				

续表

变量类型	变量名称	组别	经常参与		从不参与	
			B	Exp（B）	B	Exp（B）
城镇无障碍设施	无障碍满意度	非城镇	−0.137	0.872	−0.565	0.568***
		无障碍非常满意	0.580	1.785	−0.819	0.441**
		无障碍设施满意（参照组）				
社区服务	社区教育文化服务	无任何社区服务	−3.958	0.019***	2.486	12.012***
		有社区的其他服务	−1.710	0.181***	0.912	2.489ª
		有社区教育文化服务（参照组）				
	社区知识普及	无社区知识普及服务	−0.529	0.589	1.408	4.090***
		有社区知识普及服务（参照组）				
	参加法律宣传	参加过法律宣传	−0.009	0.991	−1.241	0.289***
		未参加社区法律宣传（参照组）				
康复因素	接受康复治训	未接受康复治训	0.028	1.029	−0.372	0.690**
		接受过康复治训（参照组）				
	接受心理疏导	未接受心理疏导	−0.568	0.567**	0.743	2.101***
		接受过心理疏导（参照组）				
	视力辅具效果	不使用视力辅具	0.262	1.299	−1.186	0.305**
		效果很好	−16.311	8.24E−08	−0.258	0.773
		效果好	−1.136	0.321	−1.290	0.275*
		效果一般（参照组）				
	言残会话效果	不属此类或不会话	0.803	2.233	−1.316	0.268***
		效果很好	−15.839	0.000	−1.969	0.140
		效果好	−0.091	0.913	−1.816	0.163**
		效果一般（参照组）				
	肢残辅具效果	不用肢残辅具	2.058	7.831*	−0.754	0.470*
		效果很好	1.805	6.081ª	0.347	1.415
		效果好	1.980	7.242ª	−0.647	0.524ª
		效果一般（参照组）				

续表

变量类型	变量名称	组别	经常参与		从不参与	
			B	Exp（B）	B	Exp（B）
截距			−2.061		2.110	
对数似然值		1490.917				
卡方值		570.908				
自由度		66				
模型拟合度显著性		0.000				
Nagelkerke R^2		0.364				
预测准确率		67.9%				

注：很少参加社区文化生活组别作为参照组。

以 60 岁及以上的残疾人为参照组，18～23 岁和 30～35 岁两个组别的残疾人"从不参与"社区文化生活的可能性较低，其 OR 值分别为 0.110、0.176，皆达极其显著的水平，说明这两个年龄组别比较积极地参加社区文化生活。54～59 岁的残疾人"从不参与"社区文化生活的可能性较高，OR 值为 1.937，达显著水平。54～59 岁的残疾人身体机能开始比较明显地衰退，这会影响他们参加公共生活；60 岁以上的残疾人在身心方面适应了老年生活，较 54～59 岁的残疾人组别，从不参与社区生活的可能性有所回落，但是从不参与的可能性总体上仍然处于高位。

以"由于其他原因未就业"的残疾成年人为参照组，就业的残疾成人"经常参与"社区文化活动的 OR 值为 0.532，达显著水平。就业者经常参与社区文体活动的可能性较低，与他们闲暇时间较少应该有关系。未工作的残疾成人的第三、第四类，即料理家务组和无劳动能力组，"经常参与"社区文化活动的 OR 值为 0.391、0.447，亦均达显著水平。料理家务者经常参加社区文化活动的可能性较低，主要因为闲暇较少，具有家庭内卷的生活观；对社会的疏离感，妨碍其走进人群、参加社区文化生活。无劳动能力的残疾人则主要因为残疾程度较重，需要有人帮助才能进行空间移动或克服信息障碍；自卑心理重，对残疾身份具有羞耻感，担心走出家门会遭受外界的冷遇，社会融合度低。

以对城镇社区无障碍设施感到"满意"的残疾人为参照组，非城镇残疾人"从不参与"社区文化生活的可能性降低，OR 值为 0.568，达极其显著水平。在本研究的样本中，农村残疾成人的就业率（15.9%）低于城镇残疾成人的同类比例（18.6%），其就业率在户口维度上具有较显著的差异（$x^2=4.734$，$df=2$，$p=0.094$①），因此农村残疾成人的闲暇较多；且农村总体上是熟人社会，农村邻里之间人际关系较密切，低层住所又便于行动困难者出门参加村里的文化活动，农村在社区之外的文化生活渠道较少，这些原因都有助于减少农村残疾人"从不参与"社区文化生活的可能性。② 对社区无障碍设施感到"非常满意"的城镇残疾成年人"从不参与"社区文化生活的 OR 值为 0.441，达显著水平，说明良好的无障碍环境有助于残疾人参与社区文化活动。

关于社区服务，有三方面因素值得注意。首先，以一年内接受过社区教育文化服务的残疾成人为参照组，未接受任何社区服务的残疾人"经常参与"社区文化服务的可能性低（OR=0.019），而"从不参与"的可能性高（OR=12.012），皆达极其显著的水平，说明社区文化服务供给量对残疾人参与社会文化生活具有显著影响。曾接受社区文教之外服务的残疾人"经常参与"社会社区文化服务的可能性较低（OR=0.181），而"从不参与"社区文化服务的可能性较高（OR=2.489），皆达显著或较显著水平。其次，以一年内社区有过知识普及服务的残疾成年人为参照组，一年内社区未提供过知识普及服务的残疾人"从不参与"社区文化活动的可能性较高，OR 值为 4.090，达极其显著的水平。最后，以一年内未参加社区法律宣传的残疾人为参照组，参加过法律宣传的残疾人"从不参与"社区文化服务与文化生活的可能性较低，OR 值为 0.289，达极其显著的水平。

关于康复服务，有两个层面五个具体因素值得注意。首先，整体地看，近一年内接受过康复治疗训练和心理疏导是两个有效的影响因素。

---

① 自由度为 2、显著值为 0.1 时的卡方临界值为 4.61。4.734>4.61，0.094<0.1，在 $p<0.1$ 的水平卡卡方检验通过。

② 本研究者另外根据农业/非农业户口因素对残疾成人和其社区文化生活参与频率进行了列联分析，结果显示：持农业户口的残疾成人经常参加社区文化的比例（10.5%）高于持非农业户口的残疾成人的同类比例（9.0%）；而持农业户口的残疾成人从不参加社区文化的比例（36.4%）低于非农业户口残疾成人的同类比例（41.9%），未达显著差异。这和城镇/非城镇残疾成人参加社区文化生活的频率列联分析结果既有联系，也有区别，因为有些持农业户口的残疾成人实际上生活在城镇。对于本研究而言，实际居住地比户籍更有研究价值。

以近一年内接受过康复治训为参照组，近一年内未接受康复治训组"从不参与"社区文化服务的可能性较低，OR 值为 0.690，达显著水平。后者总体上已度过了急性康复期或者近一年内没有迫切的康复需要，因此从不参加社区文化生活的可能性较小。以近一年内接受过心理疏导为参照组，近一年内未接受心理疏导组"经常参与"社区文化生活的可能性较低，OR 值为 0.567，而"从不参与"社区生活的可能性较高，OR 值为 2.101，皆达极其显著的水平。换言之，近一年内接受过心理疏导的残疾成人感受到自身的心理健康需要并寻求了专业指导来应对，心理健康需要得到及时的应对提升了其参加社区文化生活的可能性。其次，分类别地看，视力、言语、肢体类残疾人的康复辅具使用效果对其社区文化参与显示为有效的影响因素。第一，以视力辅具使用"效果一般"的残疾人为参照组，不使用视力辅助器具的残疾人（他们大多为非视力类残疾人）"从不参与"社区文化服务的可能性较低，OR 值为 0.305，达显著水平。视力辅具使用效果较好的残疾人"从不参与"社区文化服务活动的可能性也较低，OR 值为 0.275，达显著水平。这说明视力障碍程度重以及效果不理想的康复器具对社区文化活动的参与具有负向的预测作用。与回归分析形成印证的是：列联表分析显示，视力残疾人"经常参与"社区文化生活的比例低于残疾人的总体参与度（10.2%）；视力残疾人"从不参与"社区文化生活的比例（43.4%）高于总体比例（37.6%），且均达显著差异。第二，以言语残疾类会话交流"效果一般"为参照组，由非言语类残疾人（1401 人）以及不用会话进行交流的言语残疾人（78 人）构成的"其他跳过"组别"从不参与"社区文化活动的可能性较低，OR 值为 0.268，达极其显著的水平。言语残疾类会话交流"效果好"的残疾人"从不参与"社区文化生活的可能性较低，OR 值为 0.163，达显著水平。第三，以使用肢体类辅具"效果一般"的残疾人为参照组，不使用肢体辅具的残疾人"经常参与"社区文化活动的可能性较高，OR 值为 7.831，而"从不参与"社区文化活动的可能性较低，OR 值为 0.470，皆达显著水平。使用肢体辅具"效果很好"和"效果好"的两个组别的肢体残疾人"经常参与"社区文化活动的可能性也较高，OR 值分别为 6.081 和 7.242，皆达较显著水平。辅具使用"效果好"组别的肢体残疾人"从不参与"社区文化活动的可能性较低，OR 值为 0.524，达较显著水平。

第三节　基于结论的对策思考

基于 2013 年全国残疾人状况监测的江苏省数据进行现状分析，结果表明：10.2％的江苏省残疾成人"经常参与"社区文化生活，比全国残疾人的同类参与度高 2％；52.2％的江苏省残疾人很少参与社区文化生活；37.6％从不参与社区文化生活。多元 logisitc 回归分析结果显示，残疾成人参与社区文化生活的主要影响因素包括如下五方面：①残疾人的年龄是有影响作用的人口因素。较之 60 岁及以上的残疾人，54～59 岁的残疾人"从不参与"社区文化生活的可能性较高。②在未就业原因方面，以"其他原因导致未就业"为参照，料理家务组和无劳动能力的未就业残疾成人"经常参与"社区文化活动的可能性低。③城镇社区无障碍设施满意度亦为影响因素。以对居住地的城镇社区无障碍设施感到"满意"的残疾人为参照，非城镇残疾人以及对社区无障碍设施感到"非常满意"的城镇残疾成人"从不参与"社区文化生活的可能性低。④教育文化、知识普及、法律宣传方面的社区服务对残疾人参与社区文化生活亦影响显著。一年内未接受任何社区服务的残疾人"经常参与"社区文化服务的可能性低，而"从不参与"的可能性高；参加过法律宣传的残疾人"从不参与"社区文化服务文化生活的可能性较低；提供教育文化、知识普及类的社区服务内容总体上有助于正向预测残疾成人参与社区文化生活的状况。⑤残疾人身心康复状况、视力与肢体辅具使用效果以及言语残疾人使用会话交流的效果也显著地影响残疾人参与社区文化生活。以近一年内接受过康复治训为参照组，近一年内未接受组"从不参与"社区文化服务的可能性较低；以近一年内接受过心理疏导为参照组，一年内未接受心理疏导组"经常参与"社区文化生活的可能性较低；视力障碍程度重以及使用视力类康复器具效果不理想对残疾成人参与社区文化活动具有负向预测作用；言语残疾类会话"效果好"的残疾人"从不参与"社区文化生活的可能性较低；不使用肢体辅具的残疾人"经常参与"社区文化活动的可能性较高，而"从不参与"社区文化活动的可能性较低；辅具使用效果好的肢体残疾人组别"从不参与"社区文化活动的可能性较低。

上述影响因素分析揭示的主要问题背后固然存在经济社会的发展水平等宏观原因。有研究从宏观视角提过对策"要确保弱势群体的文化权利，政府必须加大公共文化服务资源向弱势群体倾斜性配置，构建专业化、社会化的服务供给模式，坚持服务为本的逻辑，构建弱势群体的参与机制"①。同时，残联、社区、残疾人自身、家庭、志愿者如果形成合力应对其他中观、微观的影响因素，不仅与社会化的残疾人工作取向相吻合，而且将更有助于提升残疾人的文化权利在社区的保障水平，进一步推动宏观环境的改善。

一、以公共服务标准化建设促进各年龄段残疾人的文化权利平等

54～59 岁的残疾人处于生命周期的转折阶段，是文化权利保障情况最薄弱的残疾成人群体，需要得到社会的支持，才能较好地实现自己的文化权利。面对不同年龄层次残疾人的文化需求特点，社区（村）应在政府的支持下，推动残疾人基本公共服务的标准化建设。有研究从宏观视角提过对策："各级政府应依循公益性、公平性和公共参与性等原则，逐步建立起'结构合理、发展平衡、网络齐全、产品丰富、运营高效、服务优质、覆盖全社会'的公共文化服务体系，切实保障和实现广大人民群众的基本文化权利。"② 具体到确保弱势群体的文化权利，"政府必须加大公共文化服务资源向弱势群体倾斜性配置，构建专业化、社会化的服务供给模式，坚持服务为本的逻辑，构建弱势群体的参与机制"③。政府可以协调有关部门，根据已有的法律法规赋予残疾人的权利以及各地的发展水平，制定社区为残疾人提供基本公共服务的刚性下限标准和操作指南，以减少残疾成人所接受社区公共服务的随意性和在年龄维度上的不平衡性。

---

① 胡杨玲，周林刚．弱势群体公共文化服务体系建设研究——基于残疾人公共文化消费状况的调查 ［J］．经济社会体制比较，2012（1）：165－171.

② 曹爱军，杨平．公共文化服务的理论与实践 ［M］．北京：科学出版社，2011：69.

③ 胡杨玲，周林刚．弱势群体公共文化服务体系建设研究——基于残疾人公共文化消费状况的调查 ［J］．经济社会体制比较，2012（1）：165－171.

二、开发文化与人力资源以帮扶最弱势者参与社区文化生活

无劳动能力组中有些人残疾程度重，属弱势中的弱势，需要发动家庭内外的志愿者协助其解决行动障碍、交流障碍等问题，参与社区文化活动；另外需要通过谈心等方式，淡化其自卑心理，帮助其走出家门，增加社会融合度，丰富精神生活，实现文化权利。对于平日料理家务的未就业残疾人，可以从探讨生活技能等令其感兴趣、有共同语言的主题入手，吸引他们走出家门。

三、协调文体活动的时间以防止城镇残疾人的相对文化贫困

从城镇和非城镇残疾人的社区文化生活参与状况的对比来看，需要重视防止城镇残疾人的社区文化相对贫困现象的发生。城镇社区应有意识地把一些文化活动安排在节假日，以使有些残疾人不会由于时间冲突而无法参加社区文化活动。此外，鉴于城镇社区无障碍设施对于残疾人文化生活权利保障的影响作用，残联、社区等宜更加重视残疾人生活圈的无障碍设施建设与改造。

四、提升法律宣传等社区服务的供给质量

社区法律宣传不仅有助于残疾人了解文化权益等方面的法律知识，还能够提升其对文化权利意义的理解，增强法律权利的主体意识，从而有助于提升其社区文化生活参与度。社区法律宣传中，还应"明确公民的助残责任，提高全社会尊重残疾人基本权益的意识"[①]。目前，中国社区的残疾人法律宣传等文化服务供给总体处于半自发水平，有待借鉴国内外的先进经验，结合本地实情，做好顶层设计，着眼长远，分步落实，不断优化功能设计、资源开发、社会合作、科学管理，以满足中国公共文化服务体系建设的需要，更好地保障残疾人的文化生活等权利。

---

① 侯晶晶. 推动残疾人文化事业发展［N］. 光明日报，2012-11-10.

五、理性看待身心康复促进残疾成人文化权利保障的作用与阈限

康复治疗和心理疏导虽然占用了残疾人一定的时间和精力，但有益于调节其身心状况，长期看来都有助于其参加社区文化生活。关于辅具及其使用效果的分类研究显示，视力、言语、肢体残疾人对社区文化生活的参与度较之于残疾人的总体参与度显著偏低；如果辅具使用效果不佳，总体上不利于以上类别的残疾人参与社区文化生活。鉴于此，一方面，各级卫生、保险、残联等部门以及残疾人自身应重视康复与辅具适配。"为广大残疾人提供辅助器具适配服务，是帮助他们补偿功能、改善状况、提高生活自理能力的重要手段。残疾人辅助器具服务工作是中国残疾人事业的重要组成部分。"① 另一方面，由于残疾成人总体上已经过了康复关键期以及有些辅具的性能还有待提升，康复能起到的客观效果终归还是有限度的。社区应该认真回应残疾人的特殊需要，例如，做好无障碍设施的建设、改造与维护工作；还可以联合各类残疾人协会，开发适应各类残疾人的文化生活资源，包括以信息无障碍形式呈现的文化资源等。

本章首次运用 2013 年度全国残疾人状况监测的江苏省数据对残疾成人的文化生活权利在社区的保障现状进行了专题实证研究，明确了残疾成人社区文化参与的影响因素，并进行了具有针对性和科学性的对策研究，有助于为有效干预提供可靠依据，以便更好地保障残疾人的文化权利以及破解建设公共文化服务体系过程中追寻权利平等的难点问题。此部分成果的结论表明，残疾成人在社区层面保障文化生活权利的影响因素与残疾儿童存在着较大的区别，印证了对于成年与未成年残疾人分别进行文化权利保障研究的必要性。至此，本成果完成了对残疾人的受教育权、受培训权和文化生活权利保障的实证研究。下面对残疾人娱乐休闲权利这一相对非基础权利的保障状况进行案例研究。

---

① 孙先德. 构建辅助器具适配服务体系 推动残疾人事业全面发展 [J]. 中国康复理论与实践，2012（11）：1001—1003.

第七章 残疾人休闲娱乐权利保障之案例研究

　　作为残疾人文化权利的下位概念，残疾人休闲娱乐权利包括休闲、娱乐、参加体育活动等子权利，它们在中国制订的或作为缔约国签署的相关法律文本中得到了确认。联合国《残疾人权利公约》第三十条题为"参与文化生活、娱乐、休闲和体育活动"中的内容包括："缔约国确认残疾人有权在与其他人平等的基础上参与文化生活，并应当采取一切适当措施，确保残疾人进出文化表演或文化服务场所，……并尽可能地可以进出在本国文化中具有重要意义的纪念地；……为了使残疾人能够在与其他人平等的基础上参加娱乐、休闲和体育活动，缔约国应当采取适当措施，……鼓励和促进残疾人尽可能充分地参加各级主流体育活动；确保残疾人有机会组织、发展和参加残疾人的专项体育、娱乐活动；确保残疾人可以使用体育、娱乐和旅游场所；确保残疾儿童享有与其他儿童一样的平等机会参加游戏、娱乐和休闲以及体育活动，包括在学校系统参加这类活动；确保残疾人可以获得娱乐、旅游、休闲和体育活动的组织人提供的服务。"

　　《残疾人保障法》也有丰富的内容关涉保障残疾人的休闲、娱乐、体育活动等文化生活权利。例如，《残疾人保障法》第五章"文化生活"第四十　条明确指出："国家保障残疾人享有平等参与文化生活的权利。各级人民政府和有关部门鼓励、帮助残疾人参加各种文化、体育、娱乐活动，积极创造条件，丰富残疾人精神文化生活。"第四十二条指出："残疾人文化、体育、娱乐活动应当面向基层，融于社会公共文化生活，适应各类残疾人的不同特点和需要，使残疾人广泛参与。"第四十三条指出：

"政府和社会采取下列措施，丰富残疾人的精神文化生活……组织和扶持残疾人开展群众性文化、体育、娱乐活动，举办特殊艺术演出和残疾人体育运动会，参加国际性比赛和交流；文化、体育、娱乐和其他公共活动场所，为残疾人提供方便和照顾。有计划地兴办残疾人活动场所。"第四十五条指出："政府和社会促进残疾人与其他公民之间的相互理解和交流，宣传残疾人事业和扶助残疾人的事迹，弘扬残疾人自强不息的精神，倡导团结、友爱、互助的社会风尚。"

相对于受教育权，残疾人实现休闲娱乐权利的条件性相对较强、门槛较高。一些残疾人尚未完全解决生计问题，物质生活还低于当地的贫困线，在保障、落实娱乐休闲权利方面力不从心。除了与残疾人受教育权利、就业权利保障状况相关的经济能力之外，旅行社等机构以及景点的设施与信息服务的无障碍水平，残疾人身心的康复状况，喜静或喜动的不同取向以及文化鉴赏力、行动力等，对于残疾人享有休闲娱乐权利也具有影响作用。

某市残疾青年协会（以下简称残青协会）负责人在一次会议上交流发言时说[①]：该协会对该市残疾青年的需求调研表明，旅游等文化休闲活动是这个群体目前最为渴求而较难达成之事。该市是经济相对富足、文化发达的省会城市，残疾青年又是残疾人中相对有知识、有活力的一个亚群体。该市残青协会的调研结果印证了笔者进行的相关观察与访谈，从另一个角度折射出：相对于受教育权等基本文化权利的保障情况，中国残疾人文化娱乐休闲权利的落实总体上处于初级阶段。与此相关的一个现象是，对于中国残疾人娱乐休闲的专题研究基本尚处空白状态。

本书第五章和第六章研究的是包括娱乐、体育、教育、知识普及、法律宣传活动等在内的残疾人文化生活权利在社区的实现现状及其影响因素。那两个实证研究都基于 2013 年全国残疾人状况监测中关于社区文化服务的若干题项，监测题项着眼于社区公共文化服务的数量、质量以及残疾人的参与度。中国残联组织实施的全国残疾人状况监测关注公共文化服务的质与量以及在社区层面的权利保障状况，这符合《中华人民

---

① 发言场合为中国肢体残疾人协会 2014 年 8 月于大连举办的肢残青年骨干培训会议。

共和国残疾人保障法》中"残疾人文化、体育、娱乐活动应当面向基层，融于社会公共文化生活"所包含的原则，监测的调查设计是适切的。

残疾人的娱乐、休闲、体育等方面的权利保障一部分是基于公共服务的，另一部分是半公共、非公共或比较个别化的。后一类别在一定程度上也与包括无障碍水平在内的整个社会环境以及残疾人自身受教育等其他文化权利的保障情况密切相关。但是，相对而言，后一类别并不直接接受公共文化娱乐休闲服务，因此没有被纳入全国范围的残疾人监测问卷调查中，也无从据此做量化研究。

本章节的前两章所研究的社区公共服务向残疾人提供的休闲娱乐服务具有大众化、普及化的特色。在公共服务之外，还有些残疾人个体、团队根据自身兴趣爱好以及闲暇、财力、身体状况、心理需求等条件自行组织残疾人的休闲娱乐活动。这是残疾人实现自身文化权利的另一种方式。鉴于后者亦为残疾人文化权利保障的重要内容，本章中主要用案例分析法对残疾人个性化、非公共的休闲娱乐权利的落实情况进行研究，作为对量化研究的具体、鲜活的补充。

在非公共的残疾人休闲娱乐活动中，组织和参与的主体往往是残疾成人。总体上，残疾成人不像残疾儿童那样有较强的未完成性。一些残疾成人的主体性已充分发展起来，他们可以更积极主动地保障和实现自身的文化权利，包括文化创造权、休闲娱乐权等比较高端的文化权利，体现出筹划过程主体性强、实施过程计划性强、权利保障高端化等特点。本章中的前两个案例研究即鲜明地体现了残疾人非公共的娱乐休闲权利保障的以上特色。此外，总体而言，各方联动对于残疾成人的休闲娱乐权利保障也是非常重要的条件。本章在残疾人个体、团队、群体三个层面上考察残疾人实现休闲娱乐权利的现状，并呈现笔者的思考。

第一节　残疾人个体实现文化娱乐权利的个案研究

旅游是一种非常重要的关涉自我开发、包含娱乐因素的休闲表现形式。[1]

---

[1]　陈来成. 休闲学 [M]. 广州：中山大学出版社，2009：91—92.

有些残疾人个体高质量地进行旅游等休闲娱乐，对于鼓励身边的残疾人更多地参与休闲娱乐等文化活动、实现自身文化权利，起到了示范引领作用。本案例研究择定的案主便是这样一位"行走"四方、充满休闲文化正能量的人。

一、案例描述：轮椅前不断延展的地平线

本研究者与李一平女士①相识相知 17 年。虽然李女士的年龄近乎笔者的母亲，但她完全没有年长者的架势，她的幽默、随和与亲切使笔者对她一直以"李大姐"相称。

李女士是一位肢体残疾人，短途借助拐杖行走，长途需要轮椅；本科学历，六旬出头，体力充沛，性格开朗，富于团队精神，六年前从某省级金融单位退休。近年来，轮椅前不断延展的地平线见证了李女士实现自身休闲娱乐权利的雄心与韬略。虽然她幼年由于小儿麻痹失去了奔跑的能力，但这未能妨碍她不断地开发精彩人生，实现自身在休闲娱乐和文化创造等方面的文化权利。

20 世纪 60 年代，童年的李女士曾随父母在苏北农村"下放"多年。早慧的她，上小学之前就认识了母亲放在空饼干筒里的上千张汉字卡片，八岁就读上了《野火春风斗古城》等长篇小说。从小学到高中毕业，李女士都在普通学校随班就读，接受融合教育，与老师、同学们相处融洽愉快。李女士把学习生活与阅读、思考相结合，修炼出了审视人生、开拓人生的开阔视角和独特胸襟，养成了柔韧的性格。通过全国高等教育自学考试，李女士成为江苏省最早获得高考教育学历的残疾人之一。

扎实的专业英语水平和金融工作能力是她事业的支点。凭借过硬的业务素养，她在某银行国际结算部的岗位上屡建优秀业绩，而豁达幽默的性格又使她成为很多同事充满喜感的朋友。看着李女士整天在办公室里笑呵呵地忙碌于结算实务，同事们却忽然有一日看到商务部指定的国际结算培训教材封面上赫然印着一位熟悉的第一作者姓名，都大呼"不敢相信"！

李女士行万里路，这与她读万卷书以及她的著书经历是密切相连的。

①　文中介绍其全名和穷游网网名"枯藤"，均已征得李一平女士的同意。行文中主要以"李女士"相称。

她作为骨干编著的培训教材问世之后，学养深厚、口齿伶俐的李女士成为该教材的理想讲授者。此时恰逢她退休，成为时间富裕者，她应多省市社会培训机构的慕名邀约，去外地讲学授课。李女士在学员们敬佩的目光中，结合精心准备的课件，高水平地培训了一批批金融结算人才。授课之后，她犒劳自己，在四川、内蒙古等地旅游观光，由此揭开了她行万里路的序幕。

李女士善于进行顶层设计、行动力强、做事追求极致的特点在她实现休闲娱乐权利的过程中也体现无遗。她的顶层设计是退休后游遍五大洲。仅欧洲，她就设计了以欧洲近现代文明发展为线索，由西欧向中欧推进的路线。她第三次欧洲自助游的目的地是英国。行前，她同样详尽地规划旅程，上网预订性价比奇佳的机票、旅店，在网上设计每天的旅游行程并租车，当然还有在最佳时间点换取外汇，无一不由她亲力亲为。在国外旅游期间，李女士以自己的英语技能为团队代言，为其他成员提供日常的志愿服务。最为经济的组合是四人同行，另外的三位同行者堪称最幸福"驴友"。这些"驴友"除了她的先生，其他几位往往比较"另类"，都是七旬以上人士。英国之旅（以及后来的新西兰之旅）虽有众多熟人踊跃报名，李女士却毫不犹豫地选择与自己的中学班主任任老师一同前往，使已迈入古稀之年的老师得以首次走出国门看世界。额济纳沙漠之旅中，李女士在网络上联系了三位志趣相投的健全人一同出行，去探寻那"三百年生而不死、三百年死而不倒、三百年倒而不朽"的胡杨林。

五年下来，罗马竞技场、巴黎埃菲尔铁塔、英国泰晤士河畔……全球 100 多个城市留下了这位中国残疾女性的优雅身影。回国之后，李女士刚从时差中恢复过来，就上网共享了旅游经验以及旅途中的摄影作品。在某知名的旅游网站上，大号"枯藤"的她粉丝甚众，许多人直接以她设计的路线为蓝本，开展自助游。甚至某知名作家在英国的自驾行也借鉴了她的路线，并在出版的游记中称"事实证明是非常好的路线"。

每一次和李大姐一同欣赏她亲手设计、图文并茂的旅游相册，从亚洲、到非洲、再到欧洲、大洋洲，都使本研究者深受感染与鼓舞。五年间，我目睹李女士轮椅前的地平线不断延展。相信她的经历会给很多有意充分实现文化娱乐权利的残疾人朋友带来感动与灵感。

李女士的休闲娱乐与身份建构、文化传播紧密结合起来。虽然身体条件受限，但是她善于发挥自身在行动设计、文化创意、英语交流等方面的优势，结成互助的旅行团队，成功地拓展着行动疆域和精神舞台。真是"心有多大，舞台就有多大"！一位体健的朋友当面评论李女士说："你的'胆商'超高！你去的一些地方，我也到过，但没敢像你这样进行深度探索。你在看风景，别人在看你，你已是风景的一部分。"亲眼见到这样的残疾人士，谁还能单向度地认为残疾人只能是被动受助的对象呢？除了国内外的自然美景与人文风光，李女士还与粉丝们、朋友们图文并茂地分享国内外环境无障碍、理念无障碍方面值得褒贬之处以及自己作为残疾人、作为公民的感受，她还推动了国内一些著名景区的无障碍建设。李女士以一个"行者"、文化体验者、文化创造者、残疾人的多重身份，在实现自身文化权利的过程中传播着无障碍和残健融合的理念。

其他一些案例与李女士的经历形成了鲜明的印证。残疾人娱乐休闲体验在一定程度上关乎存在感，这一层意义在其他残疾人的表述中亦可见一斑。后天致残的轮椅人士孔浦这样自述："喜欢江河湖海，也倾慕高山大川。不仅是因为漫游其间的过程心旷神怡，那登顶临高俯瞰中揭晓的万丈豪情也真是酣畅境界。特别是坐了轮椅后，再伟岸的身躯也只有一米多高，看什么都要抬头仰望，特想玉树临风一吐心中块垒展我英姿。……所以，再次进藏即把去珠峰登上大本营列为重中之重。……此时，伴着地球的最高峰，我静静地坐着，望着珠峰，任由自己的心路回旋与激动和平静，思绪蔓延于眼前和远方。旅行的意义在于发现，感受世界的丰富、壮美与不同，给人生以参照和启迪，它更多地蕴含于追寻的过程中。越是崎岖蜿蜒的旅途，越展现出奇丽多姿的景观，它们往往成正比，对行者的信念、毅力和能力都是磨炼。人生如是。生命的长度、宽度、高度和深度构成了人生的要素。它的魅力与精彩不仅在于结果，更在于过程，过程的本身就是结果。我们无法把握我们外在的肢体，但我们可以主宰我们的思想、心灵、胸怀和视野。不可以让前者的局限束缚我们强大的内心。"①

---

① 孔浦. 心中的珠穆朗玛. 大连市残联、大连市残青协会. 海的梦我的梦［C］. 沈阳：辽宁人民出版社，2013：212－215.

二、何以可能——融合教育视角下的原因分析

李女士能够如此高水准地实现自己的娱乐休闲权利，原因是多方面的。但是，核心的一点无疑在于教育，包括指向融合的学校教育、家庭教育和自我教育。

李女士青少年时期一直随班就读，成绩优异，性格开朗，富于正义感，时常在老师的安排下帮助学困生，包括班上的一位中日混血儿。这些素质和助他行为使李女士在同学中有很多好友，老师们对她也很钟爱。有些师生情谊甚至贯穿其一生。半个世纪过去了，李女士还不忘祝贺一些往昔老师的生日，并帮助一位昔日的老师以七旬年纪首次实现自助出国游的愿望。良好的师生关系和同学关系，使李女士从小字典里就没有"自卑"这两个字。她把自己的优势发挥得淋漓尽致，自然而然地赢得了大家的喜爱和尊敬。李女士原本阳光、外向的天性在接受融合教育的过程中逐渐更加舒展，而这正是她后来成为一名国际"行者"的重要内在因素。

李女士的家庭教育在知识准备和心理上为她的融合教育提供了很好的条件。李女士的父母很开明、有远见，鼓励李女士融入班集体、融入社会，要求李女士独立自主，遇到问题自己解决。李女士告诉笔者：她儿时认识一个跟她年龄相仿、家庭条件相当、残疾程度相似的女孩子。李女士去那个女孩家找她玩，却遗憾地发现那个女孩子几乎不敢见人。那个女孩很受父母的疼爱，父母唯恐她出去读书受人白眼，心灵受到伤害，所以藏在家里养着，导致那个女孩极其敏感、脆弱，终其一生也没能充分地实现社会化，没有能够走出来。

李女士的父母，尤其李女士的母亲，绝不因李女士的残疾而迁就她。这有助于她养成天不怕、地不怕的性格，[①] 促使她更加自信、阳光、独立。这在一件小事中可见一斑。有一次，青少年时期的李女士和同学们

---

① 李女士天不怕、地不怕的性格，偶尔会增加旅行的风险，令人为她担忧。李女士早期旅行时，有一次因高原反应突然晕倒在地，当时情况比较危急，好在后来化险为夷。傲然不屈的她，三年后故地重游，一雪前"耻"，并在受伤旧地拍照留念，庆贺此番胜利。此插曲的启示是：旅行或有风险，看官务请谨慎。

玩得很开心，不小心竟然弄坏了一根拐杖！她知道，如果就这样回家，肯定会被妈妈批评，于是决定自行解决问题。但是当时她身无分文，不可能买根拐杖。情急之下，她想到之前去过一家矫形器工厂，于是当机立断，让同学把自己送到那家矫形器工厂，向之前仅有一面之缘的师傅痛陈形势、软磨硬泡，这才弄到了一根能用的拐杖，回到家后顺利过关。严爱得当、着眼长远的家庭教育使得她自幼乐群，这样的家庭教育和她自强好学的自我教育有助于使随班就读的正向作用最大化，她开朗豁达的人格特征在融合式的学校教育中得到了更加充分的磨炼和培养。这一切为李女士后来拥抱世界式的旅行打下了坚实的精神基础。

由于时代的原因，李女士没能够像健全朋友那样参加高考，而是结合一些可及的开放教育资源，坚持不懈地进行自我教育。"1979年，扬州职工大学招生。那时，我大学没资格考，就去报了个名。虽是社会性质的大学，但竞争还是很激烈。侥幸考上了中文系后，告诉了家里。后来我母亲来信，'爸爸的意见要你外语绝不能放松'。我考虑了很久，虽然心有不甘，最后还是拿出壮士断腕的决心，从职工大学退学，把工作以外的所有业余时间用在了英语的学习上。几个月之后，省人事局面向社会招考外语人员。从报名到考试只有26天，英语和语文两门，没有考试范围，没有复习资料。我背下了一本英语语法书，带着平时的学习基础，走上考场。近5000名考生中，我以总分江苏省第七、扬州专区第一、语文单科全省第一、英语单科扬州专区第二的成绩过关，终于摆脱了'1979年集体、全民所有制单位没资格进'的困境，成为银行的正式员工。"李女士包括自我教育在内的多元融合的教育经历使她成功地抓住了机遇，高水平地实现了就业权利，也使生活轨迹正式进入了向上的螺旋，并为她后来的环球旅行准备了必要的物质基础。

20世纪80年代初，中国出现了全国高等教育自学考试这个开放的教育平台，可以提供更为正式的融合式高等教育机会。1983年11月江苏开考全国自考。29岁的李女士能使全国自考这一开放融合教育的资源对自身成长的效用最大化，其重要原因在于她选准了专业以及其超乎寻常的坚韧与智慧。她结合工作之需及父亲当年的建议，选择攻读全国高考自考的英语专业。在中国改革开放和社会建设的进程中，英语知识的重要性越发凸显，同时英语学习需要较大的外力帮助，自学难度更大，母语已有相当基础的李女士借助全国自考的平台，使自己的英语专业又上了一个台阶。在英语自考期间，"1985 年我刚从外地调回故乡南京，就听到了南京大学举办业余外语强化班的消息。为了能在大学的课堂上坐一坐，真的，只是为了这一个青涩的迷幻的梦想，我毫不犹豫地交了相当于半年工资的学费，每周 6 个晚上，下班后啃一块烧饼或是划拉几口用开水泡热的剩饭，从单位匆匆赶往学校。寂寂寥寥扬子居，年年岁岁一床书，日子就这样过去"。李女士以全优成绩从南京大学业余外语强化班毕业。1986 年，李女士成为江苏省首批英语专业的专科毕业生，给众多体健的同考者以深刻的鼓舞。江苏省开考全国高教自考本科段之后，已初为人母的李女士再度以超常的毅力与学习能力，在全日制工作之余，投入高教自考本科段的学习和考试，于 1994 年和 1995 年获得英语本科学历和文学学士学位。后来，正是过硬的英语水平等专业素养为她的事业奠定了坚实的基础，也成为她旅行时走遍五大洲的语言通行证。

正是在全国高教自考这个开放的大平台上，李女士遇见了她的先生——一位学业优秀、身体健全的自考同学，他主修的是汉语专业。志同道合的先生和她已携手走过了二十多年的人生道路，也是她后来的铁杆"驴友"之一，是李女士高水准地实现文化休闲权利的黄金搭档。国际旅行期间，很大程度上是雅号"金斯基（司机）"的先生以过硬的驾驶技术珠联璧合地实现着李女士的旅行设计。应该说，这是融合教育为李女士如愿地充分实现休闲娱乐权利带来了核心人力资源。

在李女士的案例中能清楚地看到融合教育的重要性。随班就读使得她所接受的学校教育水准不低于健全同龄人，未打折扣的学校教育加上她自己聪颖好学，所以在 20 世纪 70 年代后期只要有任何一点合适的融合学习机会，她都能牢牢抓住。例如，她于 1986 年作为"优秀毕业生"获得南京大学业余外语强化班证书，1987 年又名至实归地荣获全国高等教育自学考试指导委员会和中国残疾人福利基金会联合颁发的"残疾人自学成才奖"。

李一平女士的成长路径、职业生涯乃至高水准地实现娱乐休闲权利的过程，都和她从义务教育到高等教育的多元融合教育经历紧密相连。

这样一种生命的根基、人生奋发的起点，使得李一平女士无论是在知识储备、物质基础、心理状态方面，还是在开阔眼界、文化鉴赏等方面，都获得了高水准地实现娱乐休闲权利的充分可能性。

由此可见，残疾人在较高层次上平等地享有休闲娱乐权利，很大程度上以残疾人平等地享有受教育权利为近乎必要的前提；此外，残疾人充分享有就业权利和无障碍权利也是重要的前提。残疾人进行文化休闲娱乐除了旅行这种对时间、财力等条件要求较高的方式，还有多种较日常的方式。以下对此进行典型案例的描述分析。

第二节　残疾人团队实现娱乐休闲权利的个案研究

"阳光杉林残疾人文体汇"（以下简称"杉林"）是南京 2010 年成立的残疾人从事文化娱乐休闲活动的民间团体。其最初和最主要的娱乐休闲方式之一是唱歌，后来又发展到柔力球等项目。"杉林"的成立和唱歌活动的发展与水平的提升，得益于"翠竹"核心人物的志愿服务。"翠竹"是南京成立颇有年头、颇具艺术水平的一个群众歌咏团体，每个周末在紫金山自发开展唱歌活动。

一、案例描述："杉—竹"文化助残之歌唱响博爱之都

2012 年 9 月，素有"博爱之都"美称的南京秋高气爽。一群特殊的学生迎来了第三学年的开学第一课。他们有的坐着轮椅，有的挂着拐杖，有的由家人牵引着，从南京的四面八方聚集到没有围墙的课堂——玄武湖水榭①。他们就是"阳光杉林残疾人文体汇"的成员。当他们到达时，服务组的十几位健残志愿者已忙碌了近一个小时，水榭里一尘不染，四十多张凳子已摆放整齐；音响老师和指挥老师已把电子琴、音响调试完毕；两位志愿者正踮着脚尖、伸长手臂，悬挂一人多高的歌纸。残疾学员们暑假里时时想念的声乐老师正站在水榭门前，谦和地微笑着。

落座之后，大家唱起《相逢是首歌》互致问候，笑容洋溢在每个人

---

① 2013 年秋季之后，"杉林"的活动地点在南京市残联领导的关心下，在深秋和冬季便移至某残疾人活动中心的室内。

脸上，情谊盈满每个人心头。健全人歌友高亢地领唱，残疾歌友们陶醉地抒发着对友情的珍视，体验着音乐和生活的美好。酣畅的欢聚情感、真挚的歌声混响，融合着残健群体，消弭着你我之别。一曲结束，声乐老师在关键点上给大家讲解曲谱各段之间的微妙差异，指导大家"不仅唱词，更要唱心"，教大家如何识别"气口"并如何及时换气。随即，声乐老师以专业的男高音示唱整曲，每位残疾歌友都浸润在这位七旬长者的文化扶残的真情之中。

"杉林"与"翠竹"这两个残健歌唱团体的友谊缔结于 2010 年春天。"翠竹"音乐台由那位声乐老师从企业职工文工团退休后组建，十余年间坚持在紫金山户外纯公益地教大众唱歌。"阳光杉林残疾人文体汇"的主要缔造者则是南京市肢残协会前副主席。这位女士四十多岁，知性刚毅，是位"钢铁战士"——她借助固定在双腿上数公斤重的金属肢具"站立"，"上（紫金）山下（玄武）湖"独立开展工作。她的本职工作是俄文翻译，作为文化工作者，她对残友们的精神文化需求很是敏感。她高效地完成了与"翠竹"的资源对接，使"杉林"的残友们从此得到了专业文化志愿者的悉心指导，每周日授课一次，约两个小时；她又依照"公交发达、平坦开阔、方便入厕"三条标准，选定玄武湖水榭作为残疾人文化驿站，得到玄武湖公园管理者的认同与支持，园方还特许残疾证成为残疾车入园的通行证。

对于"杉—竹"五年的合作，该副主席由衷地评价："'翠竹'人的志愿精神非常值得学习。"2010 年 5 月 15 日，"翠竹"人联系爱心车队把50 多位残疾歌友及其亲属"接上山"（紫金山），"有些残疾人是第一次上紫金山"，共同举行了盛大的阳光杉林成立仪式，为"杉林"人注入了强烈的自信心和归属感。"'翠竹'下了一个很强的班子帮助我们，核心志愿者十多人。我们最初完全依托'翠竹'的朋友，后来我们仿照'翠竹'服务队成立了'杉林服务队'。"十几位残友报名参加，各司其职。有的负责在网上发通知、发活动贴；有的负责带凳子……所有人提供的都是纯公益的服务，而且都很主动、愉快、尽职。实际上，那位副主席本人就是非常有感染力的志愿者，"杉林"唱歌活动她几乎每场必到，"我身体很不方便，但要带头。看到大家两小时里很快乐，就感到一切都值了"。

经过数年的文化熏陶，残疾朋友们不仅加强了与健全群体的联系，增强了自我管理、自我服务的能力，更经历了文化觉醒、显著提升了文艺素养。那位声乐老师笑呵呵地回忆："'杉林'歌友两年前唱歌时不敢出声，我告诉他们，不能光是心里有激情，要大方地表达出来！现在，他们会唱的歌多了，也敢当众演唱了。有时候他们抢话筒争着领唱，还得我来调停。"残疾朋友自感："心打开了，胆子也大了。"玄武湖水榭这个闪耀着人性光辉的课堂，历经寒暑做着见证：多少次，残健歌友齐声咏唱友情、亲情、乡情；多少次，他们共同抒发对祖国、对美好生活的热爱。

"杉—竹"之间的和谐咏唱常常吸引玄武湖的游客驻足欣赏，或拍照留念，或参与进来高歌一曲。其他省市的残疾朋友来此参观学习，把这种残疾人休闲娱乐权利的保障方式带向五湖四海。"杉—竹"像南京的一张文化名片，无言地诉说着这个文化名城崇尚平等、参与、合作、共享、关爱的文化取向。

二、案例分析

"杉林"团队的核心人物，也就是上面提到的那位副主席是成年后残疾的，她本科毕业于某"211"高校，接受过良好的正规教育。教育经历对于她形成表达能力、活动策划、组织能力、协调能力起到了重要作用，使得她携手一些文艺积极分子，带领残疾人团队充分地实现着娱乐休闲方面的文化权利。由此亦可看出有质量的教育对于开启人们，包括残疾人心智的重要性，及其对保障包括残疾人在内的人们的休闲娱乐权利的重要支持作用。

"杉林"团队的残疾朋友们实现娱乐休闲权利还得益于"翠竹"志愿者们热情而专业的协助。在博爱之都南京，具有"翠竹"志愿精神的文化助残者不胜枚举：南京师范大学等单位的爱心歌友为"杉林"捐赠了音响和乐器；南京玄武九州残疾人文化艺术中心在南京某琴行的帮助下启动了千名残疾人艺术教育工程；一些艺术团体免费为残疾人文艺爱好者提供琴房；古琴演奏专家某先生应鼓楼区残联的约请，半公益地指导从零开始的残疾成年文艺爱好者，他们的"古琴小筑"已成为残疾人群众文艺表演的一道风景线，在2012年省残疾人文艺会演中摘取桂冠，他们又成了文化的种子，把自己对音乐、对志愿精神的理解传递给更多的文艺爱好者；新街口香铺营社区免费为残疾人柔力球运动队提供活动场所，他们每周日上午在此潜心练球、练坐式韵律操，强身健体，进行精神的交流，该柔力球表演队应邀在 2012 年首届全国柔力球大赛开幕式上一展风采，以柔韧、优美、自信深深地感染了全场数千名观众；志愿者与十余位残疾朋友结伴去祖国的北疆旅游，旅行社也欣然接单，解除残疾人出行的风险，火车站提供便利，共同成全了残友们体验少数民族文化、饱览祖国壮丽山河的"圆梦行动"。

中国扶助残疾人平等享有娱乐休闲权利的法律法规在南京等地已落地开花，结出了全社会文化助残、残疾人文化自助的丰硕果实。以南京为代表，随着越来越多的"翠竹"与"杉林"的涌现，残健和谐以娱乐休闲活动为载体的文明生态在神州大地上郁郁葱葱，充满着向上的生命活力，绽放出蓬勃的生命光彩。

第三节　江苏省保障残疾人群体娱乐休闲权利的研究

前两章对残疾人社区文化生活进行了量化研究。残疾人享受公共性、半公共性的文化服务，借以实现自己娱乐、休闲、进行体育活动等权利，还不只限于社区。在量化研究的数字背后，在社区以及更广阔的社会上，有着哪些鲜活的事实？

本节基于文化大省、残疾人工作先进省份江苏省的相关案例，描述残疾人文化体育生活在社区之外的一些样态，分析政府、残联、志愿者团体及残疾人自身可以如何为残疾人群体的休闲娱乐权利保障提供强大的助力和较好的整体条件。[1] 本研究者作为江苏残疾人文化事业率先发展的众多亲历者和受益者之一，尝试探索总结相关案例中值得推广的经验与规律。

一、高端与基础并重

近年来，江苏省对国内外残疾人文体赛事与群众文体娱乐休闲活动、

---

[1]　部分内容发表于《光明日报》。侯晶晶. 推动残疾人文化事业发展［N］. 光明日报，2012-11-10.

文化创业并重，在高端与基础两个层次上着力丰富残疾人的文化生活，提升了诸多残疾人的文化成就感与幸福感，卓有成效地保障了广大残疾人的文化权利。

在高端方面，江苏省积极落实《中华人民共和国残疾人保障法》（修订版）中"文化生活"一章第四十一条和四十三条的相关内容："各级人民政府和有关部门鼓励、帮助残疾人参加各种文化、体育、娱乐活动，积极创造条件，丰富残疾人精神文化生活。""政府和社会采取下列措施，丰富残疾人的精神文化生活……举办特殊艺术演出和残疾人体育运动会，参加国际性比赛和交流。"在伦敦残奥会上，中国体育代表团共夺得 95 块金牌、231 块奖牌，获得了金牌和奖牌榜第一的优异成绩；其中江苏省残疾运动员（张海东等）斩获 18 枚金牌、30 枚奖牌，蝉联金牌榜与奖牌榜第一，创残奥会境外参赛的最佳战绩。江苏省残疾人体育事业发展成果在国际的最高赛事上得到全面展示，背后是多年来潜心创建的一整套残疾人体育服务体系：占地面积达 200 亩的江苏省残疾人体育训练基地，江苏省体育局训练中心的及时支持，世界顶级残疾运动员退役后留队执教，高水平的安全保卫、后勤保障，全方位的优化服务共同保证了残疾人运动员在残奥会上为国争光、展示体育才华和生命风采。

江苏省 2011 年成功承办了第四届全国残疾人职业技能竞赛，各地的残疾人能手现场展示美术创作、艺术设计、插花，带给人们文化之美的享受，为残疾人文化创造力提供了很高的展示舞台、交流平台，开拓了广大残疾人的视野和文化想象力，有益于他们找到与己匹配的文化生活方式和内容。在这次技能竞赛中，江苏省代表团以 12 枚金牌位居榜首。技能竞赛闭幕式由本研究者和江苏卫视"金话筒"得主张晓北先生共同主持，也折射出残健融合、和谐发展已成为一种常态化的残疾人工作思路。扬州、常州、南京、无锡等地携特殊艺术精品参加颁奖晚会，颁奖晚会本身成为文化盛况，精彩纷呈的残疾人文化节目彰显出各地残疾人追求超越的意识与不懈的追求和努力。

在基础层面，江苏省重视群众文化娱乐休闲活动，隆重举办残疾人文化活动周、文化活动月，这激发了残疾人参与文化生活的热情。南京市肢残协会的能人们组织了阳光杉林残疾人文化队，每周定时定点进行歌咏和柔力球活动，吸引了近百名残疾人积极参加。歌咏活动提升了残疾人的文艺素养；残疾人柔力球队还应邀在首届全国柔力球大赛开幕式上进行了精彩展示。

二、专门机构扶残与全社会助残互补

江苏省各级残联作为扶助残疾人的专门组织，紧扣加快推进残疾人服务体系建设的工作要点，拓展对残疾人的文化服务，在文化扶残方面创新求效。其文化扶残工作的着力点包括：法律宣传，明确公民助残责任；博爱争创，引领助残风尚拓展；残友展示，助推残健理解交流。

法律宣传的第一方略是残联率先切实维护残疾人的权益。此外，各级残联利用残疾人节日宣传残疾人保障法等法律法规，提高全社会尊重残疾人基本权益的意识，为残疾人全面参与文化生活铺平道路；紧密结合社会主义核心价值观建设，在全社会大力弘扬人道主义思想和中华民族传统美德，培育人人尊重、理解、关心、帮助残疾人的良好社会风尚。

残联的扶残工作向基层延伸，建立了深入城乡社区的残疾人专职委员队伍，为手语、盲文译员设置了专业技术职称评审的机制，各种服务向基层倾斜。残联开展了博爱城市、博爱社区、博爱楷模争创活动，努力倡导现代化的残疾人观，打造残疾人社区文化平台，走融合式的社区发展之路。无锡市滨湖区成立了残疾人服务中心，综合开展残疾人文化活动。残疾人文化进社区，增加了社区文化资源对残健使用者的可及性，能就近满足残疾人的文化需求。全省 30 个国家和省级"文化进社区"试点单位普遍利用社区公众活动场所，依托现有场所，广泛开展残疾人群众文体活动，保障残疾人的休闲娱乐权利。

各级残联及残疾人协会组织搭建平台，鼓励残疾人走出去，加大残疾人的社会可见度，促进残健交流与理解，为引导社会助残营造氛围。第 21 个全国助残日活动，全省共组织了 183 场才艺表演、文艺演出，媒体的一千多次报道更放大了社会教育的效应。关于"平等·参与·共享"现代残疾人观的理念宣传更是激起了民间的巨大能量。

这些举措有效地提升了社会助残的广度与深度，培育了全社会助残的浓厚氛围，激发了社会各方面多形式的助残活力，对残疾人文化事业发展起到了滋养和托举作用，提升了残疾人文化产品的层次，社会慈善活动补充了保障残疾人文化生活权利的资金。

全省目前已有数十万志愿者，受助的残疾人逾百万人次。助残志愿者们利用网络平台，从被动服务转为主动文化服务，从个别服务提升为项目服务，从自发摸索助残经验到主动交流分享学习。公益志愿者组织内，稳定与流动的志愿者皆有，流动的志愿者又把助残的经验与热情向更远处播撒。有些志愿者团队在网上主动告知近期的助残项目，欢迎残友们报名结对，帮助数十位江苏残疾人"圆梦北京""圆梦草原"，饱览了祖国的壮丽河山和悠久文化。随着社会助残蔚然成风，残疾人文化团体也敢于主动谋求与社会公益资源的对接，在资金、文化人才、场地等方面也得到了很多宝贵支持。

各级残联注重依托特殊教育学校，以准服务外包等形式与专业文艺工作者联袂打造残疾人精品文艺节目。专业文艺工作者对残疾人群体进行观察、采风，结合残疾人的身心特点酝酿思路，创作出优秀的作品，主题凸显残疾人的自强精神、自我超越，内容设计向残疾人倾斜，在残疾青少年中培养了文艺骨干，进行了文艺人才的储备。残疾青少年主演的"桥墩"等多个文艺精品在全国残疾人文艺会演中获奖，使残疾学生们在舞台上培养并展现了自己的文化自信，丰富了他们的精神世界，起到了锻炼人、感染人、鼓舞人的作用。江苏省很多市都拥有了高水平的残疾人文艺保留节目，并不断开拓创新，为全省残疾人艺术巡演以及建设残疾人文化产业基地、国家级残疾人艺术培训基地打下了坚实的基础。

弘扬慈善文化，是推动社会保障残疾人休闲娱乐之文化权利的又一有力抓手。江苏省残疾人基金会帮助残疾人文化需求与社会潜在供给进行快速对接，使一些社会机构搭上了助残的快车。有关企业向全省残疾人发放三万张网上免费读书卡，省出版行业向全省"农家书屋"捐赠残疾人读本，几乎零成本地盘活了现有的文化资源，满足了许多残疾人的精神文化需求。南京等地的爱心人士为九州残疾人文化艺术中心提供了大量资助，使近数百位残疾文艺爱好者得偿所愿，有缘接受声乐和器乐的教育，圆了自己追求文化艺术的梦想。被誉为全国"志愿者之乡"的江阴，基于"全民、廉洁、公共"三大理念，通过"自愿捐""日常捐"

"冠名捐"等多种方式有机结合，在全市营造"人人关心慈善、人人参与慈善"的社会氛围。以 2010 年、2011 年两年为例，全市各级机构接收捐款逾十亿元，基金盘子逐年增大，已设立各类基层慈善组织 572 个，其中一些资金使残疾人得以更好地享有休闲娱乐权利。

三、受助自助与文化自强融合——兼论残疾人的文化创造权利保障

残疾人较好地享有休闲娱乐的文化权利，以至于残疾人文化事业的整体繁荣，都离不开政府的支持、残联的推动、社会热心人士的帮助。同时，残疾人在文化生活、文化科技创造等方面不只是受助者，这个群体也一直在积极地自助自强。

在健全人志愿者的精神感召下，残疾人娱乐休闲团体成立了自身的服务组，轻残帮重残，在交通工具、场地布置、学习交流方面相互关心扶助。九州残疾人文化艺术中心在社会资助下，使数百名残疾人文艺爱好者终能学有所长。这些残疾学员们又组织起来，用自己的文艺积累投身于"九州行"文艺交流巡演活动中，去特教学校看望鼓励残疾儿童，向社会募捐帮助弱势群体。

与休闲娱乐权相似，文化创造权也是受中国法律保护的残疾人文化权利的组成部分，也是诸种文化权利中一种非基础性的权利。江苏省将保障残疾人的文化创造权与促进就业相结合，重视扶持残疾人进行文化创业。各地通过资金扶持、政策扶持，积极建设残疾人文化创业孵化基地和残疾人见习基地。常州市武进区建立了残疾人油画创业基地，常州市还依托"留青竹刻""十字绣"等产品在西林街道成立了"西艺坊"暨残疾人创业就业基地，成为广大残疾人文化创业的舞台，也成为残健居民陶冶情操的文化家园。南京市白下区成立了"残疾人就业创业实训基地"，以兰翎就业创业园为依托，集技能培训、介绍就业和扶持创业为一体，主要面向全市各类残疾人，开展麦秆画、风筝、面塑、纸艺画等免费实训项目，同时实行产品回收和销售"一站式"服务，使出行不便的重度残疾人在家也能实现文化创业的梦想，同时实现自己的文化创造权。

近年来，江苏省残疾人的文化自强又取得了新进展，有效地推动着

残疾人实现文化创造的权利。自幼双目失明的肖毅，在母亲吟诵古今名著的读书声中受到了丰厚的文化滋养，出版了中国第一部盲人诗集《我听见了花开的声音》。聋人青年何留在父母和母校的支持下成为艺术设计的行家能手，荣获"江苏省技术能手"称号。何留坚信"任何事都是从一个决心、一粒种子开始的"。通过多年积累，现已自创文化公司，带领多位残疾员工共同实现职场成长，该企业如今已有很好的市场美誉度。南京工业大学的陆小华教授自幼患小儿麻痹，四肢受到不同程度的影响。三十年不屈的奋斗使他成为中国化学专业的著名专家、长江学者、院士候选人，在国际化学研究界享有盛誉。2009 年这位长江学者作为"超细耐磨钛酸盐纤维制备新技术及其应用"项目的第一完成人，荣获国家科学技术发明二等奖。"幸运受助"与自助自强，成为陆小华教授攀登科技文化天梯的双螺旋，贯穿于高考录取、大学求学、国外访学、科研创新的每一个阶段。2011 年，当他作为化工热力学领域国际学术大会主席做精深的学术报告时，他同时展示的是以人为本、平等和谐的中国文化软实力。

　　这里结合笔者对陆小华老师的访谈略做分析。陆教授的高端文化权利保障也受益于融合教育的经历。他年少时性格属安静内向的类型。他最初随班就读时，有些同学很没礼貌地给他起绰号，弄得他很不愉快，感到学校生活不是他所期待的那样。他的母亲很有远见地用"反陌生化的方法"训练他适应环境、超越自我①。此外，母亲还引导他选择安静的同学培养起友谊，再加上他小时候成绩非常优异，乐于在学业上帮助健全同学，逐渐全方位地融入了随班就读的学校教育环境中。这个案例表明：残疾人在学校这个小社会里适时地开始了解他人、接触社会、调整自我是多少重要。

　　由此可见，随班就读、全纳教育不可能是纯一的理想型。成人社会存在的歧视等现象会折射到儿童社会中去，加之儿童天性中尚未教化的粗糙之处，肯定会让残疾儿童在随班就读过程中遇到一些不尽如人意之处。既然这些现象不可能像蛛丝般轻易抹除，那么如果换个角度看，倒

---

　　① 侯晶晶. 关怀德育论［M］. 北京：人民教育出版社，2005：251.

或许能提供一些"教机"。如果教师或父母能很好地引导特殊需要的儿童，就能够帮助他们对学校和社会上的某些现象形成免疫力，形成自信、豁达、富有宽容心的人生态度。青少年具有很强的可塑性，所以在他们获得知识积累的同时，也要抓住青少年社会化的最佳时期，完成人生最初的修炼，形成对于他人和社会的融合心态，有时也包括对于人类缺憾的悲悯情怀。在压力之下保持优雅的能力，同样需要在生活中磨炼，并非从自然成熟中得来。只有这样，才能更好地为残疾人的幸福奠基，为日后充分保障休闲娱乐、文化创造等文化权利打下扎实的基础。

江苏省残疾人文化休闲娱乐、体育参与、文化创造等权利保障所达的高度，生动地印证着残疾人蔚为可观的文化能量以及残疾人文化权利保障的整体良好的环境氛围。乘着协调推进全面建成小康社会、全面深化改革、全面推进依法治国、文化大发展大繁荣以及公共文化服务体系建设的东风，江苏省乃至全国的残疾人文化权利保障事业正在奋力书写着更美的华章。

本章的分析折射出融合教育、志愿服务伦理精神等因素对残疾人文化权利保障所发挥的不可替代的作用。这些可能的影响因素未包含在2013年残疾人监测问卷中，也不便用量化方法加以研究。本书有必要对残疾人文化权利保障的其他一些关键问题和潜在影响因素，从教育学、伦理学、法社会学等视角进行思辨研究。下一章对融合教育之于残疾人文化权利保障的独特作用进行教育学视角的探析。

第八章 残疾人文化权利保障的教育学思考
——融合教育的社会功能、案例分析、发展对策

第一节 融合教育的界定

　　融合教育是中国"以特殊学校为骨干，以随班就读为主体"的特殊教育体系的"主体"部分，是当代国际上特殊教育发展的主流，也是国内外残疾儿童受教育权利保障的一种主要形式。俄罗斯教科院外籍院士朱小蔓教授亦曾指出"全民教育全纳化、融合化"是教育现代化的重要课题。融合教育在中国目前主要采取随班就读的方式，融合教育与随班就读既有差异，又有联系。有学者曾分析中国随班就读的现状与融合教育的十重差别①。中国的随班就读"处于起步阶段，还比较简单、粗糙，是解决中国残疾儿童教育问题的一个切实可行的具体实施办法，并不像融合教育那样是完备的教育目标、方法体系"。尽管如此，鉴于特殊儿童部分或全部的学习时间被安置于普通教室的教育都可视作融合教育，随班就读就其本质而言属于融合教育的范畴。融合教育包括两个子类别，亦可说两种取向："完全的融合教育"与"部分的融合教育"（"full inclusive education" and "partial inclusive education"），其区分的标准在于特殊儿童是全部时间还是部分时间被安置于普通教室接受教育。② 完全融合的支持者主张将所有儿童完全容纳进普通教室；部分融合的支持者则认

---

　　① 朴永馨. 融合与随班就读 [J]. 教育研究与实验，2004（4）：37—40.

　　② 邓猛，朱志勇. 随班就读与融合教育——中西方特殊教育模式的比较 [J]. 华中师范大学学报（人文社会科学版），2007（4）：125—129.

为需要考虑实际的教学效果，以比较缓和的方式有选择地融合。[①]

一般认为，无视客观条件地一味推行"完全的融合教育"，过于激进。美国一些地区曾进行过试点，它们强行关闭特殊教育学校，特殊教育学校的许多教师被迫另谋职业。强行彻底转轨，动机虽好，却使很多此前一直在隔离轨道中接受教育的学生以及重度残疾的学生一时在身体、心理、知识结构、自理能力等方面难以适应，也浪费了很多特教学校的师资力量；同时，"普通学校"突然接收残疾学生也未及适应，容易使残疾学生陷入"随班就座"的境地，而不能真正地"随班就读"。事实上，没有一个国家在实践纯粹的"完全的融合教育"。就以美国为例，美国为 13 类不同残疾类别的学生提供了 6 类安置环境，仍有 3.8% 安置在分离环境中。[②]

温和稳健的融合教育能够从概念和实践两个层面上辩证地看待平等，以"最少限制"的理念以及"适当个别支持"等做法力求最大化地有效保障残疾儿童的受教育权利。名实相符的融合教育并不追求全纳单轨制的残疾人教育，而是尊重残疾学生的学习性向、天赋和自主选择。残疾青少年内部的差异性是不可忽视的。消除主观上不平等的态度，并不意味着能立竿见影地消除学生们身体条件方面客观存在的不平等及其学习性向的差异性。

融合教育之合理性和实效性在于原则性与条件性的统一，才有益于良好的初衷与效果相一致。概念上的平等是无条件的机会平等，例如，每个学生都有权享受免费的义务教育，融合教育向每个残疾学生开放；而实践中的平等是有条件的。学习者的身体状况、智力水平、心理特质、所处的社会阶层、家庭经济文化状况以及监护人的教育期望等，都是实际在起作用的变量。选择的多样性源于所有变量的合力，强求结果平等或曰结果的等同，反而会在强制的过程中实施实际上的不平等。温和稳健的融合教育充分尊重各方面的合理要求，给予残疾学生充分选择的余地和自由。

---

① 邓猛. 融合教育与随班就读：理想与现实之间［M］. 武汉：华中师范大学出版社，2009：55—58.

② 张朝，于宗富，方俊明. 中美特殊儿童融合教育实施状况的比较研究［J］. 比较教育研究，2013（11）：100—104.

　　《特殊需要教育行动纲领》（以下简称《纲领》）体现出的就是温和稳健的融合教育主张，对于融合教育成功的条件性、渐进性做了较充分的估计，同时明确地呈现了融合教育的基本原则——尽最大可能地实现融合。该《纲领》指出："全纳学校①为实现平等机会和全面参与提供了有利的环境，其成功需要的不仅是教师和学校其他人员的努力，还包括同伴、家长、家庭和志愿者的共同努力……全纳学校的基本原则是只要可能，所有儿童就应一起学习，而不论他们可能有的困难或差异如何。……在全纳学校里，有特殊教育需要的儿童应该受到他们所需要的任何额外的帮助，以确保他们受到有效的教育。"② 稳健的融合教育对于随班混读具有高度的警觉，强调了融合教育发挥理想效果的前提是持续性地回应残疾儿童的需要。只有这样，才能从物理上的混合走向心理、社会意义上的融合。

　　对于极特殊的情况，《纲领》指出："将儿童安排进特殊学校或普遍学校中固定设立的特殊班级，应该是种例外。只有在如下不多见的情况下，即普通班级明显不能满足儿童的教育需要或社会需要，或为了特殊需要儿童的福利或其他儿童的福利需要这样做时，才可建议有这种例外。"③ 不过，即便是这部分学生，也可以受益于融合教育的发展。因为借助普校、特校的部分资源共享等方式，也可使在特殊学校或特殊班级接受教育的残疾儿童有机会与更广阔的社会、与健全青少年进行交流、融合。笔者在伦敦访学时，在幼儿园和中学都观察到重度残疾学生跨校交流、共享普通学校教育资源的实例。

　　成功地实践部分融合教育理念的案例之一是芬兰的残疾人教育。"融合教育主张残疾儿童有权在普通学校中平等地接受教育，这已经成为全球特殊教育发展的主要趋势。芬兰的融合教育的发展始于普通教育领域取消分轨的综合学校改革。芬兰的融合教育三大特点之一是接受了部分融合的观点。"④ 出于保证教育质量的意愿，芬兰并没有接受将所有残疾

---

　　① "全纳学校"的英文为 inclusive schools，亦可译为融合式的学校。
　　② 赵中建. 教育的使命［C］. 北京：教育科学出版社，2000：136－137.
　　③ 赵中建. 教育的使命［C］. 北京：教育科学出版社，2000：136－137.
　　④ 景时，刘慧丽. 芬兰融合教育的发展、特征及启示［J］. 外国教育研究，2013（8）：54－60.

儿童安置进普通教室的完全融合观念。此外,芬兰的综合学校(普通学校)开展非全日制特殊教育,为传统意义上的残疾学生和学习上遇到较大困难的所有学生提供教育服务;这些学生大部分时间还是在主流教室(普通教室)中接受教育,只是在某段特定的时间内接受额外的教育服务。2009 年,芬兰约有 23% 的学生接受过非全日制特殊教育。① 由于接受"特殊教育"的儿童范围扩大了,残疾儿童在主流学校内接受额外的特殊教育服务就不会太显眼,这也在很大程度上减少了人们对残疾儿童的歧视与排斥,促进了融合教育的发展。2007 年的芬兰残疾学生在隔离的特殊学校中的比例为 1.4%。② 芬兰很多教师认为,对有非常严重的学习困难的学生而言,隔离的特殊教育可能对他们更有利。③ 虽然部分融合的观念潜藏着排斥特殊学生的风险,在一些国家部分融合观念在实施过程中可能成为学校不接受残疾学生的借口,但是芬兰教师只有在穷尽所有办法之后,才建议将学生安置在隔离的环境中。④

与芬兰以及美国这些融合教育比较发达的国家相比,中国融合教育的质和量都还有待长足发展,才能满足更多的残疾儿童实现接受融合教育的潜能,更有效地保障其文化权利。"对中美近 20 年的融合教育进行了比较研究,发现中国特殊儿童受教育人数比(0.017%~0.021%)与美国(10.48%~12.25%)相距甚远。美国为 13 类不同残疾类别的学生提供了 6 类安置环境,安置在分离环境的只有 3.8%;中国为 3 类特殊儿童提供了 3 种安置环境,安置在分离环境的占 36.73%。"⑤

---

① Statistics Finland. Number of pupils transferred to special education unchanged, small increase in part-time special education [EB/OL]. http://www.stat.fi/til /erop/2010/erop_ 2010_2011—06—09_tie_001_en.html. 转引自景时,刘慧丽. 芬兰融合教育的发展、特征及启示 [J]. 外国教育研究 2013,(8):54—60.

② Linda, J. G.; Markku, J. Wherefore Art Thou, Inclusion? Analyzing the Development of Inclusive Education in New South Wales, Alberta and Finland [J]. Journal of Education Policy, 2011, 36 (2):263—288. 转引出处同上.

③ 裴巧灵. 芬兰全纳教育研究——历史、现状及启示 [D]. 曲阜:曲阜师范大学出版社, 2011:22. 转引出处同上.

④ 景时,刘慧丽. 芬兰融合教育的发展、特征及启示 [J]. 外国教育研究,2013 (8): 54—60.

⑤ 张朝,于宗富,方俊明. 中美特殊儿童融合教育实施状况的比较研究 [J]. 比较教育研究,2013 (11):100—104.

不只是残疾儿童，很多残疾青年的文化权利保障也同样呼唤着融合教育的进一步发展。这从下面的论述中可见一斑。2014 年 11 月 1 日在武汉举办的第八届中国残疾人事业发展论坛的校长对话环节中，长春大学校长潘福林教授不无忧虑地指出，中国几乎尚未为视力和听力障碍的学生开设特殊教育的研究生学段。以听力障碍者为例，国内研究生阶段教育机会匮乏的原因在于：培养成本高，课程专业性强，手语译员难以胜任翻译的任务，很多专业术语在手语中无法找到对应的表达方式，教师不懂手语因此和听障学生很难交流。中国的听力和视力残疾学生基本上只能出国寻求接受研究生教育的机会；而到了国外在不同的语言文化环境中，他们仍有许多、甚至更多的障碍需要克服。潘教授揭示的问题是客观存在的。本研究者认为，这些问题折射出了分离式的特殊教育延伸至研究生阶段之难，难到几乎不可行的程度，至少很难全面推行。如果中国的听力、视力残障者能越来越多地自幼接受融合教育，他们通过考试选拔获得研究生教育机会的问题将来便有可能在国内得到解决，从而更充分地实现文化权利。2015 年，全国有八个省份依法为盲学生提供了相应的高考试卷，使多位盲人考生得以参加普通高考。这为此问题的解决预示着新的曙光。

残疾人教育从无到有，从隔离走向融合，是社会发展到一定阶段的产物①；融合教育又以独特的方式作用于社会的文明进步。本章从理论上探讨融合教育对于残疾人文化权利保障以及建构融合社会的特殊作用，并结合教育实验案例、教育管理等方面的分析，探讨融合教育的现实样态和发展对策。

第二节　融合教育促进残疾人文化权利保障实现终极目标

法律文本往往把残疾人文化权利保障的终极目标确定为构建残健融合的社会；推动社会的融合、和谐、文明与保障残疾人文化权利具有双向促进的关系。不过，立法和守法、执法是相对独立的过程，法律文本

---

　　① 　侯晶晶.论人性观的嬗变对特殊教育的影响［J］.现代特殊教育，2004（1）：14－16.

未必直接地对人们的生活、交往产生规范和指导作用。尊重与遵守法律，这种习惯需要从小养成。法律法规作为一种制度，需要转化为众多公民实实在在置身其中的学校生活，良好的学校教育能以"制度生活"将人们培养成具有良好法律素养的个体。这对于残疾人文化权利保障具有不可替代的作用。

家庭以及社会都无法起到学校教育的上述作用。根据中国残疾人在全国总人口中所占的比例估算，大约 6％的家庭有残疾人。从概率上看，不可能完全依靠家庭生活去完成每个社会人尊重残疾人权利的素养教育；从关系上看，在那些确有残疾人的家庭中，家庭中的残疾人首先以亲人的身份和其他家庭成员相处，而非残疾人或陌生公民的身份。在我们的社会中，残疾人的可见度仍然不高，加之未经充分现代化改造的亲近性伦理的制约以及人们文明水平的差异性，残健融合面临一定的张力。有必要在学校这样一种准公共性的小社会中，通过融合教育帮助众多公民生成融合敏感性与道德习惯。

残疾人的受教育权在其复数的文化权利中居于基础性的地位，而融合教育作为现代社会中主要的残疾人教育形式又是建构融合社会的必要基础。教育哲学家杜威曾指出：学校即社会。在现代社会已普及义务教育的情况下，几乎所有的公民在儿童期都必然接受学校教育的熏陶。学校的生活样态在很大程度上就是未来的公民所接纳、习惯和长期实践的生活样态，其中包括残健关系样态。人的生存状态最主要的是关系性的生存。从原点上来说，人在出生时是不能自立的，必须在具有基本关心关系的人际关系中才能生存。残疾人由于身心功能的某些长期损伤，对于人际关系的依赖性在客观上会更高一些；包括对于外界环境的去障碍化的需要也相对多一些。而外界环境是否能够去障碍化，其背后的关键因素依然是人——包括政策的制订者、实施者，设施的建造者、维护者、共同使用者，等等。

因此，1994 年联合国教科文组织通过的《特殊需要教育行动纲领》（以下简称《纲领》）这样分析倡导融合教育与社会背景之间的关系。"在过去 20 年中，社会政策的趋势一直是促进融合和参与，反对排斥。接纳和参与对于人的尊严和人权的享有与行使是必不可少的。"上述《纲领》

指明了全纳学校的目标和优势在于"发展一种能成功地教育所有儿童，包括处境非常不利和严重残疾儿童的儿童中心教育学。全纳学校的长处不仅在于它们能向所有儿童提供有质量的教育，而且它们的存在是帮助改变歧视性态度、创造受人欢迎的社区和建设融合社会的关键一步。社会观念的改变是绝对必要的。长久以来，无能的社会一直强调残疾人的伤残甚于重视他们的潜能，从而使残疾人的问题更为复杂"[①]。中国亦有学者从"社会型残疾"的观点出发，通过资料收集，对中国特教学校的现状进行分析，论述此类学校在中国现实条件的基础上存在的必要性、合理性，同时指出其缺陷，呼吁结合国际社会最新的"融合教育"理念，通过学校教育改善残疾人的社会融合[②]。另有学者以融合式的体育为例，研究发现：在适当的帮助支持下，残疾学生可以被有效地融合于一般的体育教学中，不会对健全同伴的学习过程产生消极的影响，反而会有助于健全学生形成对残疾同伴积极的态度[③]，促进残健之间的融合，从这一视角印证了融合教育对促进生成残健融合的人际关系的作用。

　　本研究者认为，融合式的学校教育是融合社会的基础，这至少依托三种机制：融合理念的陶冶、融合生活样态的形成与习惯化、生成与残疾人等"陌生人"平等友善交往的能力。首先，融合式的学校教育可以借助目的明确的教学内容和"隐性课程"对众多成长中的公民进行融合理念的陶冶。社会上有时仍存在邓朴方先生概括的那种对于残疾人"不是不理解，而是不了解；不是不人道，而是不知道"的现象。一位硕士同学曾对本研究者说："在和你同学之前，我从来没有过身体条件特殊的同学。考上研究生之后，听说班上有一个特殊的同学，我原先不知道应该怎样和你相处，担心不经意间会不会有什么言语甚至眼神伤害你。后来迎新会上大家自我介绍时，你一句'我和大家没什么不同，只是多了一个坐骑'，让我立刻释然了。很多同学和我有同感。"从这个小小的事例中可见融合式的学校教育能有效地促进残健个体的相互认知和对于融

---

①　赵中建. 教育的使命［C］. 北京：教育科学出版社，2000：136.

②　李玉向. 社会型残疾观下的社会融合理念［J］. 教育学术月刊，2014（4）：85—89.

③　刘洋，陶玉流，俞林亚. "分隔向融合"——当代残疾人体育教育融合改革（1995—2010）的文献研究［J］. 成都体育学院学报，2012（11）：84—89.

合理念的感知、接受。其次，融合教育能在学校中形成残健融合的生活样态，并使广大的青少年逐渐习惯之、内化之。如果仅有理念，还难以避免知行不一、理念与行为悖反的现象。教育哲学家杜威指出：教育即"生活"，教育即"生长"，教育即"经验的改造"。生活对于人的教育是全方位的，是浸入式的。如果人们在生命早期长期体验的、经历的学校教育是融合式的，而非排斥的、隔离的，在其富有吸收力和可塑性的心灵中，融合就被认同为群体互动关系和共同生活的常态。最后，融合式的学校教育有助于健全青少年生成与残疾同学等"陌生人"平等友善交往的能力。学校生活是交往对象包括熟人和陌生人的准公共生活，学校生活中包括如何对待陌生人的教育。"特殊需要学生"对于健全儿童而言是一种"陌生人"。陌生人是在物理空间上很近，而在社会空间上很远的人；"是在物理范围内的异类，在社会范围之外的邻居"。① 融合教育有助于青少年较好地学会合理地接纳包括残疾人在内的陌生人、尊重陌生人、与之友好交往、予以适当的关心。

融合教育不仅仅是一种教学活动，更是一种共同生活的样态。如果融合能够成为学习者人际交往模式的常态，就会成为其内化的行为标准和评价标准。当他们置身学校之外的社会生活时，一般也会习惯化地继续实践融合的交往模式，并用同样的标准去衡量他人对待残疾人等陌生人的言行。如果融合在学校生活中已经被学习者接受为常态，排斥便成为一种偏异，便是个体所不倾向于接受的一种状态。融合式的学校教育能够帮助众多成长中的公民比较自然地成为具有融合理念、习惯与能力的文明公民。社会是由人组成的，公民社会是由公民组成的，融合社会也一定是由具有融合的敏感性与能力的公民构成的。而在这方面，融合教育具有核心与支柱的作用。教育的未来性对于社会的塑形作用，是其他任何社会性的活动所不能替代的。融合教育是彻底的公民教育和公民社会所不可或缺的。

---

① 齐格蒙特·鲍曼. 后现代伦理学 [M]. 张成岗译. 南京：江苏人民出版社，2003：181.

毋庸置疑，学校是社会的一个组成部分，不可能游离于社会之外而独立存在。但是，学校的教育生活不应该以此为借口，而应该积极地为进一步提升社会生活的道德文明水平做出自觉的努力。这也是中国的教育政策重视"立德树人"的原因之一。中国的教育政策在重视多渠道提升公民道德素养的基础上，还特别强调学校教育的作用，其依据之一即在此。在促进广大青少年养成平等、尊重、融合等公民道德的过程中，学校教育应该主动发挥不可替代的引领作用。当前社会生活中的参与者脱胎于此前比较隔离式的学校教育，即便在残健隔离的学校教育体系中，人们也依然是"受教育越多，对残疾人的隔膜感、社会距离感越低"。[①]这主要是因为较多的教育有助于人们知书达理，减少社会歧视，对于促进残健融合能起到间接的教育作用。随着融合教育日益普及，残健融合的学校制度化生活对此还能起到直接教育的作用。两者合一，效果将更为显著。

学校教育，尤其义务教育，应达到《国家课程标准》在情感态度价值观、知识与技能、过程与方法三个维度的质量要求，应该接受《教育法》以及《残疾人保障法》等法律法规相关条文的规范。因此，学校无论作为法律主体抑或学习共同体之伦理实体，都应该旗帜鲜明地践行融合教育，才能充分发挥应有的社会功能。这不仅在理论上是应当的，在实践中也是完全可行的。本研究者在英国、美国甚至捷克的访学经历都印证了这一点，那些国家的学校和幼儿园总体上已是融合式的。

这里不得不提一个令人沉思的案例。在中国的一线城市某市，2012年却令人遗憾地发生了小伊伊入园难之事[②]。小伊伊由于事故，一夜之间由一个父母双全的孩子变成孤儿，由一个健全的幼儿变成下肢残疾的儿童。她的遭遇实质上是为社会技术进步付出了代价，她承受了包括七次手术在内的深重长久的痛苦；这本是一个幼儿不应承受的。但是，当她需要入读住地附近的公立幼儿园时，却遭到拒绝。公立幼儿园的拒收以

① 许巧仙，毕素华.从社会距离看听力残疾人社会融合——基于江苏省 N 市的实证研究 [J].湖南科技大学学报（社会科学版），2012（3）：171—174.
② 动车事故幸存者小伊伊遭遇"入园难"放弃公立读私立 http://society.people.com.cn/ n/2012/0725/c1008-18596401.html，2014 年 3 月 20 日下载.

及一些社会人士关于伊伊是否适合入园的质疑，实际上违背了中国签署的《儿童权利公约》的"儿童权利至上原则"。面对这样的现实，伊伊的叔叔项余遇作为监护人在微博①中无奈地表示了"道歉"，并表示将把孩子设法送入私立幼儿园。除了有些普通幼儿园公然拒绝接收残疾幼儿以外，在学校层面，前文也曾论及中国和发达国家在残疾儿童辍学比例上存在的数倍落差。上述种种现象与数据都折射出国内融合教育亟待提升质量的现实。

"弱势群体是社会结构转型或制度缺陷而导致的社会福利不平等的群体。对弱势群体的关注与扶持体现了一个社会的文明程度。"②从发展的历程看，特殊需要儿童的教育经历了排斥、隔离到融合（全纳）的嬗变过程。融合共享是新时期对这些学生进行生命关怀、促进其全面发展、实现教育公平、构建和谐校园的时代诉求。③

从完善立法等宏观维度看，国内的融合教育需要借鉴发达国家以精致的立法保障残疾人文化权利以及促进培育融合社会的做法。宏观因素和微观因素往往是互渗的，更何况法律的制订与实施应该是紧密联系、高度一体化的。那么，从教育实践等微观维度看，我们必须正视国内融合教育中尚存的问题。"融合教育，是社会运动的产物；是态度和价值体系；是一种权利；是残疾人理想与现实共存的体现；它的实现需要整个社会资源共同的支持。但在现实生活中，融合教育遭遇到观念的滞后、二元教育体制的约束、教育安置模式的单一、法律制度的薄弱等各种问题。针对这些问题，应该从支持主体、支持内容以及不同支持主体和支持内容间形成的关系网络来共同推动残疾人的学校融合、社区融合和社会融合。"④ 如能这样，总体上"应试教育"的压力以及大班化教学的组织形式等并不足以妨碍融合教育的进行。

---

① http．//t．qq．com/xiangyuyu001，2014 年 2 月 15 日下载．

② 王健，曹烃．融合共享：运动弱势学生体育教育改革的时代诉求 [J]．体育科学，2014（3）：39—46．

③ 王健，曹烃．融合共享：运动弱势学生体育教育改革的时代诉求 [J]．体育科学，2014（3）：39—46．

④ 彭兴蓬．融合教育的价值追求及社会支持系统的建立 [J]．教育研究与实验，2014（3）：73—77．

本章接下来结合"班组串换制"教育实验，分析中国融合教育的可能样态及其提升教育质量、有效保障特殊需要儿童的文化权利与人格尊严的机制。然后，从融合的视角审视中国残疾人的发展空间，并从教育管理等路径探讨对策，以期借助融合教育逐渐达成残疾人文化权利保障在社会建构方面的终极目标。

第三节　班组串换制实验提升教育融合性的机制分析

一、融合教育的成功案例与班组串换实验概述

(一) 融合教育的成功案例

案例一：串班生为客班的学习障碍学生吁请教师的关心。

某小学教师的《教学日志》分享了如下案例。"班际互访期间，我班开展了'说说心里话'的主题活动。活动中，同学们畅所欲言，气氛十分热烈。活动将近尾声时，串班过来的李美（化名）突然站了起来，对我说了一句：'老师，如果您能像关心我们一样关心张红（化名）同学，会发现其实她有很多优点！'我听了心里咯噔一下，惊愕中不自觉地看看缩在角落里的张红。她成绩特别差，每次考试都不及格，甚至连个位数都有，我几乎忽视了她的存在。这时，教室里炸开了锅，纷纷议论起来，原来在同学们心中张红有很多的优点，她劳动积极，爱画画，喜欢帮助人……一旁的我不禁陷入了深思：连学生都能够做到不以（知性）成绩来衡量一个人，而我呢？被成绩蒙蔽了双眼的我差点扼杀了一个幼小的心灵！如果不是李美一语惊醒梦中人，也许张红的小学生活将会在灰暗中度过，毫无自信、毫无收获、毫无快乐。……也正是班际互访打破了原来班级的墨守成规，使我转变了原来的评价观，使得我的教育工作少了些遗憾。"

本研究者简评：四年级小学生张红，"每次考试都不及格，甚至连个位数都有"。这不是一般意义上的"成绩差"，而应该说是一个具有学习障碍的、具有"特殊教育需要"的儿童。在该教育实验中，张红不仅得到了同学们的接受与尊重，而且同学们明确地表示出这种接受与尊重，并以此唤醒了老师对张红的人性尊严的呵护。

案例二：学习障碍学生在串组中体验到同学的关心。

该校另一教师分享了如下串组案例。"一位非常内向的学习障碍女生在前后两个串换小组中受到了不同的对待，她将前一组的同学称为'敌人'，而对后一组却不舍离开。她将对第二组的眷恋写在小组日记里。在交流串组日记时，后一组同学才充分解读出了自己关心同学的行为竟有这样重要的意义，而前一组同学更是受到了深刻的教育，班上的其他同学也很受触动。"

本研究者简评：由于以学习成绩论英雄的等级化人际观念等因素的影响，同学之间的排斥是任何一所学校都难以完全避免的。这所普通的小学也不例外。更多的交流使具有学习障碍的学生获得了更多的人际交往可能性，从而增加了被其他同学接受的机会，感受到了集体的温暖。

案例三：言语障碍的学生在班干部串换中突破自我、大胆开口。

"一位有言语障碍的同学在尝试担任班干部之初，仍无法在大庭广众之下说话，哪怕只是喊一声'起立'。但是几天后，他超越了自己。此时，其他同学都不约而同地为他鼓掌。"[1]

本研究者简评：以对人优先于对事的思路鼓励学生成长，激发其潜能，使得言语障碍儿童在自己的弱项上获得突破。这种社会性的成长带来的自信心和尊严感的提升，想必伴随着其终生难忘的高峰体验。

上述三个案例中的学习障碍的学生以及言语障碍的学生，根据融合教育发达国家的界定口径，均属有特殊需要的学生。在中国一般的班级中，以上三种案例发生的可能性很低。它们均发生在一所名不见经传的农村小学——江苏省江阴市峭岐镇实验小学（以下简称峭岐实小）。该校进行了为期六年的班组串换制实验，改革教学组织形式，显著提升了学校教育的融合性。

（二）班组串换制实验概述

所谓班组串换制，是指"在现行的班级组织形式的基础上，在班级之间及班级小组之间按照一定时段的频率实行动态串换，并实行班组干部岗位的开放式轮换，目的是通过班级教学和管理的载体来增进和谐、

---

[1] 以上三个案例引自江苏省江阴市峭岐实验小学内部交流资料．"班组串换制"纪实（内部资料）．2004：27，15，20．

平等的教育交往关系，提高教育的融合性。其具体组织形式为：（1）串班。包括①年度分班。每学年开学前实验年级学生再一次'打散'，依据学生的特点和需要进行异质分班。②班际互访。根据学生个体的情感意愿和班级集体的可能，组织学生开展班际互访。每班每学期安排三次，每次出访六分之一的学生，时间为20天。组织班际互访有六个环节。第一，串换人选自荐并经过老师的审核；第二，调整好实验班各班的教学进度；第三，指导学生制订计划，包括道德学习目标及具体措施；第四，开好迎送会；第五，鼓励学生每天写好日记，并与同学、老师多交流；第六，辅导学生总结班际互访的收获。③纵向串换。组织各类社团、兴趣小组，让学生按各自的兴趣和学习水平跨班、跨年级自愿组合。（2）串组。包括①组的长时串换。根据班级情况和学生需要，每间隔一段时间，按多种形式把学生串换成各个小组。②组的临时串换。在教育教学活动中根据学科、内容的不同特点，组织即时小组。（3）班组干部串换。包括①班队干部的串换。全班同学都可参与，抽签与自荐相结合。②课代表的更换。主要面向串换后的非班队干部，以自愿报名为主。③串换小组内部的角色转换。小组成员轮换担任正副小组长、记录员、监督员等。④值日班长的轮换。在串组内部，每天轮流推选出一位同学，和班委一同管理全班当日的各项事务"①。实践证明，班组串换制的以上三种举措都能较有效地提升班级的融合性。

二、串班促进教育融合性的机制分析

串班促进教育融合性的机制主要包括从时间和空间维度上有助于增进学生的交往，提高同学彼此关心的敏感性，发挥串班生的特殊监督作用等。换言之，串班制有助于培育具有道德底蕴的学校教育生活土壤，从中绽放出融合教育这朵朴实而美丽的花朵。

（一）空间与时间维度的分析

在学期中，学校尤其是班级已成为中国孩子的核心生活场域。现在的孩子几乎都是独生子女，每个孩子似乎就是一个"孤独的个体"，回到

①　江苏省江阴市峭岐实验小学内部交流资料."班组串换制"纪实（内部资料）.2004：7—8，18—19.

家里就做作业，一直做到他们睡觉。中国基础学校的平均班额大约为美国同类班级人数的两三倍。根据波沙特的互动法则①，中国班级中的学生的交流概率也应相应增加大约两倍。但实质情况并不是这样。中国基础教育承受的巨大应试压力使班级成为高度封闭、层级化的、角色化的空间。在教师心目中，班级里"好、中、差"的学生分级泾渭分明。"差生"甚至中等生都较受忽视。此种排序经常外显为班级里差生在后的座次。串换制实验者警惕把学龄儿童当作学习机器的倾向，而是注重学生的全面成长，在打破班级之间隔膜的同时，把用于培养融合关系的学习时间与渠道合法化，鼓励班级内部以及班级之间师生间、同学间的正向情感交往，对提升教育的融合性具有不可低估的作用。

在知性学习任务过重、教育环境缺乏异质性、学生活动不足的情况下，封闭的、层级化的班级具有很多负面效应。实验者安排学生每学年在平行的邻班度过 20 天的学习生活，每学年开学前都把实验年级的学生再次打散分班，以便使新环境对学生彼此融合产生促进作用。相对于在原班级的学习而言，串班是一种自觉的暂时"中断"。教育哲学家博尔诺夫指出："儿童的成长应是连续性和非连续性的统一。"② 镜中自我理论则显示，道德自我意识在很大程度上取决于环境的参照、给定作用。客班对新成员的了解刚开始，其形象的给定性较弱，正是新同学重塑自我、重新认识人际关系、克服缺点的好时机。如果一直在原班级稔熟的同学们面前，学生们也许还羞于变化得太唐突，让观察者难以接受。但是，在新的学习氛围中，为了给母班争光、为了提升自己，许多学生将这个串班周期作为新习惯的培养起点，有意无意地展现出个人与母班的最佳形象，这是环境的时空变换容易促成学会融合等新德行生成的一个内在动因。至于留在母班的学生，在每个串班单位时间内都有同学流出流进，也为他们带来学会融合的新资源、新动力以及新的交往伙伴。

---

① 美国社会学家波沙特的家庭互动法则（law of family interaction）用家庭人口数计算家庭关系的互动次数，公式为：R＝（N²－N）÷2。其中 R 为家庭关系的互动次数，N 为家庭人口数。该法则表明：在家庭关系变化过程中，家庭人口数直接影响家庭关系的复杂程度。家庭人口越多，互动越频繁，家庭关系越复杂。参见顾明远主编《教育大辞典》第 6 卷，471 页．

② 邹进．现代德国文化教育学［M］．太原：山西教育出版社，1992：140．

(二) 关系维度的分析

学校的融合教育资源具有潜在与现实之别，有效的教育资源一定与学生产生实际关联。班级串换可使学校的有效融合教育资源至少加倍。新环境中没有之前关系的积累，串班生不会把师生间的关心视作理所应当，于是，新环境中的师生关系、同学关系自然性较弱，教育性与易感性较突出。"自然的、直接的关系可能妨碍伦理关系的生成与发展。"① 通过新的教育关系唤醒学生心灵的易感性，也是激起其情感体验与学会接纳的一种途径。为了增进融合关系的结成，每次串班时，实验班都举办"迎送会"与"交心会"活动，以期增加学生交流的深度，消除不快、解决困惑，使同学关系、师生关系更加顺畅和谐。学生有时在主班和客班的"两面人"现象，并非由于儿童虚伪，而是学生们下意识地表现出：在不同场域中，其道德敏感性阈限以及道德自我的体认是有差别的。教师正可以通过理解和借助这种差异心理，用自身的关怀行动促进学生学会融合。

教育研究表明，中国师生的情感疏离现象较为严重。"对山西省太原市杏花岭区的 2267 名 3～6 年级的小学生进行的调查显示：在师生的情感关系维度上存在困扰的学生比例达到 35.7%，而对师生的教学关系存在困扰的学生比例为 16.9%。可以明显地看出，小学生更多地关注与教师的情感交流，希望教师了解自己，得到教师的喜爱，并能对教师坦诚地诉说自己的心里话。"② 有欠关爱、缺乏交流的师生关系动摇着学生学会融合的基础。可以说，关怀是教师职业的基本特点。进入教师职业，首先就应进入一种关怀关系。教师关心学生的首要环节是如其所是地接纳学生，实现和学生的视域融合。舍此就不可能有真正的"教育关怀"。关怀先于、重于做事和技能，是教师职业和其他职业的一个主要区别。教师对学生的接纳应该不怀功利目的，应该是一视同仁。这种非排斥性、非选择性正是融合的基本属性与前提之一。接纳学生之后，教师还应该设身处地地为学生发展等合理需要着想，通过"动机性移置"，运用自身动机力量为学生服务。这是师生奋斗目标和努力方向的融合。教师应与

① 黑格尔. 精神现象学 (下) [M]. 北京：商务印书馆，1979：8.
② 杨继平，高玲. 小学生学习心理与师生关系的现状调查研究 [J]. 教育研究，2005 (1)：65.

学生建立"我—你"关系，把学生当作充分的主体。"我—你"关系即是人际关系融合之后的一种平等、和谐、温暖的关系样态。"教师关怀可以充分地体现在丰富的课堂生活中。例如，当学生回答问题时，教师回应的不仅是学生的话语，更是学生这个完整的人，这个道德发展的主体。"①教师对学生学会融合而发挥榜样作用的前提是学生感受到教师的关怀，认定这个教师不仅是权威性的、制度性的重要他人，而且是得到学生真心认可的重要他人。在这样的师生情感状态下，笔者前面分析的视域融合、非选择性的融合、奋斗目标和努力方向的融合、"我—你"关系作为融合的关系样态，会比较容易引起学生的感悟，进而使其领悟，帮助他们奠定学会融合的基础。

（三）串班能强化残健儿童的道德主体性

融合教育离不开特殊需要学生与同学的融合。而真正的人际融合一定是一种道德行为，因为融合不同于保持客套的、形式上的礼貌。我们有时与一些人相处时感到客套却隔膜，从礼貌规范上看，对方没有可以指摘之处，但是明显地我们感到对方尚未真正地接纳我们，仍把我们当作被视的他者。在有一些特定的职业关系中，处于职业角色的双方保持距离、警惕"融合"，反倒符合职业规范的要求，例如警察与正在实施犯罪者之间就应该保持善恶之间泾渭分明的区别。但是，在小学生之间，学校教育倡导的价值观之一就是学会团结、关心、融合。然而，真正的融合不可能只是单纯对规训的服从、践行，而是发自内心地发挥道德主体性的结果。

串班能强化残健儿童的道德主体性，有利于他们从他律向自律迈进。每学期 20 天串换到平行的邻班学习，使学生获得了双重身份感：服从的和独立的，集体的和个体的。根据皮亚杰的道德发展理论：对权威的服从是他律的心理机制。在串班期间，学生暂时独立于原班级，其道德主体意识明显提高，具有集体与个体的辩证性。学生们开始普遍地明确意识到：自己的所作所为不仅是个体行为，也代表母班的整体形象，包括与人交往、适度融合的水平。进入客班的新异环境，能提高学生对接纳

---

① 侯晶晶，朱小蔓. 诺丁斯关怀道德教育理论及其对中国教育的启示 [J]. 教育研究，2004（3）：36—43.《新华文摘》2004 年第 14 期 124—127 页全文转载。

与被接纳的感受性，使其能够注意到更多的学会融合的资源。新环境带来新经验和新体验，有助于强化学生的主体意识，促使其向道德自律水平迈进。

（四）串班生是融合教育的特殊监督者

串班能为出访生赋权。作为一种特殊的关系人，串班生享有一些微妙的"特权"，常给客班教师提出有价值的建议，为促进客班的融合教育起到不可替代的作用。在长达 20 天的出访中，串班生能观察到客班真实的融合教育状况，这是蜻蜓点水式的外来观察者看不到的。本班同学身在此山中，有时对问题视而不见；有时虽发现了问题，却有意无意地避而不言。来访同学毫无后顾之忧，一旦他们揭示了某个教育问题，本班的许多同学会利用此契机，表达自己的思考，将独白语言外显出来。这是很可贵的真实交流。我去你班、你来我班，这绝不仅仅是物理意义上的"交往"，而是有助于突破交流的禁区，把一些排斥、歧视的现象撕开给人看，使一些大家长期缄默不语的问题显性化，因此冲击力很强。敢于说真话，亦是一项重要的学习内容。发起有关融合教育的讨论后，同学们往往惊喜地发现教师的谦和与宽容，发现说真话其实并不可怕。

前文所述串班生为客班的学习障碍学生吁请老师的关心案例中，特别值得注意的是：那位串班生是在谈话近尾声时才提出问题的，问题一经提出，立刻得到客班众多同学的热烈附议！而且，谈话还启发了老师关于融合教育的反思。国外研究已表明，"除了可以借助一些表现性指标之外，有教育经验的督学还可能通过参与学校生活，在课堂上、在与学生和老师的交往中、在观察和感受中，体会和鉴别学校的精神环境、道德氛围、师生关系，以及学校是否为学生过有尊严的、融合的生活提供积极的评价氛围。"① 峭岐实小的串班生时常扮演着"小督学"的角色。

除本年级的横向串班之外，还有兴趣小组与社团组织形式的纵向串班。"如今，我们许多孩子与其他年龄段的人很有隔膜。学校严格按年龄分班的做法使这种隔离状态更加严重。孩子们没有机会去了解其他年龄段的人们的问题。社会课中那些抽象的、索然无味的题目远不足以增进

---

① 朱小蔓，其东. 面对挑战：学校道德教育的调整与革新［J］. 教育研究，2005（3）：3－12.

孩子对其他人的了解。"①这种情况非常不利于教育实现融合。而在形式丰富活泼的纵向串换中，多个年龄段的儿童、身心条件各异的儿童能平等地互动交流、相互敞开生活世界。

三、串组促进融合教育的机制分析

（一）串组具有异质关心的价值取向

每月重组一次的串组具有关心异质同学的价值取向，它不是形式化的、牧羊式的"活动"教学，而是能够拓宽学生的交往圈层，创造更多融合的机会。试举一例，峭岐实小开展了"我们都是一家人"的自主串换。在重新分组之前，教师用家庭结构作类比来启发学生："每个温馨的家庭中都有需要帮助和爱护的成员，倡导同学们学会异质分组，以便相互关心。"② 正由于差异性的存在，才需要沟通、关心、理解、融合。每月一次的串组使学生们能接触更多的同龄人，包括有特殊需要的同龄人，搭建更宽广的交往平台，体察人际关系更丰富的可能性，减少排斥关系的生成，提升同学相互交流、关心、融合的概率。正是在串组过程中，出现了前文的案例二。

国际 21 世纪教育委员会在提交联合国教科文组织的报告中，详尽阐述了教育的四大支柱："学会认知（学会学习）、学会做事、学会共同生活，学会生存。"其中，"学会共同生活"的相关内容提示了由混合向融合转变的一种教育途径。峭岐实小的串组实验即在交往中强调了合作与友谊，致力于促进特殊需要儿童与其他同学的情感同化与融合。

（二）串组注重教学的人本性

许多知识学习对于学习障碍学生以及听力、视力障碍学生具有一定的挑战性。在教学活动中，根据学科内容的特点组成即时小组，有助于增加同伴支持的可及性，提高特殊需要学生的学习兴趣与学习效果。不顾儿童学习兴趣的知识灌输，往往是缺乏教育性的外在的学习，很难内化为学习者的生命智慧。正如杜威强调的那样，经验只有成为体验，才能产生教育意义。亲历的教育经验当然也不例外。汤姆斯·格林亦指出：

---

① Noddings, N. The Challenge to Care in Schools. NY: Teachers College Press, 1992: 80.
② 江苏省江阴市峭岐实验小学内部交流资料. "班组串换制"纪实（内部资料）. 2004: 12.

不顾及学习者主体性和兴趣的灌输，如果算是学习的一部分，那也只能落在学习范畴的最边缘地带。①赫尔巴特也早已强调多维兴趣应成为教学的心理基础。然而，当前有些"学习"竟然成为迫使学习者自杀的直接原因。这种异化的学习无视学生的需要、尊严和兴趣。异化的学习不只是高中生面临的问题。现在许多初中生、小学生上网成瘾，原因之一便是教学的压迫性与封闭性。峭岐实小通过多元学习主题的临时串组，倡导尊重学生主体感受、符合人性的多元学习样态，在掌握核心内容和鼓励自选内容之间探寻到较合理的张力结构。对儿童的尊重深蕴其中，转化为学生较幸福的存在体验，能够有助于避免学生因埋头学习、自顾不暇，失去与特殊需要同学交往、融合的动机。

（三）串组重视融合案例的叙事分享

串组期间，每组都写小组循环日记，用于叙事交流，为进行融合教育案例的叙事分享提供了平台。同学们朝夕相处，有些事情是可观察的，然而有些感悟是深蕴于心的，只有化为文字，才便于和同学分享心灵深处的声音。此种叙事方式剥去了肤浅与客套之物，叩问写作者的内心，促使写作者将最有价值的困惑与生命故事通过反思从泛泛的生活过程中淬取出来，在作者和读者的心湖里留下耐人寻味的涟漪。小组日记叙事不但直接有助于融合关系的构建，而且，"让学生叙事，可使他们对自己的道德观负责，并可以鼓励他们去探索道德生活的无穷丰富性和复杂性"②。写日记的叙事要求与沟通的渴望引导孩子们的眼睛不只盯着分数，其所感、所悟、所思的圈层慢慢地扩展、深化。通过日记的写作，经验、体验的"我"和当下回忆、反思的"我"融合。很多事在发生时，未必允许当事者去细细咀嚼其中的意味，然而每周留出一点时间写循环日记，使学生们能较从容地回忆、反思过去一周发生的生活事件，尤其是其中涉及的融合、排斥等各种关系。作为深度梳理的方式，这种回忆、反思可使学习者所经之事入脑走心。其基本作用就像"印痕回忆说"揭示的那样，能多提供一次复习的机会，使有特殊需要的学生及其同学们较充

---

① Noddings, N. Philosophy of Education. Boulder: Westview Press, 1998: 53.

② Nussbaum, M. The Fragility of Goodness. New York: Cambridge University Press, 1996: 56.

分地感悟出一些学校生活事件的意义，把经历化为经验和体验。此外，写作文本还可供日后翻阅、反思。日记对提高学生们融合敏感性的作用显见于一些同学的案例中，从本节前文所述案例中可见一斑。

四、班组干部串换促进融合教育的机制分析

（一）体现教育公正伦理的差别原则

班组干部串换制折射着对机会平等的准确理解。在"机会向所有人开放"的实验过程中，岘岐实小充分考虑到罗尔斯阐述的差异原则，尽可能地避免实质不平等。"无论我们采取什么原则，都要考虑补偿的要求。它被看作是代表着我们的正义观念中的一个成分。（体现补偿的）差别原则并不要求社会去努力抹平障碍，但是，差别原则将合理分配教育方面的资源，以便改善最不利者的长远期望。"① 为了实实在在地落实教育公正，"班干"职位向所有愿意尝试者开放。经验表明，如进行能力选举，特殊需要学生实际上往往被排除在外，其相关潜能便长期处于被压抑状态，那就不可能出现本节前文案例三所呈现的现象。

班干串换实验相信孩子们的潜能"真的有一百"，力求实现"一切为了孩子，为了一切孩子，为了孩子的一切"的教育理想。这所小学要求教师不对任何学生流露出具有负面意味的态度或做出排斥、伤害行为，不在班级中制造"被压迫者"，不让其生活在心理阴影中，而要鼓励其自我的充分生长；否则，学生们融合所需要的个体尊严与主体性便岌岌可危。"班干"的非选择性串换能正向引导、调节同学关系，使学生们体验到平等与尊重。在此制度下，学生可以有效地避免养成自卑型、自弃型、自负型的自我意识；会逐渐构建积极向上、充满效能感的自我意识以及悦纳、欣赏同学的态度。这对于学生们的融合无疑具有相当的促进作用。

（二）有助于实现微观制度伦理对融合教育的化育作用

班干串换是教育公平制度的一种田野实践。公德与私德之间、制度伦理与私人伦理之间往往存在同构关系与互渗关系。杜威的"教育即生活"理念便很重视教育生活的民主制度对培养融合型公民所起到的不可

---

① ［美］约翰·罗尔斯. 正义论［M］. 何包钢等译. 北京：中国社会科学出版社，1988：490.

或缺的作用。班干串换有助于消除一些儿童的官本位意识，帮助他们树立相互尊重、人人平等的多元对话观，培养全面参与班级事务的意识和能力。这种实验打破了"以分数论英雄"的班内等级制，学习障碍学生对于教师与"好同学兼班干"的排斥行为、反感情绪慢慢冰释，同学之间"集团化"的紧张关系也不复存在。无论身心条件与学习状况，每位同学都有权参与班干轮岗以及班级事务的民主管理。班干部串换打破了学生们把"当干部"等同于"发号施令和管人"的想法，使他们开始树立公共服务意识。全员参与班干轮换，使得学生们不再被视为学习机器，其多维度的成长需要获得了较充分的满足。

班干串换有助学生们走向鲁洁教授倡导的"人对人的理解"，而理解是走向融合的前提之一。它使发展机会向所有同学平等开放，而不再总是供给少数"尖子生"。理解与被理解都是有条件的。多角度参与班级公共生活，使得每个同学的更多侧面能够得到师生们的理解，立体的人性与多元智能得到了表达的赋权。同学们之间的交往也产生了更丰富的内容，彼此的关系不再依赖于以分数和名次为主的数字化生存的人际认识，而是转换为有血有肉的存在者之间的平等交往。包括特殊需要学生在内的每位同学都有更多机会寻找自信的支点，培养对集体的责任感，而不仅是被动的归属感。学生们的多元才干、被尊重的需要以及兴趣都更可能得到满足，其最佳的总体学习状态便近乎自然地呈现出来。

班干串换为认可引导法提供了坚实的平台。对学习者的"认可（confirmation）具有相当的发展牵引力，它能向学生呈现其最佳的发展可能性，包括可能实现的最佳道德自我的愿景"①。认可法的实现机制在于：允许学生充分表达当下的最佳自我，而不制度性地低估其已有的全面发展水准。基于此的认可与肯定具有建设性、适切性、指导性；而不至牵强或脱离现实、缺乏说服力。班干串换引发的角色转换，给参与实验的同学们注入了力量，也使得他们学会更全面、更人性化地看待、理解同学。这使得本节案例一中串班过来的同学对学习障碍学生的全面评价及其融合关系成为可能。

---

① Noddings，N. Caring：A Feminine Approach to Ethics & Moral Education. University of California Press，1986：194.

（三）有助于构建残健学生平等的身份感和等距的师生关系

班干串换之所以能够激发学生内在的学习动机，一个主要原因是斩断了知性学习的分数与"做学生官"之间的关联，动摇了"在具有某种优胜标准的竞争中对成功的关注"① 和各类学生层级化身份的制度中轴。轮岗和串岗后身份的剧变，引发了同学们的思考。一位之前的"老班长"在串换为"平民"后，在循环日记里写下"认真学习不是为了加星"的感悟。同学们渐渐培养起人人平等的意识与平常心，明白了同学们的多元智能实际上互有长短，以更加丰富的视角感受到其他同学的处境与心情，更好地学会了与各类同学相处，作为平等的一员融入班级这一学习共同体中。融合式班级制度尤其对于学习障碍学生是精神上的巨大解放，把他们从以前班级金字塔结构的最底层解放出来。

班干串换制不仅促进了生生融合，即同学融合，也有助于促进师生融合。以前由一小部分学生垄断班干岗位，在那种班级管理制度中，同学们大体上隶属于固定身份，"班干"与老师接触机会多，教师的视野里往往只凸显出少数特权学生，他们占据老师的大部分注意力，不利于教师和学习障碍学生的视域融合。取消固化的学生管理层之后，每位学生与教师保持着等距关系。在班级这个学习共同体中，真正倡扬"平等·参与·共享"，使我们看到，无论是否有特殊需要，几乎每个学生的潜能都令人赞叹，其不断构建的学习丰富性与深度以及融合教育的成效往往超出实验设计者的想象和期待。

为时六年的班组串换制被时间证明为颇有成效的融合教育与道德学习实验。它倡导最大化地共享融合教育资源、学生对管理班级事务的平等参与、全面发展机会的补偿性平等开放原则、教师对学生的非排斥性关怀。这些做法提供了融合教育深化实践的丰富可能性。正如狄尔泰所言，理解、体验、表达是精神构建的最重要环节，在更充分地理解他人的过程中，同时也会实现对自我更加深入的了解与更加自觉的构建。人际融合亦是如此，它带来丰富的主体间性。班组串换是具有制度伦理意味的田野实验，它有效地促进了学生学会关心、学会尊重、学会宽容、

---

① 邵瑞珍. 教育心理学 [C]. 上海：上海教育出版社，1999：290.

学会交往，有利于学生融合意识与能力的提升，从而为其发展现代公民的融合素养奠定了良好基础。鉴于此，它得到了实验参与者们以及全国许多教育学专家的好评。这一实验已探索出较清晰的程序与方法。有理由相信，江苏某乡镇一所生源、师资处于全国平均水平的学校所完成的田野实验，具有较强的可操作性与可推广性。

实验过程充满探索与艰辛，凝聚着全校师生以及学生家长、合作研究者的努力。实践表明：有些环节如把握不当，可能影响实验效果。例如，①必须赋予串换以明确的融合教育等目的，否则它可能沦为徒具形式、缺乏灵魂的活动。②在班级串换中，内向的特殊需要学生宜在中后期进行串班，以便从之前出访的同学们身上通过观察学习，消除不必要的胆怯，增加参与感，更充分地收到融合的实效。③在班干串换中，要关注学术优等生的自我意识定位，帮助其认识、体验这种制度的合理性，避免在融合教育实践中挫伤其学习积极性，避免使其产生对特殊需要学生的误解和内隐排斥。

虽然"班组串换制"这个教育实验取得了成功，也有很多值得借鉴之处，不过，这个闪光点并不能掩盖残疾人教育尚存的一些挑战。下面就此进行分析。

第四节　融合视角下中国残疾人教育的发展对策举隅

中国残疾人接受学校教育的方式包括特殊学校教育和以随班就读为主的融合教育两大类。两类教育方式都存在着发展空间。例如，像本书第二章残疾儿童失学问题量化研究论证的那样，它们都面临辍学率偏高的共性问题，这不利于残疾人文化权利保障及其与外界的融合，也不利于构建融合的社会。此外，特殊学校合格校建设虽在硬件方面成绩显著，然而特殊学校与大教育系统的融合度仍然较低，这影响到残疾师生尤其是残疾学生与健全人的交流意愿和社会化程度。

特殊学校需要进一步改革开放、重视软件建设、增强文化软实力。特殊学校合格校建设有益于为必须就读于特殊学校的学生提高教育质量。但是，如果特殊学校生源在残疾学生中占比过高，实际上特教学校便吸纳了一些本可随班就读的学生，不利于他们从源头上最大可能地融入主流社会；而如果特教学校生源不足，又会造成前期投入的浪费。有关部门需要注意避免特殊学校的优势成为融合教育深化发展的潜在阻力。

接着讨论随班就读的问题。有些地方特殊学校教育和普通学校随班就读教育双轨发展不太均衡。这种特殊教育"格局全面、实践窄化"的倾向，一定程度上要归因于国内的残疾人教育中实质上较重视特教学校，且把残疾学生主要窄化为视力、听力、智力三类残疾学生的传统理念和政策导向。江苏省等一些地方已率先实现特教学校学生和随班就读残疾学生的生均经费均衡化。不过，全国仍有一些地区尚未做到这一点，它们对义务教育阶段的特教学校投资比较充足，关注特教学校、关爱特殊儿童是应该继续的；不过现在与之相比，有些地方普通学校残疾青少年"散兵游勇"式的随班就读教育有时投入不足，缺乏相应的管理、监督、考核机制，不利于高质量地保障残障者的受教育权利。

从师资力量看，约半数以上普通师范院校尚未开设关于融合教育或全纳教育的必修课，导致随班就读师资匮乏，不利于随班就读的质量提升。据本研究者对义务教育阶段特教学校的问卷调查，其中的听力障碍学生有 28.8% 是随班就读失败的转校生。

提升国内残疾人教育的质量，需要一方面继续提高特殊学校的教育质量；另一方面着力加强普通学校残疾青少年的随班就读教育。尤其是加快特殊教育高中和高等教育的发展，更需要拓宽工作思路，不再把残疾学生窄化为视力、听力、智力三类残障儿童，全面地了解、回应各类残疾青少年的发展需要，通过更新观念，改善师资培养、经费投入条件，促进随班就读的质量，促使中国随班就读在更大程度上具备融合教育的实质。为此，应该考虑以下措施。

首先，重视随班就读的师资培养。海南省在这方面走在全国前列，该省 2003 年即颁布了《残疾儿童少年随班就读工作的意见》，规定"各市县（单位）教育行政部门要将随班就读内容纳入教师继续教育计划，随班就读课程一般不少于 40 学时。普通师范院校应积极创造条件设立特殊教育必修或选修课程，以保证从事随班就读工作新师资的来源"。参照此，教育主管部门可以出台政策，要求普通师范生必修一定学时的随班就读、融合教育课程，普及融合教育思想，为随班就读输送合格师资，并鼓励经验丰富的特殊学校教师对随班就读提供支教服务。

其次，增加对各类残疾学生的扶持力度。教育主管部门应当对随班就读学生的特殊需要进行评估，给予制度、资金、物质上的扶助，使得普惠机制更加具体、符合需要。国内有些省市加大了对各级残疾学生的补助力度。广州市1998年颁布《进一步做好广州市残疾儿童少年随班就读工作意见》规定："各级教育、财政部门对普通教育机构划拨经费时，除保证随班就读儿童少年的生均公用经费明显高于同年级普通学生的生均公用经费外，还应对招收残疾儿童少年随班就读的社会力量所办幼儿园、学校给予适当补助，并将本地区随班就读经费开支列入特殊教育经费项目。"其可取之处在于：考虑到省内的地区发展不平衡性，不规定具体的经费数目，而是规定下限，以免对发达城市的工作形成封顶、抑制作用。本研究者认为，或许相关主管部门可以规定各地教育、财政部门对普通教育机构划拨经费时，按合理的系数（如200％）保证随班就读学生的生均公用经费，将特殊教育项目经费的适当比例作为随班就读学校的特殊经费，安排随班就读实验专项经费，建立、健全指导各类随班就读的省级教育资源中心。

最后，相关主管部门可鼓励其他人员扶助随班就读的残疾学生。鼓励家长理性选择，敢于把孩子送入普通学校，最大限度地帮助他们在源头上适应社会，也便于在中考、高考环节赢得更多的升学机会。在地方残联网站可开设专栏为随班就读招募志愿者，对其进行基本的安全、技能培训，使文化志愿者发挥类似于英国学校教育体系中的特殊教育需要协调员（SENCO）那样的作用，帮助更多的残障儿童有质量地接受融合教育。

"教育实体是教育共同体，教育共同体的人文本性的实质是伦理实体，教育的人文使命是伦理解放，即造就'有教养的人'。"[1]除了从教育管理、师资、财政等方面致思之外，还有必要从教育共同体作为伦理实体这一根本属性出发，从伦理学视角思考如何完善残疾人的教育机构，保障融合教育的品质。

---

① 樊浩.教育的伦理本性与伦理精神前提[J].教育研究，2001（1）：20—25.

第九章　保障融合教育质量的伦理学思考

前一章分析的教育实验研究取得了融合教育的实效，除了前文分析的机制之外，另一原因是它符合了融合教育的某些规律，包括赋予融合教育应有的伦理内核：同伴支持作为教育场域中的一种关心，对于融合教育实验的成效起到了关键性的作用。本章首先从关怀（关心）伦理学的角度分析优质融合教育应有的伦理内核，该小节结尾略论国内融合教育在同伴支持方面面临的一些挑战，然后从陌生人伦理的视角对融合教育的学校伦理道德氛围建构进行研究。

第一节　教育关怀：融合教育的伦理内核

融合教育理想的应然状态前文已述，它在各国的表现形式是多样化的。换言之，各国关涉融合的残疾人教育既有共性，也各具特色。朴永馨教授曾分析了中国的随班就读与美国的"回归主流"在教育安置形式、学生平等受教育的权利、体现残疾学生与社会融合以及普特融合的思想、个别辅导方面的相似之处，也指出了它们在出发点、目标、法律依据、对象、教育体系、班级人数、教师及指导方式等方面的差别。[1] 中国随班就读执行的是"先量后质"的特殊教育方针，这是"从上到下的理想型模式，……理想的政策目标与现实的执行之间总存在着难以逾越的鸿沟"[2]。

---

① 朴永馨. 融合与随班就读 [J]. 教育研究与实验，2004（4）：37—40.

② 邓猛. 特殊教育管理者眼中的全纳教育. 教育研究与实验 [J]. 2004（4）：41—47.

目前，国内融合教育的质量状况在很大程度上决定着众多特殊需要儿童文化权利保障的有效性。笔者通过访谈获悉，很多残疾青少年具有相似的受教育经历：怀着逐渐融入社会的期待进入全纳学校或全纳班，但在学校里因缺少视力残障儿童所需的教材、无人辅助学习、受健康同辈群体疏离等原因，在小学毕业前后不得不转入特殊学校，到初中毕业时仍为融入社会的路径忧心忡忡，重回问题的原点。与此形成印证的是本书第三章关于中国残疾儿童接受融合教育的量化研究，该研究表明，残疾儿童在普通小学、初中、高中接受融合教育的比例逐级锐减。这从一个角度说明，国内残疾人融合取向的受教育权利有待得到更加充分的保障。

国内目前实施的融合教育总体上有待进一步提升质量。联合国教科文组织于1994年颁布的《特殊需要教育行动纲领》强调：融合教育追求能"成功地教育"包括重残儿童在内的"所有儿童"，并"帮助改变歧视性态度"。[①] 融合教育专家托尼·布思曾断言："education for all 和 inclusion of all 是两个概念范畴"[②]，"囊括所有儿童的教育"确实不同于"融合所有儿童的教育"。前文曾提及："inclusive education"在中国有两种译法"全纳教育"和"融合教育"。其含义的一个重要差异在于："全纳教育"就其字面意义而言不易区分"囊括所有儿童的教育"和"融合所有儿童的教育"；而"融合教育"则明确地包含着质与量双重要求以及伦理精神的追求。融合教育的"inclusion"是和"exclusion"相对的概念，不能简单地体现为数字化的成果，也绝不是简单地把特殊需要儿童与健全儿童进行物理的混合，"融合教育"要求教育场域尽可能地取消各种排斥，有效地促进所有学龄儿童的发展。由此可见，对融合教育的界定主要不是形式上的或数量上的，而是实质上的。在现有经济条件下如何开展让特殊需要儿童满意的融合教育，从关怀伦理视角来看，教育关怀可能为此打开一扇新视窗。

---

① 赵中建. 教育的使命 [C]. 北京：教育科学出版社，2000：136.
② 黄志成. 全纳教育之研究——访英国全纳教育专家托尼·布思教授. 全球教育展望，2001（2）：1-2.

一、教育关怀作用于融合教育的理论分析

此处论述的教育关怀源自关怀伦理学及相关的关怀教育理论。伦理学被亚里士多德称为"实践哲学",关怀伦理学尤以注重实践为鲜明的特色,自20世纪80年代在美国初现端倪,现已发展出较成熟的关怀理论体系与实践方法。其核心思想是:"基于关怀伦理的教育理论质疑唯科学主义、唯认知主义和精英主义的教育模式,转而强调对学生生命的尊重、对学生体验和感受的重视、教师的榜样作用和教育的道德实践性特征。完整的教育关怀是关系性的,是关系中的一方(如教师、同学)做出自己力所能及的努力,合理满足另一方(如特殊需要学生、其他同学)的需要并得到其承认的过程。教育关怀应该充分体现于教学、评价、管理等教育的每一个过程和方面。教育关怀的过程应该有利于被关怀者实现最佳发展的可能性。包含适当教育关怀的教育实践重视个体性、具体性和学生的真实感受,有利于培养学生健康的人格、责任感、关怀意识和关怀能力。"① 关怀教育理论摒弃自以为是、居高临下的"关怀"概念;它认为被关怀者的真实感受才是确定"关怀"行为性质与效果的最终标准。美国教育哲学学会前主席内尔·诺丁斯曾提出一个公式:"①A关怀B;②A由此做出相应的行动;③B承认A关怀B。"② 这相应地要求教育关怀以被关怀者为重心,同时强调教育关怀关系的相互性,即形成关怀关系的双方皆对关怀关系负有责任,被关怀者应学会真诚合作、积极回应。强调效果与质量的关怀教育理念能从心理健康、学校管理、师生关系、教育方法及同辈群体的关系等方面,为实现优质融合教育提供助力。

亚里士多德曾提出"身体——情感——理性"的教育三阶段论。多数残疾儿童的某些生理功能已然受到损伤,在某些身体素质方面显得比较落后,而身体素质在生命早期恰恰又尤其重要。因此,残疾儿童很需要借助情感、理性的良好发展来弥补身体的不足,进而构建良好的心态、

---

① 侯晶晶,朱小蔓.诺丁斯关怀道德教育理论及其对中国教育的启示 [J]. 教育研究,2004 (3),36;侯晶晶.教育关怀:优质全纳教育的内核 [J]. 华中师范大学学报(人文社会科学版),2007 (4):130—134.

② Noddings, N. Starting at Home: Caring and Social Policy. Berkeley: University of California Press, 2002: 19.

确立积极的自我意识与健康人格。但是，在当前学校的教育生活中，残疾儿童的这一压倒性需要却往往得不到满足。随班就读的许多残疾学生由于缺乏相应的教育关怀，而承受着自己难以应对的心理压力与学业压力。沉重的自卑感成为一种长期稳定的、严厉的惩罚。其内心常常体验着焦虑感、不安全感和恐惧。教育机会实际上是中性的概念，其具体性质取决于其内涵。赫尔巴特早已指出，教学应该具有教育性。真正意义上的教育是指向学生发展的。教育机会对于每个学生而言的性质主要取决于它带来的占主导地位的体验。

教育研究表明青少年时期是一个人成长的关键期，而教育关怀对青少年的身心成长具有不可替代的作用。埃里克森提出了心理社会性发展的八阶段论，论证了其各自的积极与消极特征。在八阶段论中，6～12岁为第四阶段，它的发展性特征是"勤奋对自卑"。此阶段的儿童很在意掌握社会的与身体的技能，以便不弱于同伴。如果一个儿童常常能相当出色地完成一些事情，并受到关注和肯定，便会养成勤奋感。如果一个儿童常在尝试中遭受挫折，或者所做之事常受指责或冷遇，便会感到自己能力差，以后会避免接受新任务或消极地对待工作，以免在付出努力之后仍然面对失败。富于勤奋感的孩子学习认真、有热情，为完成任务感到自豪。成年人对待工作的习惯可追溯到此阶段。[①] 显然，残疾儿童如果学业屡屡失败，他/她在学校生活中常体验到无奈、无助，处处低人一等，无法掌控自身的生活与命运。相反，残疾儿童如果能够得到较充分的教育关怀，其获得学业成功的可能性也随之增加，其自我期待、自信心、自我效能感会显著提升，进入成长的良性循环。

教育关怀亦可渗透在教育管理机制中，增进接受融合教育的残疾儿童的正向体验。中国大部分全纳学校没有财力设置专职岗位为特殊需要学生提供专门的辅导、帮助或咨询。在封闭的校园围墙外，在家庭、社区及其他机构中，有很多潜在的志愿者愿意进入校园帮助残疾儿童。《特殊需要教育行动纲领》明确指出："尽管融合性学校为实现平等机会和全面参与提供了有利的环境，但其成功仍需要的不仅是教师和学校其他人

---

① 顾明远. 教育大辞典（第5卷）［C］. 上海：上海教育出版社，1992：216.

员的努力，还包括同伴、家长、家庭和志愿者的共同努力。……全纳学校必须认识到学生的不同需要并对此做出反应，并通过适当的课程、组织安排、教学策略、资源使用以及与社区的合作，来满足学生不同的学习风格和学习速度，以确保每个人受到高质量的教育。"① 关怀取向的学校教育制度注重整合学校内外的教育资源。残疾学生的学业生命线很可能由于缺乏不可或缺的外援而处于风雨飘摇的状态。海伦·凯勒的命运转机即来自于始终相伴的外在的眼睛——其启蒙教师兼陪读者莎利文女士。若无此外援，海伦·凯勒的最佳自我完全不可能外显为令人感佩的现实。作为一种开放的教育，融合教育必须整合对特殊需要儿童的多种支持因素。作为关系性的品质，教育关怀强调积极的师生关系对促进儿童成长的重要作用。残疾学生的受教育质量与生活状态在相当大的程度上取决于师生关系。在中小学教室里，教师是唯一的成人。学生与教师的联系在直接交往频度上、时间长度上、在无可选择性上、在教师的权威性与学生的易感性方面，均使家庭及其他教育机构中的儿童与成人关系无法比拟。

关怀教育理论认为，教育关怀应体现在教育的所有维度与过程中；关怀教育理论倡导教师尊重每个学生具体的发展需要与生命体验。关怀每个学生，并不是像阳光平均地撒在每个人身上，而是重视回应被关怀者的具体感受，以便帮助其实现最佳的发展可能性。即使每个人都实现了最佳自我，人与人的差异仍然存在。因此，关怀教育理论倡导"非选择性关怀"，鼓励教师认可多元、悦纳差异，避免特殊需要儿童产生"厌师及学"的心理。个别学校或教师把学困生人为地鉴定为"智力水平低下"，强迫其转学，以提升自己学校的升学率。这种违背非选择性教育关怀的做法，是无法用"经济欠发达"等任何外在理由加以搪塞的。

教育关怀还有助于解决教师关爱残、健学生之间的"矛盾"。在一些全纳学校里，有些健全学生及其父母抱怨残疾学生占据了老师很多的注意力，额外占用了教学时间，担心这不利于健全学生的发展。其实，儿童的最佳发展具有统整性，并不局限于认知能力、知识水平的发展。从

---

① 赵中建. 教育的使命［C］. 北京：教育科学出版社，2000：13.

小培养健康的道德人格，关系着一个人终生的幸福。近年中，中国两所知名高校分别有健全学生做出了伤熊、虐猫之事，这从一个维度表明，仅仅关注知识积累的教育是偏颇的、不完整的。这一轮课程改革要求学校重视学生"情感、态度、价值观维度"的发展，这很有必要。学会与残疾同学和谐共处，为他们提供力所能及的帮助，正是健全学生在心智等方面健康发展所需要的一种实践。因此，教育关怀对于残健学生都具有积极意义。适当地运用关怀教育理念，可将表层的"矛盾"转化为深层的和谐。

这里略论一个案例。南京某高中多年来努力将关怀实践制度化、具体化、经常化。该校曾要求非毕业班的学生与本市聋校、盲校的学生结对子、交朋友，每个月都为这位朋友做一两件好事。该校的一位优秀学生便与一位盲童诗人作为好友相处数载。他们一起论时事、谈文学、分享最新的计算机软件。健残和谐共进的案例在该校还有很多。该校作为"全国扶残助残先进集体"，鼓励健全青少年主动关心残疾学生，这丝毫没有妨碍健全学生的学业成就，反而因为该校注重教育的道德性，而更加赢得了学生和家长的信赖与尊重。①

来自师生的评价是残疾儿童自我意识的重要影响源之一，而合理的认可是关怀教育的一种基本方法。关怀式教育倡导教师赋予学生具有现实性的最佳自我形象——既不是强加于学生某种遥不可及的幻想，也不是提出过于主观的"期望"，而是"找到学生现有的最好的可能性。这样，学生便产生出力量感，于是变得更好"。给予学生这样的认可，是理想与现实的最佳结合点。② 有研究表明："自我意识是对自己作为一个独特存在的个体的认识，是作为主体的我对于自己以及自己与周围事物的关系，尤其是人我关系的意识，包括自我观察、自我评价、自我体验、自我监控等形式。"③ 人的自我兼有被建构和自主建构的成分。残疾儿童作为弱势群体，具有功能补偿的客观需要与获得外界认可的强烈意愿，所以其自我中被建构的成分总体上可能多于健全的同辈群体。

---

①　该校的资料源于笔者对该校陈景和副校长的访谈。

②　Noddings，N. Caring：A Feminine Approach to Ethics & Moral Education. University of California Press，1986：179.

③　顾明远. 教育大辞典（第 5 卷）［C］. 上海：上海教育出版社，1992：385.

二、教育关怀效能作用于融合教育质量的条件

残疾儿童的受教育权利受到平等而充分的保障，需要融合教育中的教育关怀的支持。这又需要学校教育的制度关怀、教师的关怀意识以及来自同学的同伴支持等。

学校教育应从"量"和"质"两方面落实中国"先量后质"的特殊教育方针，从追求效率的、数量形式的平等走向彰显关怀的实质平等，同时在初级关怀和充分关怀两个维度上构建优质的融合教育。初级关怀以普遍性为特征，重在保障每个残健学生都能有学上，这是本书第二章残疾儿童失学实证研究旨在破解的问题；充分关怀以具体性为特征，强调警惕融合教育中的操作暗礁，力求使每位学生都能在教育中体验关怀、收获幸福、感受成长，充分地保障受教育权，这是本书第三章、第八章等的研究旨在有助于破解的难题。初级关怀如果不以充分关怀为取向与指引，很容易流于形式。作为与教育关怀、教育公平密切相关的事业，融合教育有个不断发展的过程。所有学校在融合教育方面都具有继续发展的空间。融合教育应渗透着教育关怀，后者是一种不可或缺、不可替代的教育资源。无论从理论抑或实践上看，以教育关怀为内核，都有助于构建优质的融合教育。

另需指出的是，融合教育的内涵比传统意义上的特殊教育更丰富。融合教育的研究对象不仅是残疾学生，而且是包括任何学生的合理共性需要和特殊需要。马斯洛关于共性需要的论述是众所周知的，此处不予赘述。特殊需要则有程度之别、显隐之分，不应顾此失彼地以急迫的显性需要遮蔽长期的隐性需要。除残疾学生外，还有一些学生情绪易变、心理脆弱，其心态常徘徊于自卑、自傲的两极，对外界负面信息具有很高的场依存性。这样的青少年处于心理亚健康状态，在现实生活中一旦遭遇挫折，往往更加退缩到封闭的自我中，或逃遁于幻想性的虚拟世界中。此类学生也需要教师给予特别关注和智慧引导。

实现优质的融合教育除了需要制度关怀，还有赖于教育工作者的关怀意识与能力，有赖于教师通过交往全方位地理解学生，合理引导其明示需要和可推断需要，给予智慧的关怀。如果无视学生的特点与需要，

一厢情愿地给予伪关怀，往往会为学生的发展增加难度、使问题复杂化。教育工作者应警惕以关怀之初衷造成伤害之实效。在学校生活尤其在师生交往中，无意的伤害比有意的伤害发生的频率高得多，保证关怀效能、避免无意伤害，需要职业习惯式的反思与在实践中臻于成熟的教育机制。如同关怀伦理学指出的那样，每个人实际上都是关系性的自我，而非纯粹自主建构或者预成的自我。自我生成于和他人的很多相遇中，即"$A_t = \{ (A_1, B), (A_2, C), (A_3, D), …, (A_4, e), (A_5, f), …\}$。其中，A 代表对先于时间 t 的自我的种种描述，大写字母（B、C 等）代表他人，小写字母（e、f 等）表示事物、思想及其他除人以外的因素"[①]。优质融合教育当中的相遇经历，对于师生双方都有益，它教化学生生成理想的自我，同时也促进教师获得职场成长，通过自身的职场超越与学生发展呈现出的积极反馈，获得富含底蕴的成就感和幸福感。

《特殊需要教育行动纲领》指出："尽管全纳学校为实现平等机会和全面参与提供了有利的环境，但其成功需要的不仅是教师和学校其他人员的努力，还包括同伴、家长、家庭和志愿者的共同努力。社会制度的改革不仅仅是一种技术性任务，它首先依赖于组成社会的每个人的信念、承诺和善意。"[②]（引用者用加粗显示重点）随班就读环境中的同伴支持可能是双向的、多向的，它可能发生在特殊需要同学内部，健全同学内部，也可以发生在残健同学之间。发生在残健同学之间的同伴支持，有些是健全同学帮助残疾同学，有些是残疾同学帮助健全同学。出于本课题研究的需要，在此专论健全同学对残疾同学的关心支持以及特殊需要同学之间的关心支持。

从随班就读残疾学生的辍学率以及有关同伴支持的研究情况看，学校中的同伴支持有待加强。有些学校中非但同伴支持不足，还存在健全学生对残疾学生的冷漠现象，例如，针对特殊需要学生的残疾特点取绰号、叫绰号、模仿、取笑其残疾特点，等等。中国学生在学会关心方面，面临着一些结构性的阻碍因素。目前关于同伴支持的文献，大多论及同

---

① [美] 内尔·诺丁斯. 始于家庭：关怀与社会政策 [M]. 侯晶晶译. 北京：教育科学出版社，2006：101.

② 赵中建. 教育的使命 [C]. 北京，教育科学出版社，2000：136.

伴如何看待残疾同学，这是个体层面的分析。在现象的背后，有必要分析深层次的制约因素。

学会关心他人，是德育目标和公民的核心素养之一。特殊需要学生是青少年在学校有交集的"他人"之一，也是应该关心的"他人"之一。青少年关心他人、给予同伴支持的条件复杂，关怀伦理强调的童年被关心体验仅是必要条件之一。青少年关心他人的条件目前可见支持因素的些许思辨分析，而国内外学术界似未见阻滞因素的实证分析。本研究者曾通过问卷调查和访谈，就此前提性问题进行过探索。研究显示，青少年关心特殊需要同学在动机生成、能量投注（关心行为）和效果反馈反思[①]三个环节中，面临身份、时间、空间、关系、道德文化心理等阻滞[②]。

公民式的关心、有质量的同伴支持，并非不学而会的。青少年给予特殊需要同学关心支持，不仅需要前者做出学会关心的努力，还需要学校、社会、家庭协助其消弭结构性的阻滞因素，拓展平等、尊重、信任的人际关系，鼓励身心条件各异的青少年进行交往，使青少年能更加自觉、更加有效地关心他人，乐于给予特殊需要同学力所能及的支持帮助，使融合教育中的同伴支持充分地落到实处，更好地保障残疾儿童的文化权利。除了同学间的同伴支持，还有教育体制等一些宏观因素会左右融合教育的质量。

总之，许多未贴教育标签的关怀依然是教育；富含关怀的融合教育对于残疾儿童而言则是意蕴更丰富、更体现教育性的融合教育。[③] 融合教育对于残疾儿童的生命力具有不可替代的提升功能。健残共建和谐校园的关怀氛围，有助于唤醒、孕育、强化被关怀者的主体性力量。前章分析的教育实践之所以能取得较好的成效，就是由于它凭借班级制度创新，破解了融合教育场域同伴支持面临的一些阻碍因素。有必要对这些阻碍因

---

① ［美］内尔·诺丁斯. 始于家庭—关怀与社会政策［M］. 侯晶晶译. 北京：教育科学出版社，2006：18. 本研究者调研发现，中国青少年被关心者的反馈受道德文化因素制约可能失真，因此在关心他人的第三环节增加关心者的反思作为必要补充。

② 侯晶晶. 被阻滞的关心——青少年道德学习面临的挑战［J］. 教育研究与实验，2011（3）：53—58.《人大复印资料·中小学教育》2011年第11期59—64页全文转载.

③ 侯晶晶. 教育关怀：优质全纳教育的内核［J］. 华中师范大学学报（人文社会科学版），2007（4）：130—134.

素进行系统的分析呈现，以帮助更多的学校自觉地、有效地、用各自适合的方式去破解这些阻碍因素，使更多的学校能够有效地实践融合教育。

就残疾人教育研究残疾人教育，无疑是非常必要和重要的。本书的量化研究和思辨研究都有直接研究残疾人教育的内容。此外，也需要从更大的语境和背景去考察之、推进之。社会学中有"主要地位（master status）"这个概念，意指"通常优于其他的社会地位指标并且决定个体在社会总体地位中的一个或几个地位"①。与主要地位相对应的身份即是主要身份。主要地位可以有"一个或几个"，主要身份相应地也可以有"一个或几个"。残疾人的另一层主要身份还没有引起足够的重视，那便是作为"陌生人"的身份。陌生人是在物理空间上很近，而在社会空间上很远的人；"是在物理范围内的异类，在社会范围之外的邻居"②。在社会学、教育学、伦理学的视角下，"陌生人"这层身份有时更有力量。本研究者基于残疾人的这一上位身份概念，从陌生人伦理视角考察融合教育和残疾人文化权利保障问题，以便观照更广域的影响因素。广义的融合教育观照的对象已超出了残疾儿童的范畴，还包括流动儿童、交流有障碍的外语生以及严重学困生，等等。陌生人伦理视角的思考也符合广义上的融合教育研究旨趣。

第二节　以良好的陌生人伦理教育提升融合教育质量

——以美国公立基础学校为例

陌生人是指物理空间接近而社会属性殊异的人。残健兼收的学校如果缺乏融合教育的价值追求，残疾青少年很容易在其中成为"游走在边缘的陌生人"。要有效地解决此问题，除了前述的班组串换制教育实验是一个可取路径之外，我们还需要基于融合教育与融合社会的双向互动关系，从建构良序陌生人社会的更广域视角加以思考。

---

① ［英］安东尼·吉登斯. 社会学（第 4 版）［M］. 赵旭东，齐心，王兵，马戎，阎书昌等译. 北京：北京大学出版社，2007：664.

② ［英］齐格蒙特·鲍曼. 后现代伦理学［M］. 张成岗译. 南京：江苏人民出版社，2003：181.

促进青少年的社会性发展是学校教育应然的重要目标。随着社会流动性的增强，中国社会正由熟人社会向陌生人社会转型。在此背景下，学会如何道德地对待"陌生人"成为学生社会性发展的重要课题，而中国此类研究尚且相当匮乏，相关的教育实践总体处于自发、低效的状态。在学校里，残疾青少年以及来自农村的流动儿童有时成为"游走在边缘的陌生人"①，相处数载的众多同学之于他们貌似熟悉，实则依然隔膜。

实际上，冷漠、怀疑、疏离并不必然地成为陌生人之间的主要关系样态；当然，健全人也并不必然地这样对待残疾人。美国道德教育学者基于美国社会中陌生人守望相助的大量案例，运用关怀现象学研究方法将关心帮助陌生人归纳为一种"时常发生的自然关怀"②。针对"关心陌生人的潜在善意如何转化为普遍的道德事实"以及"教育可以为优化陌生人伦理做出哪些有益的努力"这些问题，本研究者在美国发达程度不同的加利福尼亚州与亚拉巴马州对公立基础学校的道德教育进行了一年的访学研究。美国公立中小学没有专门的德育课，社会科也只有较少的直接德育内容，但本研究者发现美国公立基础学校的生活中包含着丰富的陌生人伦理教育元素，这种生活教育为良序陌生人社会提供了必要的精神支撑。

一、平等地尊重残疾学生等"陌生人"的异质性

对于那些容易"游走在边缘的陌生学生"，美国基础公立学校没有将生活距离与心理距离、道德距离混为一谈，而是以无差别平等与补偿性的平等原则③对待他们。这构成了美国学校受众广泛、影响深远的陌生人伦理教育的重要方面。

（一）平等地尊重特殊学习需要

美国公立基础学校有很多举措用于落实补偿性的平等。"特殊需要学生"对于健全儿童是某种"陌生人"。在美国公立基础学校里，残疾学生

---

① 庄曦. 流动儿童与城市社会融合问题及路径探析 [J]. 江苏社会科学，2013 (5)：140－146.

② Noddings, N. Starting at Home: Caring and Social Policy [M]. Berkeley, California: The University of California Press，2002：29, 177.

③ Rawls, John. A Theory of Justice [M]. Cambridge, MA. : Harvard University Press, 1971：60.

都有教辅人员全日制一对一协助。教辅人员不只协助这些学生的知识学习，还重视其在学校中的实际生活质量以及学校的全纳品质。残疾学生偶尔受到健全同学的排斥或欺负，教师和教辅人员都耐心温和地调节其关系，为其平等交流创设条件。身心及语言方面有特殊学习需要者的教育开支由美国教育财政主管部门单列出来，给予其有效学习必需的配套经费，① 制度性地保障了美国公立学校在均衡分配教育资源时能兼顾补偿原则。

特殊教育需要有些源自身体方面的原因，有些源自语言或民族文化的背景。对于陌生的转学者，美国学校将其异质分班以便他们接触各类同龄人，同时优先考虑有其同种族学生的班级，以缩短转学者融入班级的过程。国际转学者面临的首要挑战是英语能力不足、难以交流。为了帮助外语生尽快掌握英语，不至沦为随班混读的边缘人，美国基础学校常年聘请英语辅导老师，每周数次免费帮助外语生习得英语。很多外语生一、两个学期后就能基本融入美语课堂，同学交往也逐渐自如密切，能有效地消除陌生感。学校教育对人格的普遍尊重使得青少年能在耳濡目染中学习超越功利地尊重每一个人的生命价值，善待残疾同学等"陌生人"。

（二）平等地尊重经济异质性

陌生人伦理研究专家美国学者奎迈·安东尼·阿皮亚分析指出，对陌生人责任感的一个基本表现方式是"分享公民资格"。② 根据马歇尔的"三维度公民权利观"，受教育权是与公民资格相对应的公民的基本社会权利。带有补偿性地平等对待处境不利的残疾学生以及陌生转学者的受教育权，有助于使其实现与自身潜质及努力更为匹配的身份。

鉴于此，美国学校确保经济条件不佳的陌生转学者能够平等、均衡地获得教育资源。美国城市里的政府安置住宅区是贫困者聚居区，其中很多住户是尚未在迁入地扎根的城市"陌生人"。研究者在美国亚拉巴马州伯明翰地区观察政府安置住宅区周边的公立小学，发现这些学校的设

①　Clune，W. H. The Shift from Equity to Adequacy in School Finance ［J］. Educational Policy，1994（4）.

②　Appiah，K. A. Cosmopolitanism：Ethics in a World of Strangers ［M］. New York，NY：W. W. Norton & Company，2010：59.

施和环境丝毫不亚于加利福尼亚州优质学区的学校，同样拥有功能全面的校舍、标配的电脑室、图书室以及干净整洁的无障碍校园环境；学校墙壁上贴着校训，明示青少年应学会独立、自律、有责任感、尊重他人。置身其中，可以强烈地感受到学校悦纳经济处境不佳的流动儿童，社会在意其发展、尊严与幸福感。这种学校教育生活样态受益于基数补助教育财政支付模式的支持，该模式规定生均义务教育经费定额标准与学区财力之间的差距由州政府补足。美国教育财政已从简单的量化公平走向了质量取向的教育充足财政拨款体系。美国加利福尼亚州等地的学区学校政策便规定，自购住房或租住住房周边直径大约四公里内的 K-12 公立学校均为备选学区学校。由此可见，对于青少年在家庭经济背景、身心条件等方面的先天不平等，美国公立基础学校教育尽力避免人为地造成马太效应。

（三）平等地尊重文化与价值观差异性

美国公立基础学校平等地看待陌生转学者的文化差异性，邀请他们介绍本国的节日风俗、名人传记，丰富班级乃至学校的文化共同体，拓展国际理解教育、世界公民教育的资源。"不同的文化被尊重，不是因为文化本身重要，而是因为（来自不同文化背景的陌生）人重要。"① 这一点与本研究的关联不直接，在此不展开论述。

二、重视关心陌生人的多域实践

美国公立基础学校鼓励青少年以同学、社区居民、成长中的世界公民等身份去关心学校内外的陌生人。这种重视实践的陌生人伦理教育体现了世界主义的价值观立场——"普遍性加上差异性"②。其中，人与人的普遍性、共性是第一位的，差异性是第二位的。正如公元前 2 世纪的剧作家特伦斯表述的那样，"我是一个人；人类的一切于我都不陌生"③。"普遍性"是人们无论熟悉程度皆可情意互通的人性基础，而差异则是人们

---

① Appiah, K. A. Chapter 6: Education for Global Citizenship [J]. Yearbook of the National Society for the Study of Education, 2008 (1).

② Appiah, K. A. Cosmopolitanism: Ethics in a World of Strangers [M]. New York, NY: W. W. Norton & Company, 2010: 151.

③ Appiah, K. A. Cosmopolitanism: Ethics in a World of Strangers [M]. New York, NY: W. W. Norton & Company, 2010: 111.

需要理解和交流之处。不过分地强调差异、陌生的维度，一般而言就不会人为地扩大与陌生人之间的疏离，即可为关心陌生人提供良好的氛围。

（一）作为同学的面对面非选择性关心

美国公立基础学校全程关注陌生转学者的幸福感。无论该生成绩高低、在该校学习时间长短以及身体有无残障，教师都会发动同学协助该生尽快地融入新环境。美国教师在每学期的"教师发展日"接受关于关心陌生人教育的校本培训，在教育理念上将帮助学生克服陌生感视为己任，熟练掌握团队分享的相关教育技巧，善于在学生间创造"我们感"。

一旦有国际学生插班美国中小学，教师都毫不吝啬地拿出上课的时间，安排陌生同学与其他同学自我介绍，使其在入学当天获得集体融入感的初体验。同学间偶然发生冲突，如不涉及道德问题，教师鼓励学生自行协商解决；如是欺负陌生同学的道德僭越问题，教师甚至校长会第一时间处理此事，正如一位美国教师向研究者表述的那样，"儿童社会性发展的重要性绝不亚于知识学习。这件事不仅涉及两个孩子，也关系到全班同学的社会性发展"。发生在身边的真实案例会引发学生们更深刻的思考与感悟，促使他们在生活中善待他人、关心陌生人，建立异质相融相亲的多元班级文化与学校道德氛围。当国际学生转出美国基础学校时，班级教师一般用一节课创设欢送该生的班级主题活动。浓浓的情谊会使该生增强对同学们的亲近感、对班级的眷恋感，也对每位学生进行着爱的教育。国际学生在转进、融入、离开美国班级的过程中，经历了从"纯陌生人"到"去陌生化"再复归为"准陌生人"的身份转化，始终体验着班级的关心，感到生活产生交集时同学们的彼此开放、坦诚相待。

美国公立基础学校还通过控制竞争、强化共同体元素来关心陌生学生。与少数学业优胜者利益挂钩的过度竞争会在学生中造成圈层区隔，强化青少年与他人的疏离、嫉妒、怨恨、冷漠，使潜在被关心者表达需要的渠道不畅。[①] 因此，美国基础学校旗帜鲜明地慎用竞争，避免选拔性的评优，不设置班级干部职务，不给学生贴优劣标签，尽量使每个学生的努力都获得及时回报和正强化。

---

① 侯晶晶. 被阻滞的关心——青少年道德学习面临的挑战 [J]. 教育研究与实验，2011（3）：53—58.《人大复印资料·中小学教育》2011 年第 11 期 59—64 页全文转载。

以美国加利福尼亚州阿尔伯尼的某小学为例，据本研究者观察，该小学在两个学期中只进行过一次学校层面的软竞争——阅读马拉松（Read-athon），那还是为了培养青少年的文化品质，且会增强班级的共同体意识。美国公立基础学校教育的理念原点不是"学术精英儿童本位"，而是"不让一个孩子落后"，因此，它们强调学习共同体的元素，以"融入感"和"我们感"增进同学之间的有机团结。

（二）作为社区居民的近距离关心

"不与陌生人说话"，这种排斥陌生人的取向不利于青少年拓展道德自我和发展公民道德。因此，美国公立基础学校有意识地帮助学生了解陌生人的真实多样性，将贫富不均的社会事实及其在本社区的具体表现告知学生，倡议学生为社区中的贫困人口自愿捐赠干净的半新衣物以及在保质期内的健康食品，所有捐赠不摊派、不计名。

不摊派的做法有助于强化、纯化青少年对于他人的善良意志和志愿精神，有助于青少年拓展善良意志的实践范围，作为道德主体将陌生人纳入自身的善良意志与道德责任感的实践对象范畴中，将陌生人转化为陌生的他我，主动与之建立道德关联，缩短青少年与陌生人尤其是弱势陌生人之间的道德距离。"培养青少年的道德自律与主体性，才能强化其善良意志，并有可能将这种道德义务感拓展至只能远程关心的陌生人。"[1]志愿者精神可以扩大自然关怀在关心陌生人行为中所占的比重，而发展良好的善良意志则可以提供对陌生人的伦理关怀所需要的道德努力。两者协同发挥作用有益于保障关心行为成为陌生人关系中的常态行为。

三、以交往增进对陌生人的知情信任

责任感是相遇他者的前提，情景或事件是与他者相遇的中介。[2] 美国学校创设多种条件，促使青少年与学校内外的陌生人交往融合，以去陌生化的学校和社区为良序陌生人社会奠基。

---

[1] Varelius, J. Autonomy and Duties to Distant Strangers [J]. Trames: A Journal of the Humanities & Social Sciences，2007（4）.

[2] 江马益. 列维纳斯的"道德他者"思想试析 [J]. 中国人民大学学报，2010（2）：151−156.

（一）校内交往

与陌生人交往的风险实际上分为三类：想象性的风险、符号化的风险、真实的风险。我们应该警惕，污名化的陌生人符号与泛化的想象性风险可能会过度放大真实的风险。青少年如果缺乏与陌生人交往的真实机会，很容易在不自觉中陷入想象性和符号化的风险，进一步失去与陌生人交往的愿望和勇气，从而陷入误识的更深的自我循环。丰富的相遇能帮助青少年理性地看待对陌生人的恐惧。

美国学校注重与学生父母培养平等合作而非垂直指导的关系，借助学生父母的志愿服务，创设了陌生人伦理的多彩教育生活图景，培养青少年对陌生人的知情信任。学校每学期在多功能室、操场举办数次参与者分享自带食品的百餐会（Potluck），学生及其家长都自愿踊跃参加。来自中国的学生首次参加百餐会时，父母往往持观望警惕的态度，嘱咐他们"害人之心不可有，防人之心不可无"，"主要吃自己带的食品，安全第一"，使他们感到陌生人交往的风险。但一进入现场，陌生人之间坦诚开放的氛围便使他们消释了忧虑，放心地互享食品。饮食是人的基本需要之一，饮食安全事关健康甚至生命安全。生物学的观察表明：分享食物是许多物种的生命体之间生成亲密关系及群体感的重要方式。交往能有效地拉近陌生人之间的物理距离和心理距离。接受陌生人匿名提供的食物，意味着以健康甚至生命为赌注的深度分享与信任，是陌生人相互接受的表征。作为社会的微观组织，学校通过创设陌生人亲密交流的群体活动，向亲子两代人实施渗透着愉悦体验的隐性教育，一点一滴地构建友善互信的陌生人社会基础。

青少年与陌生人的交往具有深刻的社会意义。陌生人往往是个体生活史和群体样本两重意义上的陌生人。第一重身份上的陌生人是指此人以前不是"我"的同学、邻居、同乡、亲戚，而是一个与我的个人生活史毫无交集的人。陌生人的第二重身份则具有更重要的社会意义。作为群体样本的陌生人可能来自发达程度不同的地区及残健程度不同的群体，抑或来自其他国家或不同的文化背景。当陌生人得到了教育制度以及他我群体的良好对待时，这个陌生人便减少了不安全感、戒备感，更倾向于敞开心灵、融入环境，会比较积极地建立与他人、与社会的良好关系。

此时，陌生人个体对于促进群体的理解与融合便有所贡献，有助于扩大群体相融的社会基础。通过与具体陌生个体的相处，青少年亦能够窥见陌生人群体的特点，感知、理解、认同其他群体人性的善良与美好，穿透了原先浅层次的差异，直接诉诸人性的共同需要，如对于生命价值的渴望、对于真善美的追求。

（二）校外交往

美国学校还鼓励学生在校外更大的社会场域里学习与陌生人相处，以知情信任应对潜在风险。其方式不局限于我们相对熟悉的个别化社区服务学习，还包括全员卷入的与陌生人的交往活动。例如，在万圣节很多学校在社区里进行彩装活动，与围观的很多陌生人热情互动。万圣节傍晚，每位少年身着节日服装，提着南瓜灯，兴致勃勃地参与"不给糖就捣蛋"的邻里活动。家家户户都准备了好吃好玩的小礼物，供孩子自行选择一两种，而不是根据关系亲疏派发贵贱不同的礼物。学校事先告知学生与（准）陌生人交往时怎样恰如其分地对待与陌生人交往的风险，例如，在光线充足的邻里之间活动，不要进入陌生人家里或汽车内取礼物，具有前瞻性地教儿童如何在第一时间识别风险、化解风险、控制风险的危害；相反，如果将与陌生人的交往简单化或者妖魔化，会强化风险焦虑，加剧青少年对陌生人的疏离感、恐惧感。

信任陌生人的态度投射给陌生人正向的情感、价值和行为期待。皮格马利翁效应明确地揭示了：交往对象的期待在很大程度上具有自我实现的功能。关怀伦理学揭示了人际关系的相互性，即双方都对微观人际关系负有责任。信任陌生人的态度投射出自我对他人的尊重，这样自我就对与陌生人的正向关系做出了贡献；对于对方的态度和行为一般而言亦具有积极强化的作用，即同时引导对方担当道德关系的责任。此外，对陌生人的信任与尊重还可以减少愤恨。"当合理的权利诉求没有得到正常对待时，便会产生愤恨这种特殊的正义感。"①

美国基础学校良好的陌生人伦理教育在青少年富于吸收力的心灵中印刻下与陌生人交往的愉悦感受，增强了青少年与陌生人交往的准备性

---

① 鞠玉翠．试论公民正义感的培育 [J]．教育研究，2013（11）：73—80.

和乐意程度,增强了青少年对人类总体善良的信任。

四、讨论与启示

毫无疑问,美国公立基础学校也有异质性与不平衡性,也行进在不断臻于实现教育理想的路上。美国公立基础学校普遍重视陌生人伦理教育,将平等、关心与信任这些互嵌价值观生活化,使每一个学生浸润其中。其教育体现出较充分的社会学想象力,教育者明确理解"与陌生人熟悉起来"对青少年"自我意识的成熟""探讨爱他人与爱自己的边界"以及社会建构具有重要意义。"在这个电子时代里,人们需要格外重视移情的发展与人际关联感。"① 每个个体都蕴含着人类的各种丰富的可能性。青少年对陌生人的陌生,其实一定程度上是对自己作为人类个体的多种可能性的陌生。在逐渐熟悉、理解陌生人的过程中,青少年亦可丰富自我、理解人性,更好地进行国际理解,为融合社会的建构尽力。

美国学校不固化或放大陌生人关系与熟人关系间的区别,而是明确地促进陌生关系向熟悉关系和融合关系转化。追根溯源,包括亲子关系在内的熟悉关系最初都从陌生关系演化而来。熟悉关系也未必就是亲密或友善关系,杀熟、仇亲、弑亲等现象便是负面熟悉关系的典型。学会道德地对待陌生人,关乎个体幸福与社会和谐。今天的青少年就是明日社会的中流砥柱,就是关涉"陌生人"的各种社会制度的制定者与实施者。我们不可能也没必要照搬美国学校的陌生人伦理教育,但是可以借鉴其部分伦理精神实质。"学生群体中的'较不利者'的产生与学校制度生活有着根源性的联系,因此诉诸制度生活的公正本意是十分必要的。"② 美国公立基础学校的有关实践即提供了一种良好的制度生活样态。

(一) 平等地尊重包括残疾人在内的"陌生人"

为陌生的非主流学生比较平等地提供教育资源,有着深刻的道德教育意义。在美国公立学校教育言行一致的正派(decency)、学校物质环境的体面(decency)与儿童品格的正派(decency)之间,存在某种一致

---

① Apps, J. N. Making Strangers Familiar [J]. Ethics and Behavior, 2010 (20).

② 傅淳华,杜时忠. 关注"较不利者"——学校制度生活中的利益补偿实践初探 [J]. 教育发展研究, 2013 (24): 77-80.

性。学校物质环境的体面渗透着教育诚信与社会诚信。如果学生自幼浸润在尊重人的道德生活中，便会习惯于此，便更有可能学会有道德地维持自尊并尊重他人，对于伤害或冷漠地对待陌生人等道德上不正派的（indecent）现象便难以熟视无睹，很可能努力匡正之；相反，如果青少年在学校经常体验到关涉陌生人的低规格道德生活，偶尔看到尊重关心陌生人的现象时，他们会倾向于认为这是小概率的、与己无关的道德高标，不思仿效。

我们可以参考美国教育均衡化制度，倡导所有公立义务教育学校逐渐统一基本硬件资源，提升教育资源的分配正义，并积极建构良好的道德氛围；更加扎实地促进每一个学生在知识、技能、社会性方面的优质发展；以对陌生转学者、残疾学生高度负责的态度体现出超越功利的教育伦理精神，使我们的教育实践与教育伦理价值取向高度相符。

中国学校教育应该警惕以过度竞争制造强傲弱卑、等级森严的班级，避免青少年受此影响将他人首先视为工具价值的载体。拥有优势自致身份、给定身份的人对于他人的福祉和群体利益应该更有担当，透过"无知之幕"看待人际关系，以自己的聪明才智与良好道德增益人类的幸福总量，而不是将自身幸福建立在处境不利的陌生人的尊严之上。善待陌生人的基础教育能减少处境不利者对社会和他人的怨恨，通过培养亲社会的、有融合素养的个体，促成社会自下而上的有机和谐。

（二）拓展青少年关心陌生人的空间

中国校园中比较普遍地存在着熟悉的陌生人现象。以杜绝安全隐患为由"圈养"学生，处境不利者在缺乏相应教育资源的情境中随班混读，多数学生为少数学生陪读，这些现象折射出中国有些学校的教育近乎单维度地承认智育成就的价值，容易使很多儿童沦为单子式的知识学习者，逐渐失却了杜威确认的儿童相互交往的普遍兴趣。学校应该鼓励青少年与自己竞争、自我超越，同时包容他人、悦纳他人。国内个别学校进行过班组串换实验等道德教育探索，[①] 由于合乎教育规律和儿童的发展心理，有效地促进了学生对于公共利益的正义感和对他人的关切感，减少

---

① 侯晶晶. 班组串换制实验提升道德教—学实效性的十项机制分析 [J]. 教育研究与实验，2005（3）：67—72.《人大复印资料·中小学教育》2005 年第 10 期 65—70 页全文转载。

了对他人的陌生感，很大程度上化解了校园里熟悉的陌生人现象。此外，我们可以借鉴美国公立基础学校培养责任公民、世界公民的做法，创设情境促使学生在学校内外关心陌生人，在此过程中感受到自己助他的价值与幸福感，强化善良意志。这样的生活化德育能有效地拓展学生道德责任感中"有效他人"的概念，把原本在道德心理上排斥的陌生人转化为情意互通的他我，对其合理的需要葆有敏感性，在力所能及的范围内乐于给予回应与关心。"陌生"是关系性的人际状态，甲与乙互为陌生人。甲如果做一个有道德素养的陌生人，同时，也就为陌生人乙表现人性的善良提供了良好的关系条件，并为残障者与环境的深度融合提供了支持条件。

（三）在交往中培育对外圈的信任

对陌生人的信任很大程度上来自和陌生人的交往，而这种信任对于人们在内圈关怀与外圈关怀之间保持平衡①是一个必要条件。美国学校对陌生人并不报以普遍性善论之盲目乐观，而是帮助青少年理解陌生人及其多样化的生活状态，客观评估与陌生人交往的潜在风险，教会青少年具体的应对方法。零风险的信任是不存在的，夸大风险只会使不信任陌生人的现象泛化与"合理化"。明智的知情信任有益于使风险最小化、善意最大化，最终优化陌生人共同生活的社会环境。

中国很多学生在应试教育的重负下，较少置身于和陌生人真实交往的情境中。他们对于陌生人的了解主要来自媒体等间接渠道，而有些媒体为了追求宣传的轰动效应往往凸显一些负面事件，可能会泛化陌生人的污名现象。学校应该提升学生的媒体素养，使其学会理性地看待关于陌生人的舆论宣传，对于大多数人的善良抱有信心；同时，借助社区服务学习等渠道增加青少年与陌生人的交往，在真实的共同生活中建立信任。

在借鉴他国教育中合理成分的同时，我们还应该发掘中国传统文化当中有助于培养良好陌生人伦理的文化资源，扩大对于儒家"泛爱众而亲仁"等博爱思想资源的关注，使之更有力地为现代的伦理文化建设融

---

① Slote，M. "Caring in the Balance" [C]. Joram G. Haber & Mark S. Norm and Values. Halfon. Lanham，Maryland：Rowman & Littlefield ，1998：27—36.

合教育服务。正如樊浩教授指出的那样，要避免不懂传统反传统①。这样，我们的学校教育就能更好地发挥其应有的未来性的功能，为融合的陌生人社会建构发挥应有的积极的反作用力。

实施良好的陌生人伦理教育，可使青少年作为关系的一方置身于常态化的良好陌生人关系中，体验此关系的合理性，敏感地察知并克服群体性自私的偏好，认同人们普遍的尊严与权利，而不以关系的陌生与熟悉为转移。这有利于培养青少年"心行一致"② 的陌生人道德素养，易于使青少年将业已习惯的良好陌生人关系迁移到更多的社会角色和社会情境中。良好的陌生人伦理教育能以平等尊重来安顿陌生人渴求尊严的心灵，以关爱关心来弥合陌生人之间的道德距离，以对人类总体善良的知情信任来应对与陌生人交往的潜在风险。良好的陌生人伦理教育能够拓展青少年的社会学想象力，是为良序陌生人社会奠定道德基础的必要前提，也是优质融合教育必不可少的伦理学基础。融合教育以及其中的陌生人伦理教育与融合社会具有相互推动的作用。融合社会一定是一个具有良好陌生人伦理氛围的社会，而融合社会反过来又能为名实相符的融合教育、为残疾人文化权利的充分保障提供坚实的基础。

---

① 樊浩. 樊浩自选集 [M]. 南京：凤凰出版社，2010：449.
② 刘次林. 公德及其教育 [J]. 教育研究，2008 (11)：80－86.

第十章 残疾人文化权利保障的外部研究
——支持性的相关权利保障研究

保障残疾人的文化权利是社会文明进步的标志之一。本书关于残疾人文化权利保障影响因素的量化研究已印证了残疾人的文化、康复、无障碍出行、就业等诸种权利是个紧密联系、相互影响的系统。例如，本书关于残疾成人社区文化生活权利保障研究的结果显示，良好的无障碍环境有助于城镇残疾人参与社区文化活动。康复权利保障对于文化权利保障的积极影响作用亦得到了本研究的几乎每一个量化研究的印证。因此，间接维权和直接维权对于有效保障残疾人文化权利都是必不可少的。前面几章从文化权利内部研究了残疾人文化权利的保障，涉及了文化权利包含的受教育权、受培训权、休闲娱乐权、文化生活权。本章则进行外部研究，对于残疾人康复权利和无障碍权利的保障现状、问题与对策进行研究，以期间接促进残疾人文化权利保障。

第一节 残疾人康复权利保障的进展、挑战与对策

康复是"帮助残疾人恢复或者补偿功能，增强平等参与社会生活能力"的重要途径①，残疾人的康复对其文化权利保障具有影响作用。

一、中国残疾人康复权利保障的进展

中国重视保障残疾人的康复权利、促进残疾人发展。残疾人被赋予

---

① 《中华人民共和国残疾人保障法》（修订版）[J]. 中国劳动，2008（9）：60－64. 第二章"康复"第十五条。

了比较充分的法定康复权利，《中华人民共和国残疾人保障法》当中的"康复"一章就有丰富的相关内容。该章第十六条指出："以社区康复为基础，康复机构为骨干，残疾人家庭为依托；以实用、易行、受益广的康复内容为重点，优先开展残疾儿童抢救性治疗和康复；发展符合康复要求的科学技术，鼓励自主创新，加强康复新技术的研究、开发和应用，为残疾人提供有效的康复服务。"第十八条指出："地方各级人民政府和有关部门应当根据需要有计划地在医疗机构设立康复医学科室，举办残疾人康复机构，开展康复医疗与训练、人员培训、技术指导、科学研究等工作。"第十九条指出："政府和社会采取多种形式对从事康复工作的人员进行技术培训；向残疾人、残疾人亲属、有关工作人员和志愿工作者普及康复知识，传授康复方法。"该法律还规定："国家采取辅助方法和扶持措施，对残疾人给予特别扶助，减轻或者消除残疾影响和外界障碍，保障残疾人权利的实现。"①

各级政府加强领导、综合协调，全方位地积极保障残疾人的权利。国务院制定了《中国残疾人事业发展纲要》，县级以上地方人民政府据此制订了各地残疾人事业的发展规划和年度计划，使残疾人事业与经济、社会协调发展。从20世纪80年代至今，中国政府制订并实施了多个残疾人工作五年计划。各省、区、市乃至区县都认真出台了细化的配套政策。残疾人各类权利正在越来越充分地得以落实。

改革开放以来，尤其进入21世纪以来，中国残疾人康复工作各项指标都有显著增长。最新数据《2013年中国残疾人事业发展统计公报》[残联发〔2014〕29号]显示：2013年，通过实施一批重点康复工程，使746.8万残疾人得到不同程度的康复。1458个县的1844个医疗卫生机构陆续开展残疾儿童筛查工作，年度新诊断0～6岁残疾儿童5.0万人。开展视力残疾康复机构总数达到805个，完成白内障复明手术74.6万例；为29.1万名贫困白内障患者免费施行复明手术；为12.9万名低视力患者配用助视器，培训低视力儿童家长3.8万名，有效开展家庭康复训练。对12.0万名盲人进行定向行走训练。推进听力语言康复机构规范化管

---

① 《中华人民共和国残疾人保障法》（修订版）[J]. 中国劳动，2008（9）：60－64. 见其总则第四条。

理，完善基层服务网络。已建设省级听力语言康复机构 32 个，基层听力语言康复机构 1014 个。年度新收训聋儿 2.0 万名，在训聋儿 3.2 万名；规范聋儿家长学校，开展家庭训练，共培训聋儿家长 3.9 万名；开展各级各类听力语言康复专业技术人员培训，共培训专业人员 6448 人；实施贫困聋儿人工耳蜗、助听器抢救性康复项目，资助 4288 名聋儿免费植入人工耳蜗，资助 4500 名聋儿免费配戴助听器；开展彩票公益金成年听力残疾人（助听器）康复项目，为 1.0 万名贫困成年听力残疾人免费验配助听器，各级康复机构共为 3.2 万名成年听力残疾人提供技术服务。开展肢体残疾康复训练服务机构达 1927 个，其中，省级康复机构 39 个，地市级、县级康复机构 1888 个；培训各级各类肢体残疾康复人员 3.5 万人次；全国共对 35.4 万肢体残疾者实施康复训练；实施救助项目资助 3.5 万名脑瘫儿童进行机构康复训练，资助 6721 名贫困肢体残疾儿童实施矫治手术。加强残疾人辅助器具服务体系建设，深入开展辅助器具供应服务，为残疾人减免费用供应辅助器具 128.3 万件，其中装配假肢 2.9 万例、矫形器 4.7 万例、验配助视器 12.5 万件。开展智力残疾康复训练服务的机构 1471 个，其中，省级康复机构 35 个，地市级、县级康复机构 1436 个；培训各级各类智力残疾康复人员 1.6 万人次；全国共对 13.1 万名智力残疾人进行康复训练；实施救助项目资助 2.4 万名智力残疾儿童进行机构康复训练，同时培训儿童家长。大力推广"社会化、综合性、开放式"精神病防治康复工作。在 2627 个市县开展精神病防治康复工作，对 584.0 万重性精神病患者进行综合防治康复。建立了 34 个省级孤独症儿童康复训练机构；1.7 万名孤独症儿童在各级机构进行了康复训练。① 中残联的上述公报所呈现的每一类残疾人的康复数据几乎都单列出残疾儿童的康复情况，数据折射出全国残疾人康复工作对残疾青少年康复的重视与扶助的程度之高。

---

① http：//www.cdpf.org.cn/sjzx/tjgb/201403/t20140331_357749.shtml，2014 年 12 月 10 日下载.

表 10-1　2007～2013 年全国残疾人接受过各项康复服务比例（单位：%）①

	2007	2008	2009	2010	2011	2012	2013
治疗与康复训练	9.7	10.5	10.7	10.6	13.7	20.2	23.3
辅助器具配置	4.1	5.5	5.5	8.4	9.0	14.2	16.3
心理疏导	4.2	5.9	5.2	6.7	8.3	12.8	13.9
康复知识普及	5.2	7.3	7.3	13.7	18.5	26.9	31.2
诊断和需求评估 *	—	—	—	—	14.8	11.2	12.5
居家服务，日间照料与托养 *	—	—	—	—	11.8	13.9	14.3
残疾人及亲友培训 *	—	—	—	—	3.4	6.3	6.9
随访和评估服务 *	—	—	—	—	4.9	11.4	12.1
其他康复服务 *	—	—	—	—	11.4	19.4	24.4
至少接受过一项康复服务	19.0	23.3	23.0	33.5	47.4	55.2	58.3

注：* 为 2011 年度新增的康复服务指标选项。

中国残联组织实施的全国残疾人状况监测数据显示："残疾人接受康复服务的比例有所提高。自 2007 年度以来，残疾人接受过康复服务的比例呈逐年上升的趋势。2013 年度，至少接受过一项康复服务的比例为58.3%，比上年度提高了 3.1%。2013 年度，城镇残疾人至少接受过一项康复服务的比例为 64.8%，比上年度上升了 1.8%；农村残疾人接受过康复服务的比例为 56.1%，比上年度上升了 3.5%。这表明政府与社会提供康复服务的能力在上年度的基础上有所提高，残疾人受益面扩大。2013 年度，各类残疾人在一年内接受过康复服务的比例相比上年度均有增加，其中言语残疾人、智力残疾人和精神残疾人接受康复服务的比例增加较为明显，分别比上年度增加 8.1%、5.9% 和 5.3%。"残疾人康复服务覆盖率有所上升。较之 21 世纪初 "有康复需求的残疾人获得康复服务的机会还不到残疾人的 30%"② 的情况，已有较大进步。不过距离残疾人 "人人享有康复服务"的目标，"目前为残疾人提供的康复服务的总

---

① 陈功，吕庆喆，陈新民．2013 年度中国残疾人状况及小康进程分析 [J]．残疾人研究，2014（2）：86—95.

② 程凯．全社会都来关心残疾儿童的康复与教育权利 [C]．见陈云英．2004 年中国特殊儿童教育权利报告．北京：人民出版社，2005：9.

体水平还不高，仍需大力推进和提高"。"由于种种因素的影响，残疾人的总体生活水平与全社会的平均水平差距仍然较大，残疾人在基本生活保障、康复、教育、就业等方面还面临着许多困难。"[①]

"2013 年度，全国残疾人康复需求服务覆盖面为 58.3％，康复服务的覆盖率不高。"[②] 6～17 岁残疾儿童的各项康复服务状况与残疾人康复服务状况总体上比例相当，少 0.6％；不过有些细目有较大差别。6～17 岁残疾儿童的以下康复项目服务状况比例低于残疾人的总体康复服务状况：辅助器具配置低 5.2％，随访和评估服务低 1.4％，"诊断和需求评估"低 10.8％，"心理辅导"低 15％。6～17 岁残疾儿童的以下康复项目服务状况比例高于残疾人的总体康复服务状况：康复治疗与训练高出 12.3％，居家服务日间照料与托养高 2.8％，残疾人及亲友培训的比例高 5％，康复知识普及高 18％，"其他康复服务"高 2.7％。

残疾儿童在诊断和需求评估、辅具适配、心理疏导、随访和评估服务方面所受的康复服务有待加强。诊断和需求评估作为康复的先导，能够增强康复服务的针对性和有效性。随访和评估服务作为康复服务的中间环节和后续工作，可以及时考察康复的实效性，听取康复服务对象的反馈与最新需要，据此对康复做出合理、必要的调整。这一前、一后两个环节充分发挥作用，才能使"康复治疗与训练"效果更加优化。残疾儿童的辅助器具配置比例较低，这要部分归因于他们的医疗保险未能应保尽保以及有些医疗保险未覆盖辅具配置，另外有些地方的政府和残联未能对残疾儿童随着身体的发育而更换必要的辅具进行补贴。除了经济因素，专业因素以及效能因素对此也有影响。

表 10-2　2013 年全国残疾儿童接受过各项康复服务的状况（单位:％）

	6～17 岁组康复比例	残疾人总体康复比例	比例差额
诊断和需求评估	12.5	23.3	−10.8
康复治疗与训练	28.6	16.3	12.3

---

① 陈功，吕庆喆，陈新民 . 2013 年度中国残疾人状况及小康进程分析［J］. 残疾人研究，2014（2）：86－95.

② 陈功，吕庆喆，陈新民 . 2013 年度中国残疾人状况及小康进程分析［J］. 残疾人研究，2014（2）：86－95.

续表

	6～17 岁组康复比例	残疾人总体康复比例	比例差额
辅助器具配置	8.7	13.9	−5.2
心理疏导	16.2	31.2	−15.0
居家服务、日间照料与托养	15.3	12.5	2.8
随访和评估服务	12.9	14.3	−1.4
残疾人及亲友培训	11.9	6.9	5.0
康复知识普及	30.1	12.1	18.0
其他康复服务	27.1	24.4	2.7
至少接受过一项康复服务	57.7	58.3	−0.6

注：6～17 岁组（$N=1350$）的康复比例系本研究者根据中国残联 2013 年全国残疾人状况监测数据计算得出的结果。

中国残疾人权利保障工作有了长足的发展，不过，中国尚处于社会主义初级阶段、残疾人工作起步较晚、残疾人康复需要具有特殊性，残疾青少年权利保障还存在一些挑战，与构建和谐社会，全面建成小康社会，全面推进依法治国的新形势、新要求还有一定的距离。有学者从法学角度分析过中国残疾人权利保障总体上仍存在的一些有待完善之处。"中国残疾人权利法律保障的主要不足在于：立法粗疏与滞后、法律内容不平等、残疾人社会保障权利缺失、残疾人保障法律实施薄弱。"① 毋庸讳言，这些现象在残疾人的康复权利保障中亦有一定体现，而这对残疾人当下及未来的文化权利保障不无影响。

二、残疾人康复权利保障面临的挑战

本研究者的调研表明，影响康复普及率及其质量的原因是多方面的，主要原因至少包括以下几个方面。

原因之一：机构康复服务总量供给缺口较大，康复服务资源与残疾人的康复需求相比仍有较大的缺口。本研究者 2010 年的调研发现，康复资源供给者往往只是省、市级的综合或分类的康复机构，发达大市的康

---

① 杨思斌. 残疾人权利保障的法理分析及机制构建. 见郑功成、杨立雄. 中国残疾人事业发展报告 [C]. 北京：人民出版社，2011：280−293.

复机构不超过 30 所，80％左右的康复机构属卫生部门分管，残联系统的管理权限和范围很有限。虽然三甲医院根据国家规定设置了康复部门，但是由于排队难、离家远、报销难、"病员较少、康复科为医院创造的效益不高"，很多康复机构在医院不受重视，内部科室不全，没有语言康复、心理康复等治疗室，尚未建立便捷专业的转介服务机制。各市社区的卫生机构与康复服务组织目前几乎没有具有"康复师"职业资格的专业人员。县级医院一般未设康复科，农村康复机构基本处于空白状态。这又与一系列的现象有着因果联系。例如，康复费用没有纳入居民医疗保障体系、服务对象名额有限、康复机构离家遥远、康复机构工作时间与残疾学生的学习时间相冲突、已有机构利用率低，等等。

原因之二：城乡康复服务覆盖有欠均衡。以 2013 年中残联全国残疾人监测中 1350 名 6～17 岁残疾儿童的数据为例，持农业户口者一年内未接受过任何康复服务的占 44.0％，高于持非农业户口者 32.7％的同类比例以及户口待定者的 33.3％的同类比例，也高于残疾儿童一年内未接受过任何康复服务 42.3％的比例。未接受过任何康复服务者在户口维度上具有极其显著的差异（$x^2 = 732.706$，$df = 364$，$p < 0.001$）。康复资源供给在各类残疾人内部也具有不均衡性。

原因之三：康复服务的连续性、科学性、有效性不足。机构康复和家庭康复连续的资源整合，是康复科学有效性的一个前提条件。研究者调研发现：短期机构康复和长期康复在训练服务之间有脱节现象，家庭康复功能尚不能满足残疾青少年的康复需要，这种现象在被调研的听力障碍儿童中比较突出。现代康复医学的基本理念是"回归功能、回归家庭"，即康复不可能带来奇迹，只要能稳定地改善功能，便是有效的康复；机构康复的一个重要功能在于指导家庭康复。

原因之四：康复人才储备短缺，职业水平总体有待提升。中国康复医学起步晚、层次低，2000 年之后才渐有首都医大、南京医大等少数高校开设康复本科教育。康复专业在医学本科诸专业中处于边缘地位，有些康复学毕业生缺乏职业自豪感，进入医疗机构就业后想方设法转入其他科室。有些康复治疗人员在工作时遇到熟人来访，往往中止给就诊者做费力的治疗，觉得这像个体力活、不够体面。有些地方在设置康复职业准入门槛方面存在着保质和保量的矛盾。例如，有些地方的政策只允许医学院康复专业的毕业生从事医院的康复专业工作、考康复治疗职业资格证书。这加剧了体育学院和职业技术学院的康复学科毕业生的求职难问题，可能给这些类别学校的培养动力、康复人才的培养规模造成了新的挑战。"禁止"的思路可以调整为"扶持和规范"，例如，鼓励校际合作培养、规范学科设置和学习年限等，这样会更加有利于培养康复人才。实际上，对医学院康复系的培养质量也有必要从严要求。研究者调研发现，某著名三甲医院的一些年青康复治疗技师和实习生虽来自医学院校，但在穴位定位、康复手法等方面也不乏失误的操作。操作不当往往造成短期效果和长期效果相悖。

原因之五：权利主体对权利的知晓、利用和监督不足。本研究者调研发现，很多残疾儿童并不知晓自己的相关康复权利以及一些康复补助政策。在这方面，英国促进残疾人康复权利保障的做法值得借鉴。英国有关机构不仅重视制定政策，而且将宣传政策、兑现服务承诺也视为己任、狠抓落实。

三、残疾人康复权利保障的对策思考

针对上述情况，建议紧扣下列环节进一步加强残疾人的康复权利保障，进而起到促进其文化权利保障的作用。主要的应对之策包括：培养更多合格的康复治疗技术人员，建立健全、多层次、全覆盖的康复机构，提高已有康复机构的利用率，切实优先将残疾青少年的康复纳入基本医疗保障体系，康复服务进一步科学化，宣传残疾人的康复权利，加强对家庭康复的有效指导。

第一，提升培养康复人才的质与量，发挥医学院、职业技术学院、体校等机构的积极性，宽进严出，确保培养的康复人才基础扎实、手法专业、关心患者、善于和残疾人沟通，能够胜任临床康复及家庭康复指导。可以预见，随着医疗改革的推进、康复政策的落实，更多残疾成人及残疾青少年会主张自己的康复权利，对康复人才的需求量可能在近年内出现井喷式的增长。目前，国家规定"三级甲等医院必须设有康复科，其他医疗机构可以设立康复科"。随着康复政策的落实，社区、乡村的医疗机构也会逐渐设置康复师岗位。必须有预备的康复人员，届时才能避免出现人才荒和康复服务效能低的问题。

第二，建立多层次、全覆盖的康复平台。康复平台是满足残疾人康复需求的相关机构、人员、设备等构成的有机体系，是保障达到"人人享有康复服务"目标的根本条件。可以借鉴山东青岛的残疾人康复模式，尽快制定残疾人"人人享有康复服务"的具体实施细则、年度工作目标、监管体系，赋予各级康复部、康复职业培训中心（和办公室）以管理、指导、监督、协调的职能，尽快建立区、县康复机构，可以依托乡卫生院、社区残联组织、残疾人专职委员岗位等打造乡和社区的康复服务平台。类似的康复平台运行机制在青岛等地已实施数年，实践证明具有可行性和可推广性。有必要进一步重视发掘社区康复功能。"国际社区康复理念根据 2011 年 6 月世界卫生组织正式公布的《世界残疾报告》，世界人口中至少有 15％ 的人带有残疾，他们对康复的需求迫切，机构康复及延伸服务远不能满足其需求。世界卫生组织在 1978 年国际初级卫生保健大会及阿拉木图宣言之后，提出社区康复的理念。"① 此外，对于特殊学校能够提供的康复服务，政府可进行一定程度的服务外包，进一步整合资源、增大实体服务和网络服务的地域分布合理性与辐射面，进一步打造康复的系统工程，尤其需要进一步确保对残疾儿童早发现、早治疗、早康复。在网络远程康复指导平台方面，南京市白下区的经验值得推广。只有实体与网络相补充、城乡并重、远近结合、定点与流动康复相结合，才能完善康复服务网络。

第三，提高已有康复机构的利用率。由于康复尚未普遍进医保，许多有康复需求的残疾青少年无力由家庭独立承担高昂的长期康复费用。加之课业负担重、时间紧等原因，使得残疾青少年比其他许多残疾人更难利用康复资源。研究者在康复中心实地访谈发现，长期坚持康复的未必是最需要康复者，往往是来自一些"有钱、有闲、有权单位"的成年人，他们因为车祸、职业病等原因导致肢体受累，其康复费用一般可以（几乎）全额报销。本研究者 2010 年暑假去某三甲医院的康复科观察 22

---

① 银芳，傅克礼．以社会融合为导向的社区康复工作模式［J］．中国康复医学杂志，2013（4）：293－296．

次，从未见到残疾青少年。有康复治疗技师告诉研究者，"我在康复科工作两年多，残疾少年只接诊过一位"。提高残疾青少年对康复机构利用率的措施包括：健全病员预约制度，增加资源供给，缓解排队久、康复难的问题；改变一些康复科室的半日工作制，提供多种时间套餐，使工作时间弹性化，利用中午连班、周末和寒暑假调班等方式，为不便从学校请假的残疾青少年提供康复服务；对于重度残疾青少年，提供出诊康复服务或网络指导。此外，平面媒体、电视媒体、网络媒体应承担起公益责任，宣传康复政策以及康复的益处，让更多残疾人知晓并主张自己的权利。

第四，使农村康复实施方案进一步科学化。有些地方对农村提出了"康复进家庭"的要求，并对农村贫困残疾人提供一次性的康复补助，然而往往暂无康复频率、时间的承诺。康复治疗师了解残疾青少年的具体需要、探索有效的治疗康复方案、肌肉记忆新的姿势、习得新的功能，都需要一个过程。因此，有效的康复一般一个疗程十天，每次治疗大约四十五分钟。顽固、复杂的状况需要若干疗程方可见效。"人人享有康复"和"人人享有有效的康复"之间存在不小的落差。"人人享有康复"这个初级目标实现之后，尚需增加效果和质量诉求。

第五，重视家庭康复。尤其需要鼓励康复机构将残疾儿童的至少一位亲人培养为家庭康复师，防止家庭康复中的无效操作、错误操作。南京等发放残疾人服务券的城市可以率先出台政策，支持残疾儿童用券"购买"家庭康复师的工作时间。为了支持残疾儿童的家长辅助进行康复训练，工作单位可以考虑参照对待哺乳期女职工那样对其实施弹性工作制。

第二节　残疾人无障碍权利保障的现状、挑战与对策

无障碍权利是残疾人平等参与社会的重要条件。残疾人的无障碍权利主要包括两方面：无障碍环境和无障碍信息。我国城镇的无障碍环境现状远远优于农村。2013 年全国残疾人状况监测为城镇残疾人受访者设置了"关于居住地周边一公里的无障碍设施满意度"的题项，调研数据表明："城镇残疾人对无障碍设施的满意度提高。2007 年度至 2013 年度，城镇残疾人对无障碍设施和服务表示非常满意或满意的比例持续上升，

2013 年度满意度达到 84.6%，与上年度相比，上升了 3.1%。""残疾人参与社会生活的环境状况继续改善，其指数达到 79.2%，比上年度提高了 0.7%。残疾人参与社会的环境状况是残疾人实现全面小康的重要外部条件，主要包括残疾人事业的法制环境、残疾人参与社会的无障碍环境等，是残疾人生存、发展的环境保障。随着残疾人生存和发展状况的改善，残疾人对社会环境，特别是服务质量的要求会越来越高。"①

保障残疾人的无障碍权利，对于其文化权利的保障有重要的支持作用。这一论断不仅在本书关于残疾成人社区文化生活参与的研究中得到印证，也得到了其他研究结果的支持。"2013 年度，全国残疾人社区文化活动参与率仅为 43.1%，还有一半以上的残疾人没有真正走出家门、融入社会。因此，政府应采取有力措施，促进公共文化体育服务设施的建设和社区为残疾人提供无障碍服务，组织开展群众性残疾人文化体育活动，有条件的县级以上公共图书馆普遍设立盲人阅览室（区域），配备盲文图书、有声读物和阅听设备。"②

一、残疾人无障碍权利保障的进展与挑战

《中华人民共和国残疾人保障法》（修订版）中"无障碍环境"一章对残疾人的相关权利做了具体规定。无障碍环境是指保障残疾人及其他有类似需要者独立、安全、便利地参与社会生活的物质环境和信息交流环境。无障碍环境建设是包括国家机关、社会团体、企业事业单位、每位公民在内的全社会的共同责任。无障碍环境建设应当符合残疾人及其他有需要者的实际需要，并与本地经济和社会发展水平相适应。③ 另外，该保障法第五十二条、第五十三条规定："国家和社会应当采取措施，逐步完善无障碍设施，推进信息交流无障碍，为残疾人平等参与社会生活创造无障碍环境。各级人民政府应当对无障碍环境建设进行统筹规划，

① 陈功，吕庆喆，陈新民.2013 年度中国残疾人状况及小康进程分析 [J]. 残疾人研究，2014（2）：86-95.

② 陈功，吕庆喆，陈新民.2013 年度中国残疾人状况及小康进程分析 [J]. 残疾人研究，2014（2）：86-95.

③ 参见《深圳市无障碍环境建设条例》，http://www.law-lib.com/law/law_view.asp?id=308247，2014 年 3 月 1 日下载.

综合协调，加强监督管理。……新建、改建和扩建建筑物、道路、交通设施等，应当符合国家有关无障碍设施工程建设标准。各级人民政府和有关部门应当按照国家无障碍设施工程建设规定，逐步推进已建成设施的改造，优先推进与残疾人日常工作、生活密切相关的公共服务设施的改造。对无障碍设施应当及时维修和保护。"关于残疾人的信息无障碍权利，该法第五十四条规定："国家采取措施，为残疾人信息交流无障碍创造条件。各级人民政府和有关部门应当采取措施，为残疾人获取公共信息提供便利。……国家举办的各类升学考试、职业资格考试和任职考试，有盲人参加的，应当为盲人提供盲文试卷、电子试卷或者由专门的工作人员予以协助。"关于残疾人的公交无障碍权利，该法第五十五和第五十七条规定："公共服务机构和公共场所应当创造条件，为残疾人提供语音和文字提示、手语、盲文等信息交流服务，并提供优先服务和辅助性服务。公共交通工具应当逐步达到无障碍设施的要求。有条件的公共停车场应当为残疾人设置专用停车位。……国家鼓励和扶持无障碍辅助设备、无障碍交通工具的研制和开发。"

　　近年来，中国的残疾人无障碍权利保障工作多路径地进一步推进。以 2013 年为例，"无障碍建设法规、标准进一步完善。全国共出台了 444 个省、地市、县级无障碍建设与管理法规、规章和规范性文件；1419 个市、县、区系统开展无障碍建设；全国开展无障碍建设检查 3492 次，无障碍培训 3.6 万人次；为 13.6 万个贫困残疾人家庭实施了无障碍改造；为 65.7 万残疾人发放了残疾人机动轮椅车燃油补贴。33 个省、291 个地市、1779 个县级残联实现网上信息报送与审核。首次将网站无障碍纳入中国政府网站绩效评估范围，对 117 家部委和省政府等网站开展无障碍专项评估。中国残疾人服务网连续第 3 年开展央视龙年春晚（文字加视频）网上无障碍直播服务，访问用户超过 28 万人"[1]。

　　虽然残疾人无障碍权利保障取得了有目共睹的进步，不过也有研究者以广州为例分析了无障碍环境方面尚存的问题。"广州的无障碍环境建设是在不断完善之中，但是仍然存在不少如盲道被乱停放的车辆占用、

---

　　① 2013 年中国残疾人事业发展统计公报［残联发〔2014〕29 号］，http：//www. cdpf. org. cn/sjzx/tjgb/201403/t20140331_357749. shtml，2014 年 6 月 18 日下载.

过道被用于堆放杂物等现象。诸多'无障碍'上有'障碍'的种种现象，主要原因是制度与法规相对滞后，无障碍的设计与管理不够专业和科学化。"① 无障碍基础设施覆盖面、配套、管理尚有提升空间，无障碍信息交流等软件环境建设水平有待进一步提高。造成这些现象的主要原因如下。

首先，鉴于中国地区间经济、社会发展不平衡，《中华人民共和国残疾人保障法》对于残疾人无障碍环境权利所做的规定中有很多尚为软约束。例如，对于违反无障碍设施建设和改造以及信息无障碍法规的惩处，该法基本上表述为"有关部门或者单位应当依法查处"。该保障法作为中国残疾人保障最为系统的一部法律，对惩处规定不具体，容易使"依法查处"面临实际操作中的"无法可依"。

其次，在相关国家法律的软约束框架之下，地方未出台具有刚性约束力的法规、政策。一定程度上，无障碍设施环境建设面临主体责任虚化、监督缺位的困难；无障碍权利的救济体系有待填补准真空的状态。由政府出资建设的一些公共交通设施需要带头达到国家规定的无障碍标准，起到正面的示范作用。

最后，残疾青少年以及其他公民的无障碍意识和相关法律意识有待提升。调研发现，作为该保障法的保护对象，许多残疾学生只是听说过"无障碍"一词，并不清楚除了盲道之外的具体内容。一些公共服务部门（包括很多学校）和企业的硬件设施在建筑入口净宽、坡道及其角度等方面明显违反国家无障碍的法律法规。图书馆、公共电视频道等针对视、听障碍青少年提供的公共服务和公共信息资源不足。

二、残疾人无障碍权利保障的对策建议

本研究者首先直接致思于国内残疾人无障碍权利保障问题。此外，本研究者曾获欧盟文化委员会以及江苏省高校优秀中青年教师和校长境外研修计划的资助，先后在英国、美国、捷克进行了 15 个月的访学考察，曾利用此条件从国际视野来考察过此问题。以下基于国内外经验提出进一步改善残疾人无障碍权利保障的对策思考。

---

① 蔡禾，周林刚. 关注弱势：城市残疾人群体研究 [M]. 北京：社会科学文献出版社，2008：135.

（一）基于国内政策与实践的考察与思考

首先，颁布地方法规、强化无障碍法规的刚性约束。建立由各地政府统一领导，由残联、教育、团委、财政、交通运输、广播电视等行政主管部门参加的联席会议制度，制定刚性政策法规和各部门联席办公制度，切实推动硬件无障碍环境建设。在这方面，深圳的经验具有直接的借鉴价值。2009 年颁布的《深圳市无障碍环境建设条例》（以下简称《条例》）规定：由市政府负责对无障碍环境建设工作实行统一领导，建立各部门联席会议制度；市级政府组织编制全市无障碍环境建设发展规划，向社会公布，接受社会监督和合理建议，及时调整、修改规划。《条例》还规定：在无障碍设施建设与改造方面，新建、改建和扩建的建设项目应当按照国家无障碍设施工程建设标准建设无障碍设施，与建设项目同时设计、同时施工、同时交付使用；在办理建设工程规划许可证—规划验收—竣工验收三个环节上，层层把关，一票否决。学校、图书馆、博物馆、道路、轨道交通、景点、公共厕所等竣工验收时，应听取残疾人包括残疾青少年的试用意见，未达标准者不得通过竣工验收。政府投资和非政府投资的已投入使用的建筑和公共设施，如违反上述强制标准的，应该限期改造。已建成的住宅区未达到国家无障碍设施建设工程标准的，业主委员会和物业管理单位应当提供方便，进行无障碍改造。大型居住区和主要商业区的地铁站出入口，应当设置无障碍电梯。公共汽车和出租小汽车经营者应当配置一定数量的供轮椅乘客使用的无障碍车辆。此外，2014 年颁布的《北京市中小学融合教育行动计划》关于校园无障碍改造的措施也可资借鉴，详见前文论述。

其次，有序推进无障碍的普法工作，建立健全问责机制，强化监管。媒体应当以公益广告的形式更多地承担起这方面的社会责任。残联可以通过网站和相关常设机构使人们便捷地获知无障碍信息。例如，《中华人民共和国残疾人保障法》以整整一章规定了对无障碍环境的要求。其中，先明确了国家、社会、政府的责任："国家和社会应当采取措施，逐步完善无障碍设施，推进信息交流无障碍，为残疾人平等参与社会生活创造无障碍环境。"

　　为使普法工作更具连续性、规模化，深圳设定每年的 12 月 3 日为无障碍环境宣传日，并要求广播电台、电视台和报刊等新闻媒体按照有关规定安排一定时段或者版面进行无障碍环境建设的公益宣传，国家机关、事业单位、金融机构、医院、商场、酒店等向公众提供服务的单位，对本单位相关工作人员进行无障碍环境知识教育和必要的技能培训。残联等有关团体可以聘请义务监督员，对无障碍环境建设进行监督。

　　曾有残疾人向本研究者诉说：有些城市的地铁设有无障碍电梯，但轮椅使用者、推儿童车的家长需要使用电梯时，按下呼叫管理人员的按钮，却无人应答。一些媒体也曾载文对上述现象做过报道。有些公共服务机构虽有无障碍坡道的侧门，却为了"方便管理和安全起见"，将其锁上。深圳规定："对于无障碍环境建设和管理中的违法、违规现象，任何单位和个人可以向有关部门提出意见、建议和投诉；有关单位接到投诉后，应当及时处理，并将处理结果答复投诉人，否则将承担国家和地方法律法规规定的相应法律责任。"① 此外，研究者认为，还可以采用国际惯例，在政府部门的网站上公布第三方投诉电话，告知投诉者据实投诉的义务，匿名公布投诉内容，并在网上公开处理投诉的进程与结果。在加大无障碍建设和改造力度的过程中，相关管理部门可以要求各市、县收集、整理、分析数据和信息，在政府网站上提交年度监测报告，接受政府管理部门及群众的监督。

　　最后，突出残疾青少年信息无障碍环境的建设。残疾青少年处于受教育权保障的关键时期，信息无障碍是涉及残疾青少年学习的关键途径。欧美等发达国家高度重视残疾青少年信息无障碍环境的建设。例如，英国明确规定从国家级到社区级图书馆必须全部具有硬件、软件资源为视、听残疾青少年服务，并为残疾青少年提供送书、取书的上门服务。地铁等公共交通工具均有电梯、扶梯、坡道、轮椅平台或运送轮椅上下台阶的履带车，保障残疾学生出行的基本便利；英国的各种统考均提供符合视力残疾青少年需要的试卷版本，保证公平竞争所需的信息无障碍。这也是切实保障残障者的文化权利所需要的条件。

---

　　① 参见《深圳市无障碍环境建设条例》，http：//www.law-lib.com/law/law_view.asp?id=308247，2014 年 3 月 1 日下载.

以此为鉴，进一步落实《中华人民共和国残疾人保障法》和地方法规中的无障碍规定，可以学习英国经验，新建、改建和扩建的学校、公共图书馆等建筑项目均按照国家无障碍设施工程建设标准，与建设项目同时设计、同时施工、同时交付使用，未达标者不得通过竣工验收。省级图书馆应有60%左右配备一定数量的盲文转写仪、面向视障青少年的大字体读本、盲文读本专柜等硬件资源，培训一些服务人员学会简单的相关手语，为视、听残疾青少年服务；在有重度视障学生参加的中考、高考等省市统考中，确保按国家最新规定提供盲文及大字体试卷版本，切实保障残疾青少年的信息无障碍和文化权利。残联网站可以提供下载或购买听书、读屏软件的链接。此外，电视台等媒体、图书馆、博物馆等公共服务机构和公共场所应当创造条件，为残疾人提供语音和文字提示、手语、盲文等信息交流服务，并提供优先服务和辅助性的服务，鼓励其融入社会，成长为积极公民。

在政府、社会、企业、公民包括残疾人自身各方的共同努力下，基于改革开放以来创造的既有的良好基础，可以预见各地会创造性地落实《中华人民共和国残疾人保障法》《中国儿童发展纲要（2011－2020年）》等法律法规，进一步尊重和保障残疾人的人格尊严和包括无障碍、文化权利在内的各项法定权利，进一步保障其全方位地享有公共资源和公共服务。

（二）基于国外经验加强保障残疾人的无障碍权利——对国外立法保障残疾人座位优先权和公交无障碍的思考

残疾人无障碍权利保障需要落实在无障碍环境、公交无障碍、信息无障碍等方方面面，其中公交无障碍是关涉完善公共服务体系和残疾人诸多权利保障的一个重要方面。正如研究者们以及残疾人时常言说的那样，中国的无障碍保障虽已取得很大进步，然而鉴于法律法规过于弹性化、宣言化的问题，不利于无障碍权利的充分落实。本文以公交无障碍权利保障的分析为例，探讨成熟精致的立法可以如何促进残疾人无障碍权利的保障。

在公交车乘客中，残疾人（以及老、弱、病、幼、孕等其他行动不便群体）不但上下车困难，而且经常没有座位保障，容易因跌倒、碰撞而受到身体损伤。一位下肢残疾者告诉本研究者："我就算能挤得上公交车，也很难坐到座位啊！"这种状况直接损害残疾人的无障碍出行权利，也影响其文化权利等其他权利的实现。本研究者在欧美访学期间，对国外残疾人乘用公交车权利保障方面的相关做法与经验进行了观察，并根据中国的实际情况进行思考，以期为中国解决残疾人乘用公交车"落座难"和"乘车难"的现实问题提供借鉴。

1. 国外保障残疾人无障碍乘用公交权利的法理依据与实施现状

首先，上述国家重视通过精致的立法保障残疾人乘用公交车的无障碍出行权利。美国各州关于轮椅使用者下公交车的先后顺序规定不一，但是各州都规定轮椅使用者优先上公交车，并且美国联邦法规 2011 年版第 49 部分第 1 卷第 37 节第 167 条款（以下简称"167 条款"）明文规定"公交车必须确保残疾乘客有足够的时间完成上车和下车的动作"，该条款细致地考虑到了各类残疾人的特殊需要，并以精致的立法内容确保其乘坐公交出行的权利。笔者作为轮椅使用者在美国访学 12 个月，在不同时段乘坐过公交车。无论是近乎满员还是乘客稀少，也无论有多少人要上公交车，公交司机都安排轮椅乘客先上车，未见违反规定的案例。这样就避免了残疾人面临"车难挤"的问题。为了解决残疾人"座难求"的问题，167 条款规定，其他各类乘客应该为残疾乘客让出优先座位，非优先乘客应该为老年乘客让出优先座位①。换言之，在行动不便者中，残疾乘客优先于老年乘客使用优先座位区。例如，带导盲犬上车的盲人乘客的座位优先顺序大于非残疾的老年乘客。这不同于中国民众所习惯的"老弱病残孕"顺序，前者的理据在于乘客的特殊需要程度。充分的理据能保障法律法规的可操作性。残疾人等特殊群体乘公交出行的无障碍权益得到法律确认之后，关于其优先座位权的具体法规对于彻底保障此权益起到了重要作用。其他乘客让座的法律义务在上述国家现已深入人心。偶见软性的违反，也会有热心人主动维护法律的尊严。由此可见，相关的法律法规有利于形成一种默许的知识，避免行动不便者处于需要求助又羞于求助的无奈之中，也使广大民众在生活中自然而然地学会尊重行

---

① Code of Federal Regulations § 37. 167：Other Service Requirements. 2014. 3. 7，http：//www. law. cornell. edu/cfr/text/49/37. 167.

动不便者的合法权益，使"让座"或者说"还座"行为成为全民的法律常识与道德习惯。167 条款还规定，所有公交车辆必须在优先座位区周边明示残疾乘客对这些座位具有法定优先权，并告知其他乘客他们的法律义务。因此，美国公交车上印有或贴有相关的法律标识，民众一上公交车就能在耳濡目染间自然而然地了解到相关的立法规定。当有行动不便的乘客上车时，长期生活在当地的其他乘客一般无须司机指导，就知道该做什么。有网评指出，德国民众也习惯于"还座"给行动不便者。[①] 这些国家不仅公交车上的环境与人发挥着教育功能，媒体与学校教育也实现着普法与价值观教育的功能。这有力地推动了相关法律规定转化为普遍的现实社会生活。

其次，欧美这些国家确保残疾人在公交车上能获得完善的无障碍设施与服务。就发达国家而言，美国和英国的公交车都依法装有供轮椅上下车的无障碍坡道，并设有残疾人的优先座位。其优先座位区一般分为两种：一种是靠近车门的普通固定座位，供无轮椅等附加设备的老、孕乘客优先使用；另一种是靠近车门的活动座位，用能上下翻动的座位围起一个区域。当没有轮椅需要使用此空间时，这几个座位都可以供其他乘客使用，不存在浪费空间的问题。英国、美国等国规定，轮椅乘客上车之后，司机有义务为残疾人固定轮椅、拉出安全带并帮助系上。司机履行这些服务义务时，动作比较娴熟。显然，他们不是依靠在职场"做中学"，而是经过了与职业法律法规、职业道德、职业技能相关的标准化职业训练。美国公交车在靠近门的几个座位旁都用醒目的图片和文字标示出相关的法律规定，明示出行动不便者对这些座位享有优先权。行动不便者上、下公交车耗时较多，其他乘客等待时都感到理所当然，没有不耐烦的神色或话语。本研究者作为轮椅使用者在美国访学 12 个月，乘公交时从未观察到与上述法律规定相违背的案例或为座位发生争执的事件。本人只遇到过　次稍复杂些的情形：一部公交车上可放置轮椅的优先位已有轮椅用满空间；又出现一位轮椅乘客招手示意要上车。这时，公交车司机向后者耐心说明情况，请后者等待下一辆同路公交车。这次

---

① 陈文祥. 德国还座与中国让座. 2014 年 3 月 8 日下载于中国网 http：//www.china.com.cn/review/txt/2008－07/04/content_15952432.htm.

罕见的复杂情境得到了有序有据的处理，全过程没有任何不快或冲突。167 条款规定，美国的上述法规不只适用于狭义的公交车即公共汽车，轻轨、地铁等其他形式的公共交通工具以及公开运营的出租车也必须参照执行，确保残疾乘客利用各种公共交通工具的无障碍出行权利，同时也是间接保障残障者的文化权利等其他权利。

2007 年本研究者在捷克访学时，它还是一个发展中国家，那时它的公交文明程度已达到了相当高的水平。经本人观察，捷克首都布拉格的旧公交车绝大多数已经过无障碍改造，新公交车出厂即符合无障碍规定。捷克公交车的无障碍坡道是由司机手动操作的，不像英国、美国的公交车那样使用全副电动无障碍设备。但是，捷克公交车的无障碍功能、司机作为协助者的工作职责以及其他乘客尊重行动不便者权利的态度，都与英、美基本处于同一水平。

关于行动不便者的公交车座位优先权，本研究者曾在捷克公交车上看到这样一幕。一位老年妇女上公交车时，有位初中生模样的男孩正坐在靠近车门的行动不便者优先座位区。尽管优先座位区还有好几个座位空着，老人却碰了碰那个孩子的肩头。无须语言提示，那个少年立刻明白了，面带愧色赶紧起身，到后面的非优先座位区就座。这位老人就落座在男孩让出的位子上。她是在教育这个孩子：非优先区如有座位空着，应坐到那边去，把优先座位让出来备用。车上的其他乘客对于她的行为都不以为怪。

2. 对推进保障中国残疾人无障碍公共服务权利的启示与思考

以上那些国家的相关立法及实践对进一步保障中国残疾人无障碍公交出行权利的一个主要启示是：有必要借助足够精致的立法来应对残疾人乘车难、落座难等问题。

长期以来，我们很多人主要甚至仅仅从道德层面看待、思考公交车上行动方便者占座不让的现象。鉴于此，研究者也不回避道德层面的思考。本研究者在华北某市的录音访谈调研中发现，在公交车上为有特殊需要的弱势群体让座这种本应是全民具备的道德品质，在一些地方却成了少数人的美德。有些青少年坦言，自己在公交车上很少让座给老人。另有研究者对杭州中学生进行抽样调查，发现近 3 成中学生从不让座。① 残疾人的社会融合度往往被视为社会文明程度的表征。在公交车上健全青少年和成年人是否为残疾人等行动不便者让座，不仅涉及民众公德养成的一个方面，也构成了社会道德风气的一个显性表征。有必要对成因加以分析。

首先，中国与西方有着不同的德育取向。比较地看，中国实施"高"道德（高尚道德）教育，充满了理想主义；西方实施"低"道德教育，或者说"准法的"德育，具有实用主义色彩，特点是平凡、现实、适应②。其次，等级化的人伦观念在一定程度上阻碍着一些民众在公交车这一微型公共场域中体现平等礼让、尊重弱势群体的人际关系。最后，在某种程度上"集体不让座"的道德生活对很多人具有价值导向和暗示作用。单纯的道德软约束不足以改变"让座系高阶道德行为"的观念，也不足以促使持此观念者做出让座的行为。把一些基础规范交给法律，可以高效地保证这些规范成为社会上人人实践的底线伦理。否则，容易造成"应然"与"实然"的断裂，使得很多"应然"规范被误认为"高尚道德"。有必要发挥法律的底线伦理功能治疗此道德痼疾。

中国少数地方曾试图借助道德奖励来帮助破解这一难题，但效果适得其反。据《长沙晚报》报道："2007 年 9 月 17 日当天，在公交车上为老弱病残孕乘客及怀抱婴儿者让座的乘客，将可领取长沙市公用事业管理局发放的'爱心让座卡'两张，让座者可凭卡于 9 月 22 日之前免费乘坐公交车 2 次。"③ 此做法用意虽好，却不可能持久，其奖励法类似条件反射的行为训练，缺乏亚里士多德分析的充分道德行为应有的自主性。为了奖赏而做出的"利他"行为，其动机更多的是自利，因此不当的奖赏可能会鼓励伪善。当满足自利动机的奖赏不复存在时，由它引发的"利他"行为往往只是昙花一现，不可能转化为全民的道德习惯。此外，对让座的奖赏等于附和了一些人的看法——让座是一种层级较高的爱心

① 赵志毅，尹黎. 城市中小学生公民责任意识的缺失及其对策——基于杭州部分学校的抽样调查 [J]. 全球教育展望，2012（5）：80—83.

② 魏贤超. 中西方道德教育差异之我见 [J]. 中国德育，2009（8）：74—75.

③ 周小华. 3 万公交爱心让座卡等你拿 [N]. 长沙晚报，2007-9-13：3.

行为，而非人人皆应做到的底线伦理行为，在很大程度上反而将拒绝让座的行为合理化了。

诉诸法律来应对拒绝"让座"的问题，既有必要性，也具可行性。在这个问题上，如果仅仅依靠每个人的道德自律，显然很难保证全民达到道德底线，应该从单纯的道德要求转变为法律规定，将行动不便者在公交车上的优先座位权从道德权利转变为法律权利。道德权利与法律权利既有联系，更有区别。例如，法律权利与法律义务之间的对应性远胜于道德权利与道德义务的对应性；有些道德权利可能遭遇认同度不足和被虚置的命运。尊重行动不便者的合理合法权利，既属于人际关系的道德范畴，也应该成为明文规定的法律义务。法律义务是最底线的道德义务，能以法律的刚性约束力为道德托底。鉴于中国残疾人权益保障已有的良好法律基础及其稳健精致化的态势，这一立法应该说具有可行性。依据《中华人民共和国残疾人保障法》的"无障碍权益"规定，残疾人的优先座位权已然是可推断的法律权利。全国人大常委会法制工作委员会行政法室的研究者编著的文本即指出："《中华人民共和国残疾人保障法》第五十五条规定，公共服务机构和公共场所应当创造条件，为残疾人提供优先服务和辅助性服务。根据该条规定，本条中的便利和优惠主要指残疾人购票优先、设立专座和收费优惠。"[①]

3. 地方性"让座"立法引发的争议及其回应

中国曾有个别城市推出过"让座令"，但由于存在某些根本的不完备性以及人们的一些误解，引发了较多争议。《郑州市城市公共交通条例（草案）》曾规定，乘客应主动让位给老人、孕妇等特殊乘客。不履行义务者，驾驶员、售票员可以拒绝其乘坐。[②] 这项地方性立法仍引发了很多争议。例如，有人认为这是"荒唐离谱"[③] 的"霸王规定"，规定的内容超越了职能范围，等等。这些异议折射出中国关于优先座位权的立法有待立法权威性更高的机构在全国整体推进，也折射出中国很多民众有待

---

① 李援.中华人民共和国残疾人保障法解读［C］（全国人大常委会法制工作委员会行政法室，编著）.北京：中国法制出版社，2008：143.

② 高云，肖海丽.乘公交不让座会被赶下车？——《郑州市城市公共交通条例（草案）》的一条新规引来争议.河南商报，2008-7-3：A10.

③ 杨振威.为民是第一出发点.人民论坛，2008（19）：40—41.

知晓国际上的相关成熟立法以及道德与法律的本真关系。因此，有必要对各种质疑进行剖析和回应。

争议与回应之一是：确定受益人身份之"难"是否会导致"让座令""不可操作"。某网评作者就确定座位受益人身份的难度进行设想："司机如遇到两名起争执的乘客，得先查看双方身份证件，再为双方测量体温、心跳、血压；"继而推导出结论："为'让座'问题制订专门的条例，并保证这部条例的可操作性，几乎是一件不可能完成的任务。"① 实际上，许多国家已有相关的精致法规，并通过公交车优先座位上方的大幅图片、文字说明使立法内容家喻户晓，民众也已习惯化地自觉遵守这些法规。关于优先座位权受益人身份的复杂性，没必要人为地放大小概率事件。

争议与回应之二是："被让座"疑义与法律他律的合理性。另有人对"被让座"提出异议，认为"被规范"的让座行动扭曲了"道德行动者"②；还有人呼吁"审慎量度道德立法的必要性与可行性问题"。③ 本研究者认为，这种"扭曲"实为对不道德行动者之道德冷漠与丑陋现象的必要纠偏，就此进行道德立法是很多人由法律他律、道德他律走向道德自律的必不可少的外在推动力。即便有些人始终达不到道德自律的水平，至少还有法律规范约束着他们达到现代人应有的公德底线，使之不至于做出不道德的行为来污染全社会的道德空气。

争议与回应之三是："让座优先顺序不清"及其应对思路举隅。2008年郑州试行"让座令"之后时隔 5 年，2013 年南宁市法制办公室发布《南宁市城市公共汽车客运管理办法（征求意见稿）》，要求其他乘客为"老、弱、病、残、孕等特殊乘客"让座④。有评论者质疑让座的优先顺序不清，因此认为"清官难断家务事，很多时候法律也难断道德事"，主张"法律的交给法律，道德的交给道德"。⑤ 该评论者只看到了道德与法

---

① 公交让座，道德升格法律须可操作. http：//news. xinhuanet. com/comments/2008 -07/04/content_8483181. htm. 2014 年 2 月 20 日下载.

② 王强. 被让座：公共生活规范的道德困境 [J]. 安徽师范大学学报（人文社会科学版），2011（4）：396—401.

③ 田屹. 地方性立法与道德法律关系论——从"不让座罚款"和"精神赡养"规定谈起 [J]. 道德与文明，2008（6）：93—96.

④ 潘轶，李晓茂. 南宁"强制让座"的是与非 [N]. 上海法治报，2013-10-14.

⑤ 苑广阔. 公交车强制让座：道德有疾慎开法律药方 [N]. 东南商报. 2013-9-27：A4.

律的差异，而没有看到法律作为底线伦理与道德的部分交叉。如果仅从"去法律"的狭义道德出发，难以破解让座问题上的道德失范现象。至于"让座顺序不清"的问题，本研究者认为，在不同批次上公交车的行动不便乘客中，应以时间作为优先落座的首要依据；在同一批次上车的行动不便乘客中，则应该以行动不便乘客的特殊需要程度作为优先落座的首要依据。

此外，中国将来为残疾人等行动不便群体的优先座位权进行立法时，还另有一些需要注意的关键配套规定。"参照国际经验，还应制定和完善相关配套规定，主要包括：保障行动不便者优先上公交车；根据《中华人民共和国残疾人保障法》（2008 年修订版）第五十五条的规定'公共交通工具应当逐步达到无障碍设施的要求'，原有公交车应该有计划地针对轮椅坡道和优先座位区进行无障碍改造，新造的公交车必须有这些无障碍的设施才能够获得销售许可证；充分重视幼儿的权利，婴儿车是婴幼儿常用的代步工具，婴儿车主享有的优先座位权在国际上是比照轮椅车使用者执行的，这符合中国作为签约国支持的联合国《儿童权利公约》的精神；在公交车内印上文字和图片明确宣传相关立法的关键内容，发挥公交车的环境教育作用。"①

综上所析，精致的法律规定能完善制度伦理，有助于中国进一步建成法治社会。审慎科学地立法规定行动不便者的优先座位权，才能有效保障行动不便者真正享有交通公共服务的平等权利，使得更多的人有尊严地生活，使得更多的残疾人进一步切实享有无障碍出行权利以及文化权利。

---

① 侯晶晶. 国外立法保障残疾人乘用公交车权益的考察与思考——发挥法律的底线伦理功能破解道德痼疾 [J]. 残疾人研究，2014（2）：82—85.

结　语

文化权利是公民的一项重要权利。中国有 8500 多万残疾人，占全国总人口的 6.34%。残疾人的文化权利保障是人权保障的重要方面，具有重要的政治意义、经济意义、社会意义和文化意义。加强残疾人文化权利保障、完善残疾人文化保障机制，对于残疾人体验生命的意义、提升文化自觉与幸福感，推进教育公平和教育现代化，促进融合性的文化生态与社会和谐，促进社会的平等、正义，提升国家治理的法治化程度，具有重要的战略意义。

本研究基于残疾类别较齐全的大样本可靠数据，综合运用关怀伦理学、融合教育、哲学、福利社会学、法社会学的相关资源，以跨学科的多维视角，设计合理的研究框架，使研究成果具有科学性和可信度。本成果认为，各维度的残疾人文化权利保障各具功能，不可偏废。受教育权作为文化权利的核心内容之一，深刻地契合于未成年残疾人及成年残疾人的基本文化需求，对残疾人的生存权及生活质量具有极其重要的影响作用。

本书的主要内容包括述评研究、量化研究、思辨研究、案例研究。①本成果以残疾人文化权利保障作为研究对象，在研读中、英文文献各 100 余篇的基础上，严谨地完成国内外综述研究。②基于中国残联 2013 年残疾人状况监测数据，本成果对残疾儿童及残疾成人的受教育权、受培训权、文化生活权等主要的文化权利进行了具有筑基补白性质的实证研究，运用 SPSS 17.0 软件准确描述了中国残疾人文化权利保障的现状，分析了其内部与外部的影响因素，结合有代表性和推广价值的创新经验进行了具有可行性的对策研究。③本成果从教育学、哲学、伦理学等视角，对残疾人的受教育权、娱乐休闲权等文化权利保障进行了具有原创性的思辨研究和个案研究；结合笔者在欧美访学一年多的考察与思考，对关涉残疾人生命体验的陌生人伦理教育以及残疾人公交无障碍权利保障等问题进行了研究，以期有助于中国陌生人社会的良序建构，为残疾人文化权利保障提供更好的支持条件。综上，本研究涵盖了当前残疾人文化权利保障的主要领域，有助于拓展伦理学、特殊教育学、福利社会学、残疾人事业发展的研究视野与观点，并可为政府相关部门进一步推进残疾人文化权利保障提供科学依据与理论参考。现仅以实证研究为例，呈现本书关于残疾儿童及残疾成人在教育、培训、文化生活权利保障方面的主要结论。

关于残疾儿童文化权利保障问题，本研究紧扣教育、培训、社区文化生活三个重要的子权利进行了研究。受教育权是残疾人的基本文化权利；保障残疾儿童受教育权、推进融合教育的重要前提是减少或消除残疾儿童的失学现象。本书基于中国残联 2013 年对中国残疾儿童的监测数据，首次分析其三类失学的现状和影响因素，结果表明：6～17 岁残疾儿童的失学比例为 34.74％。失学者中 59.70％从未上学，14.07％小学或初中毕业后未升学，26.23％毕业前辍学。本研究计算出：较之中途辍学、毕业失学，从未上学是中国残疾儿童失学的主要类型。残疾儿童高比例的完全失学会拉低残疾人的群体素质以至全国人口素质，导致较高的文盲率，也会降低所涉个体及家庭的发展空间、人生价值、幸福感，双向制约社会的文明进步。教育使残疾人成为社会的资源。应当更加重视防止和干预残疾儿童失学的问题。回归分析表明：年龄、残疾类别、民族、监护人身份等人口特征因素，领低保、参加医疗保险等社会保障因素，康复训练经历、社会支持、社区文化生活等因素对残疾儿童的失学可能性具有影响。毋庸讳言，残疾儿童失学问题背后存在宏观原因；不过，扎实地、有针对性地积累中观和微观层面的进步，亦可为改善宏观状况准备条件、提供动力。主要对策包括：重点干预低龄与高龄组残疾儿童的失学现象；建构无障碍校园以减少肢体残疾儿童的失学；赋能家庭以充分发挥教育作用；撬动经济杠杆减少贫困家庭与少数民族地区的残疾儿童失学现象。

在残疾儿童就学和接受融合教育方面，扩大普通学校随班就读规模是《特殊教育提升计划（2014—2016 年）》提出的重要方略。为了探究此方略实施的必要前提，本书首次基于中国 6～17 岁残疾儿童的最新监测数据，分析其接受融合教育的现状与影响因素。全国 875 个在学的 6～17 岁残疾儿童样本中，在普通小学、普通初中、普通高中、普通中职接受融合教育的比例分别为 59.8％、24.9％、4.1％、2.3％。其接受融合教育的比例随学段升高逐级锐减。回归分析结果表明：影响残疾儿童接受融合教育的重要因素包括其性别、年龄、民族等人口特征指标；残疾儿童的网络信息能力、家庭文教年支出、所在生活地区、监护人的受教育水平也显著影响其随班就读；领低保、领救济、参加新农合等社会保障因素以及听力、肢体、智力三类康复对于随班就读影响作用显著；社区的法律知识宣传和领取残疾证亦影响随班就读。应综合考虑上述因素，诉诸以下主要对策，促进中国残疾儿童随班就读、走向融合。①应积极应对残疾儿童随班就读年龄偏晚与性别不均衡的问题；②通过经济与文化扶持改善家庭因素；③依法推进校园无障碍改造以减少残疾儿童内部的教育不平等；④借助法律知识普及教育促进理念现代化；⑤完善社会保障制度以加强残疾儿童的融合教育权利保障。

残疾青少年既是接受职业培训的应然权利主体，也具有接受职业培训以促进就业的强烈现实需求。本研究显示，只有 4.5％的 16～17 岁残疾青少年"在近一年内接受过职业培训"，表明残疾青少年的职业技能培训需求的满足率较低，其接受培训的法定权利与实然权利之间有较大落差。卡方分析显示，16～17 岁残疾青少年接受职业培训在 9 个因素上具有显著差异：是否领救济、是否参加新型农村社会养老保险、一年内是否接受过慰问、对慰问质量的满意度、参加社区文化生活的频率、是否接受过社区服务、对于社区服务的满意度、是否接受过社区法律宣传以及听力残疾青少年一年内是否接受过康复训练。为此，应该更加重视社区文化供给对残疾青少年培训权利的保障作用；将面向残疾青少年的社会保障、社会支持做得更细更实；进一步提升融合式高职培训机会的质与量。

残疾人作为纳税人和公民，理应在社区享有一定的文化生活机会。基于 2013 年残疾人监测数据分析中国残疾儿童文化权利在社区的实现现状，发现残疾儿童只有 7.3％经常参与社区文化活动，34.6％很少参与，58.1％从不参与社区文化生活，残疾儿童参与社区文化生活的频率尚且很低。回归分析结果显示，残疾儿童参与社区文化生活的主要影响因素包括其性别、教育、培训与康复状况；社会保障、社会支持、社区服务、法律宣传对残疾儿童参与社区文化生活也有显著影响；领取残疾证对残疾儿童的社区文化生活参与具有负向预测作用。应当综合考虑相关因素，改善残疾儿童的文化权利在社区的实现状况。保障残疾儿童的文化权利在社区的实现问题，是人道主义伦理学应用于弱势群体尊严维护的重要课题，也是建设公共文化服务体系过程中追寻权利平等的难点问题。很多残疾儿童已然因先天或后天的原因遭遇了生理上的不平等或心智损伤，在精神文化方面的（补偿性）平等对于他们建构有价值、有尊严的存在感具有格外重要的意义。保障残疾儿童文化生活权利的对策思路主要包括：①重视发挥融合教育对于非教育类文化权利保障的促进作用；②进一步提升社区文化生活的质量、针对性和吸引力；③推动残疾人基本文化公共服务的标准化建设；④鼓励高校志愿者通过"服务学习"为残疾儿童提供社区文化服务；⑤回应不利于文化生活权利保障的康复等环节的主因。

　　关于残疾成人文化权利保障的量化研究，亦覆盖了教育、培训、社区文化生活三个重要的子权利。第一，本研究者基于 2013 年全国残疾人监测数据，取其中 18～59 岁的 14825 名有效样本，计算出中国残疾成人受教育水平如下：从未上学的占 23.74%，小学和初中学历的占 65.45%，高中和中专的占 9.02%，专科、本科及以上的占 1.79%。中国残疾成人从未上学的比例近 1/4，受教育水平整体偏低。第二，本研究者基于 2013 年全国残疾人监测数据，取其中 18～59 岁的 14825 名有效样本，计算出中国残疾人一年内接受职业技能培训的现状如下：6.2% 接受了培训，93.8% 未接受培训，接受培训的比例总体较低。残疾人接受职业培训在性别、年龄、受教育水平维度上具有显著差异。男性残疾人、较年轻的残疾人、受教育程度较高的残疾人接受职业培训的比例相对高一些。第三，基于 2013 年全国残疾人状况监测的江苏省数据进行现状分析，结果表明 10.2% 的江苏省残疾人经常参与社区文化生活，比全国残疾人的同类参与度高 2%；52.2% 的江苏省残疾人很少参与社区文化生活；37.6% 从不参与社区文化生活。多元 logistic 回归分析结果显示，残疾人参与社区文化生活的主要影响因素包括：残疾人的年龄、残疾人未就业原因、残疾人对城镇社区无障碍设施的满意度、残疾人的身心康复状况、残疾人接受法律宣传等方面的社区服务。鉴于此，主要的应对之策如下：①以基本公共服务标准化建设促进各年龄段残疾人文化权利的平等；②开发文化与人力资源以帮扶最弱势残疾人参与社区文化生活；③协调文体活动与工作时间以防止城镇残疾人的相对文化贫困；④提升法律宣传等社区服务的供给质量；⑤理性看待身心康复促进残疾成年人文化权利保障的作用与阈限。

本成果基于中国残联 2013 年残疾人状况监测数据，对残疾人的教育、培训、社区文化生活等文化权利进行了实证研究，运用 SPSS 软件准确描述了中国残疾人文化权利保障的现状，研究表明中国残疾人文化权利保障具有三重落差——法定权利与实有权利之间的落差，残健群体之间的权利落差，残疾人内部亚群体之间的权利落差；从内部、外部以及宏观、微观四个维度分析了残疾人人口因素、家庭因素、区域因素、经济因素、社会保障因素、康复、教育、就业、无障碍环境、社会支持等内部与外部影响因素及其对残疾人不同维度文化权利保障现状的影响作用；针对得到证实的诸影响因素，结合有代表性和推广价值的创新案例分析，对中国残疾人文化权利保障提出政策、经济、社会支持、文化管理、教育、康复、就业等方面的对策建议，紧扣主因进行了深入而科学的分析，为建构具有系统性、可行性、有效性的残疾人文化生活保障路径提出了具有实践操作价值的对策思路。

本成果的创新努力主要体现在以下几方面：①新的研究视角。国内外此前虽有关于残疾人文化生活的研究成果，但似未见对残疾人文化权利保障进行专项系统的研究。本研究对中国残疾人文化权利保障的现状、影响因素和对策做出了较为系统、全面的分析研究，取得了具有创新价值的理论与实证研究成果，完成了本论域的首部书稿。②新的研究框架与研究工具。本研究以跨学科的多维视角，综合运用融合教育、伦理学、福利社会学、政治哲学的相关资源，设计出合理的研究框架，结合跨文化比较研究以及国内典型案例分析，使研究成果具有很好的科学性和可信度。在量化研究方面，本研究者在本论域首次创造性地运用中国残联 2013 年全国残疾人状况监测这一目前最新的权威数据，赴京严谨地完成量化研究计划的核心部分，使研究结果达到了局部小样本调研所无法实现的科学性与可靠性。③通过系统的描述、分析，实现对本论域的规律性认识。本成果对中国残疾人主要文化权利的现状及其问题进行了较系统的描述和较全面的分析概括，探索、提炼出关于残疾人文化权利保障之影响因素的规律性认识。④新的对策思路。本成果结合有针对性的案例分析，提出具有科学性、可行性、可推广性的对策建议。中国是人口大国，也是残疾人口大国，残疾人的文化权利保障是人权保障的重要方面，具有重要的政治意义、经济意义、社会意义和文化意义。本成果针对中国残疾人文化保障的诸多核心问题，提出了具有实践操作价值的对策思路，有助于完善残疾人的文化保障机制，有益于实现教育现代化，具有一定的战略意义。⑤其他观点的创新。本项目负责人基于在欧美 15 个月的实地研究，从陌生人伦理视角对于残疾人教育发达国家的融合教育进行较系统的理论研究，论文成果于 2014 年 12 月发表于《教育研究》，填补了国内空白。参加中共十八大会议期间，本研究者向中央领导同志当面陈述了部分调研成果，获得好评；陈述内容浓缩后刊登于《光明日报》，产生了较好的社会效益。本书其他内容的前期论文发表与获奖情况，也印证了相关观点的创新性。受到主客观条件局限，本成果研究了最核心、覆盖面最广的残疾人诸种文化权利，在未来的研究中还拟关注残疾人其他类别文化权利的保障状况。

后 记

从事此项研究，是听从了内心与时代的呼唤。儿时因医院误诊导致双下肢瘫痪、中学自学、大学自考、研究生阶段经历融合教育、博士毕业后感受教书育人与文化创造的欢欣……多年的生活体验与观察思考使我一直冀着从事残疾人文化教育研究，以便为实现教育现代化这一教育国策尽绵薄之力，并促进中国残疾人依法更平等、更有效、更高层次地实现自身的文化权利。

承担此项研究的两年多里，我进一步研读了融合教育、伦理学、福利社会学、法社会学、社会政策与公共管理方面的相关论著，逐步调整、完善研究框架。本书包括中英文文献述评研究、量化研究、思辨研究、案例研究。我读硕士时师从中国英汉语比较研究会前副会长吕俊教授研习英汉翻译，读博士时师从俄罗斯教科院外籍院士朱小蔓教授接受思辨研究的系统训练，为本书的述评研究和思辨研究打下了较扎实的基础。承担此课题后，我继续通过自学掌握了量化研究方法中的 logistic 回归分析技术，借助它使得无言的数据倾吐出更多的秘密，以便为制定、完善相关法律法规和社会政策提供更加科学精准、有参考价值的依据。

课题完成之际，衷心感谢母院南京师范大学教科院的历任领导和同事们多年来对我学术研究的大力支持；非常感谢校内外各级领导、老师以及家人和亲朋好友多年来对我的关心厚爱；感谢加利福尼亚大学伯克利分校、哈佛大学以及伯明翰市的师友对本研究的关注与鼓励。衷心感谢中国残疾人联合会和江苏省残疾人联合会允许我使用 2013 年残疾人状况监测数据，使关涉残疾人文化权利保障的研究首次创造性地运用迄今最新的权威数据，其科学性与可靠性是局部小样本调研所无法比拟的，并基于此完成了一些探索性的实证研究。衷心感谢北京师范大学出版社的谭徐锋、郭兴举、陈红艳、刘卫珍等诸位老师为本书出版倾注的心血。纸短话长，大家的每一份关心与支持都铭记在我心中。

社会文明是一个历史过程，残疾人的法定文化权利充分转化为实有权利亦是一个不断完善的历史过程，不可能一蹴而就。我的身体条件和职业身份决定了我主要是作为研究者来著成本书。在研究和写作的过程中,我开始兼任中国肢体残疾人协会副主席,于是有机会参加了由中国残疾人联合会主办、江苏省残疾人联合会协办的残疾人工作会议,接触到来自全国各地的一些残疾人实务工作者,在会上会下的交流中,我感受到他们对于推动落实残疾人权利的关切、工作的艰辛和来之不易的成效,敬意与谢意油然而生,不禁想起鲁洁先生在《教育口述史》中的肺腑之言(第 331 页),先生带领博士生们"拜谒乡村教师",让学生们"体察长期在基层默默无闻、艰苦工作的人……没有他们,我们的教育何以支撑"。教育与残疾人工作虽然领域不同,却是情理相通的。

　　这部专著对于进一步完善文化权利保障教育现代化或可发挥一些智库研究的作用,亦可视为奋斗在教育文化战线上的一位十八大代表尽力克服小我困难的履职之作。此书稿完成时,国内外尚未见系统研究残疾人文化权利保障的专著。然而,本书一定存有探索的痕迹和需要进一步完善之处,恳请专家和读者们不吝指正。相信我们共同的努力一定有助于进一步推动残疾人文化权利保障以及整个社会的文明进步。

侯晶晶

2015 年 2 月 16 日于南京

图书在版编目(CIP)数据

中国残疾人文化权利保障研究——融合教育的视角/侯晶晶著. —北京：北京师范大学出版社，2016.1(2017.7重印)
(中国教育研究丛书)
ISBN 978-7-303-19538-1

I.①中… II.①侯… III.①残疾人－文化－权益保护－研究－中国 IV.①D922.182.34

中国版本图书馆 CIP 数据核字(2015)第 243983 号

本书为国家社会科学基金项目"我国残疾人文化权利保障的现状、影响因素与对策研究"(批准号 12CSH060)的结题成果。

营 销 中 心 电 话　　010-58805072　58807651
北师大出版社学术著作与大众读物分社　http://xueda.bnup.com

出版发行：北京师范大学出版社 www.bnup.com
　　　　　北京市海淀区新街口外大街 19 号
　　　　　邮政编码：100875
印　　刷：大厂回族自治县正兴印务有限公司
经　　销：全国新华书店
开　　本：730 mm×980 mm　1/16
印　　张：14.75
字　　数：216 千字
版　　次：2016 年 1 月第 1 版
印　　次：2017 年 7 月第 2 次印刷
定　　价：48.00 元

策划编辑：陈红艳　　　　　责任编辑：齐　琳　刘卫珍
美术编辑：王齐云　　　　　装帧设计：王齐云
责任校对：陈　民　　　　　责任印制：马　洁